Excelでできる

不動産投資「資産管理」のすべて

The Complete Guide for "Asset Management" in Real Estate Investment with Excel

玉川陽介
Yosuke Tamagawa

まえがき

筆者は10年前に不動産を買い始め、現在では100億円を超える資産を運用するに至りました。また、その過程で70社ほどの金融機関と話をしてきました。

その結論は、「不動産投資は、不動産そのものよりも金融機関との関係性が重要である」――そのようにまとめられます。

長期保有の賃貸業として成長するためには、いかに金融機関からの信頼を得るかが鍵となります。

しかし、現実には多くの入門者が数億円までの規模で頭打ちとなっています。購入意欲はあっても金融機関の支援を得られず、買い進むことができていません。

その一方で、市況の悪いなかでも拡大している賃貸業者も少なからず存在します。

両者の違いはどこから生まれるのでしょうか。

じつは、賃貸業も一定規模を超えてくると、多額の運用を任せられる体制になっているのかを金融機関から問われます。

優れた取引先と認めてもらうことが大口融資を可能にしているわけです。

借りるというよりは、複数の金融機関から資金の預託先として適切と認められ、協賛や投資を集める感覚が近いでしょう。

では、金融機関から優良先と認められるには、どのような要素が必要でしょうか。筆者の経験上、次の4つに集約されます。

• 金融機関の仕組みと融資審査に対する理解
• 融資を意識した財務開示
• 税務や会計についての専門知識
• 効率よく資産や物件を管理する運用能力

これらのテーマを解説するため、本書には土地や建物の話は出てきません。不動産投資の中上級者に向けて、融資や運用技術の解説を中心に据えています。

賃貸資産購入後の運用局面で必要な知識は、これらの内容でほぼすべてといっていいでしょう。本書では、不動産投資における資産運用のすべてを解説します。

じつは、これらの要素は今まで筆者が機密としてきた数々の知識と技術の集合体であり、本書は筆者の運用実務のすべてを公開しているのに近い内容となっています。

また、**本書の特典としている「財務資料Excelシート」は、筆者が長らく現場で使用し、全国の金融機関に提出して改善を続けているもの**です。

「当支店の取引先のなかで最も資料がよくできている」（複数の信金）、「REITよりもよく開示している」（経済系の新聞記者）と評価されることも多くあります。

多くの金融機関が認める、最もよくできた財務資料のひな形を読者の皆さんの資産管理にも役立ててください。融資では資料が秀逸であること自体が付加価値となり得ます。

本書の解説と「財務資料Excelシート」を組み合わせれば、REIT級の規模といえる300億円までは資産を管理できるはずです。本書を賃貸経営の１つの見本として活用いただければ幸いです。

「財務資料Excelシート」など
本書特典のダウンロード方法

本書で解説している「財務資料Excelシート」ほかをダウンロードいただけます。利用規約の範囲内において商用利用も可能です。ご自身の賃貸経営にお役立てください。

▣ 特典一覧

本書特典は以下の4つのファイルで構成されています。詳しい使い方は本書の各編で解説します。

1. 財務資料Excelシート	金融機関提出用の財務に関するExcelシート
2. ローンアグリゲーションExcelシート	財務資料Excelシートの追加機能となるシート
3. 法人個人所得税等計算Excelシート	法人と個人の所得税等を自動計算するExcelシート
4. 弥生会計形式CSV自動生成サンプルアプリ	経理自動化のためのExcelアプリ

▣ ダウンロードと利用方法

本書特典は以下よりダウンロードいただけます。

https://ytamagawa.com/x86

Webサイトの案内に従いファイル（zip形式）をダウンロード

してください。zipファイルの展開時には以下のパスワードを入力してください。

m601g102@450

本書特典のご利用にはExcel 2007以降のバージョンが必要です。推奨はExcel 2021以降です。Windows、Mac OS両対応。Excel互換オフィスソフトでは動作しませんのでご注意ください。

▣ 利用規約

本書特典の著作権は筆者に帰属します。

本書特典ファイルは、税理士や金融機関に送付するなどを含め、ご自身の資産管理の範囲に限りご利用いただけます。

ただし、Excelシート内の著作権表示や計算式を改造することはできません。

特に「財務資料Excelシート」は非常に複雑であるため、安易な改造は予期しない計算間違いを引き起こす可能性があります。改造された状態での利用、再頒布は固くお断りします。

▣ お問い合わせ

本書特典ファイルおよび本書の技術的な内容は以下の筆者Webサイト Q＆A掲示板で質問できます。

https://ytamagawa.com/qa

本書の発売から相応の年数が経過するまでの間、筆者が回答します。

contents

序章「資産管理」のすべてを紐解く

1 「融資の仕組み」編

3 「税知識」編

5 「財務資料作成」編

序章　「資産管理」のすべてを紐解く

資産管理で必要な5つの要素

1.融資の仕組みを理解する

賃貸資産を取得して成長を続けるには、金融機関からの融資が不可欠であることは説明するまでもありません。

では、金融機関はどのような案件に対してならば不動産融資を出すのでしょうか。

金融機関は、独自の目利きで信頼できる先を見極めて自由に貸すわけではありません。賃貸業に限ればそういえます。

金融機関の融資審査フローのなかで、貸してよいとされている先に、貸せる額を、定められた期間で貸すに過ぎないのです。

そのため、「気に入った不動産を購入したい」「物件を修繕したい」「資金需要があるから金融機関に融資を申し込みたい」では、融資を得ることができません。

まずは融資の基本ルールを理解し、また金融機関により異なる得意メニューを知る必要があります。

その上で、融資枠に当てはまる案件を用意して申込をする必要があります。

もちろん、担当者や支店長の後押しがあれば強いのは間違いありませんが、それよりも審査ルールは厳格です。的の場所が分からずにやみくもに矢を放っても当たりません。

私たちの都合で相談を始める前に、**金融機関の考え方は投資家や民間企業の常識とは大きく異なることを知り、彼らを理解することが必要**です。慣れてくれば、金融機関のディスクロージャーを見るだけで不動産購入資

金と運転資金のどちらを相談すべきなのかも分かるようになります。➡P.30

2. 税と会計の専門性を身につける

本書では、賃貸業に特化した税務会計の解説にも力を入れています。

金融機関との折衝では、自社の試算表を見ながら収入、経費などを説明できることは当然に必要です。

そのため、**本書では試算表の勘定科目を賃貸業仕様にカスタマイズしており、それを見れば収入と経費の内訳がひと目で分かる**ように作成しています。

税務面では、法人税、事業税、消費税、減価償却など多くの経営者が税理士に計算を頼る部分についても、自ら判断できるスキルを身につけましょう。

本書を最後まで読み進めれば、物件購入時の試算はもちろん、物件売却時に発生する利益やキャッシュフローも自分で計算できるようになります。

社長以外に分かる人がいない「ひとり経営」は小規模企業の脆弱性ともいえますが、社長がすべてを網羅的に理解していて専門知識を有することは強みともなります。

また、**近年では税法改正の影響により賃貸業における消費税の重要性が増しています。**

本書では、物件購入時の消費税還付、売却時の消費税支払を計算する方法を解説します。➡P.194

複雑といわれる消費税も、Excelを用いて自ら計算すれば、予期せぬ税支払や還付の見逃しを回避できます。

本書の税務解説は、賃貸業に特化しているため必要な知識だけを学べること、法律家が条文を引用してするものとは異なり、計算式と実例を用いてExcelユーザーが理解しやすいように配慮している点が特徴です。

本書を社内教育の教科書とすれば、財務と税金を理解した上で金融機関とやりとりできる担当者が育つはずです。

3. 金融機関に評価される開示資料作成

本書では、**ダウンロード特典として「財務資料Excelシート」を提供しており、ご自身の資産運用の範囲内において実務での商用利用も可能**です。

さて、融資の申込に際して本書の特典のような財務資料を自作する意味はどこにあるのでしょうか。

それは、決算書だけでは保有物件の一覧、入居率、修繕履歴など賃貸業に特有の情報が伝わらないためです。

一言でいえば、税理士が作成した決算書を送るだけでは不十分だからです。

本書の**「財務資料Excelシート」は、全国の金融機関で必要とされた開示事項の最大公約数を網羅的に盛り込んでおり、財務開示の課題に適切に対応します。**そのため、これをひな形として利用すれば金融機関に財務資料の不足を指摘されることはないはずです。

不足のない資料は、問い合わせ削減による効率化にもなります。決算資料への質問を避けるためにも不足のない開示を心がけましょう。

さて、金融機関の営業は証券や不動産の営業とは異なります。監督官庁の保護のもとに保守的な受入体制であることがほとんどです。

そのため複雑な財務内容を簡潔にまとめたり、稟議にそのまま使える資料を提供するなど、貸しやすい取引先になる必要があるといえます。➡P.252

本書の財務資料は、情報を伝えるのみならず、金融機関を魅了する秀逸な資料となることをゴールとしています。

開示資料の秀逸さから自社に興味を持ってもらうこと、その緻密さから人柄を伝えること、対面プレゼンでは運営体制に感動してもらえること、ひいては取引したい先になることを目指します。

4.先進的な取り組みで管理能力の高さを証明する

金融機関の担当者から見ると、不動産賃貸業はどこも同じに見えるでしょう。物件の立地と資力に依存する枯れた産業という先入観から入ることになるはずです。

しかし、その横並びのなかでも運用能力の高さを訴求して優良先の地位を確立することはできるはずです。

- プロジェクト管理システムによる物件状況の一元的な把握
- 賃貸書類の全文検索システム
- 請求書のEDI（Electronic Data Interchange）連携による経理自動化
- 物件設備のIT化やIoT（Internet of Things）機器の導入

これらはアイデアとしては知っていても、使いこなしている賃貸業者は少数です。

それ以前に、修繕費用の集計、借入金の長期分析などデータ活用も道半ばかもしれません。➡P.134

高度なデータ管理は物件売却の際にも役立ちます。たとえば長期の管理記録が残っていたり、修繕履歴が整然とリスト化されていれば買主への訴求力もあるでしょう。

本書では、このような**ITを駆使した管理手法を日々の業務に導入できるように事例と要点を紹介します。**

ITによるデータ管理は大企業では当然のことですが、中小の賃貸業ではまだ少ないのが実情です。先進的な同業が少ない業界ゆえ、先進的であることには意味があるでしょう。

IT活用による資産管理は効率化だけでなく、金融機関に対して運用能力の訴求にもつながります。

5. 自身の資産への理解を深める

ビジネス・インテリジェンス（BI）の考え方により状況を数値で理解することの重要性は、賃貸業に限ったことではありません。

保有ポートフォリオの特性を自らが適切に把握することは最も重要です。しかし、賃貸業の収益性や資産内容は決算書を見てもよく分からないでしょう。

- 利益とキャッシュフローを賃貸資産別に把握
- 空室率、空室損額
- 年間の純資産増加額
- 粗利益（Net Operating Income）
- 解散価値

これらの**賃貸業の生命線ともいえる指標は決算書には出てこないため、自らデータを集計・分析する必要があります。**

これらについても本書では網羅的に解説しており、作成する「財務資料Excelシート」は自社のBIポータルとなるはずです。

1

「融資の仕組み」編

不動産賃貸業における金融機関や融資の大切さは言及するまでもありません。
金融機関から融資を得て事業を拡大するには何が必要でしょうか。
それには、金融機関や融資の仕組みを理解することが不可欠といえます。金融庁の規制、審査の流れ、評価ロジック、融資ストラクチャーを十分に理解し、そこから逆算して融資枠に当てはまる申込をしなければなりません。
本編では、筆者が70を超える金融機関と対話することにより会得した融資の仕組みと流れを体系化して説明します。

1-1 金融機関の基本理解

不動産に貸したい金融機関

はじめに、不動産賃貸業とは不可分ともいえる融資や金融機関について理解しましょう。銀行、信用金庫、信用組合いずれも不動産は主要な貸出先です。

信金中央金庫 地域・中小企業研究所の「全国信用金庫概況・統計（2021年度）」によると、**東京地区の信用金庫では、広義の不動産貸出（不動産業、貸家業、個人の住宅ローン）残高は5割以上にも達します**（図**1-1**）。

投資用不動産の購入資金だけに限っても融資全体の4割以上と考えられ、他業種への貸出額と比較しても圧倒的な首位貸出先です。

「信金は地域の商店に小口資金を融資するもの。その積み重ねで地域経済を支えている」ように思われがちですが、実際は**小さな信金でも億単位の不動産融資が主要な融資商品**です。「当支店の取引先の半分は不動産業者」（信金支店長）というのも都心では珍しい分布ではないでしょう。

信金は、富裕な地主、中小企業オーナー、そして不動産業者向けプライベートバンキングのような側面も少なくありません。

信金の顧客には商店街の小さなお店の高齢経営者も多くいますが、その多くは賃貸資産を保有しているはずです。駅前にある昭和風情の青果店が令和に至るまで盛業中なのはそのためでしょう。

地銀でも、不動産業＋個人（主に住宅ローン）への貸出残高は融資全体の45％に達しており、不動産と金融機関は不可分の関係であることが分かります（出典：全国地方銀行協会 地方銀行貸出の業種別内訳（四半期）2021年12月）。

図1-1 東京地区の信用金庫における貸出先分布

2022年3月末

先数	残高(単位:百万円)			
		設備資金	運転資金	業種別
29,733	1,094,524	209,857	884,667	製造業
1,219	52,899	15,003	37,896	食料
1,238	29,815	5,308	24,507	繊維
874	18,850	3,248	15,602	木材・木製品
780	31,070	7,640	23,430	パルプ・紙
3,950	140,811	25,160	115,651	印刷
422	24,016	4,213	19,803	化学
23	925	107	818	石油・石炭
287	27,796	5,259	22,537	窯業・土石
376	18,893	5,052	13,841	鉄鋼
280	13,105	1,232	11,873	非鉄金属
4,793	180,361	41,648	138,713	金属製品
4,035	167,926	32,644	135,282	はん用・生産用・業務用機械
2,166	91,326	14,883	76,443	電気機械
684	31,823	5,547	26,276	輸送用機械
8,606	264,765	42,773	221,992	その他の製造業
149	2,737	1,466	1,271	農業、林業
2	18	2	16	漁業
8	265	13	252	鉱業、採石業、砂利採取業
45,420	1,317,599	256,298	1,061,301	建設業
240	20,652	16,207	4,445	電気・ガス・熱供給・水道業
9,677	264,245	19,891	244,354	情報通信業
184	3,828	494	3,334	通信業
6,474	312,358	80,039	232,319	運輸業、郵便業
20,418	876,432	111,834	764,598	卸売業
21,002	515,227	118,688	396,539	小売業
862	256,790	19,070	237,720	金融業、保険業
31	100,354	2,038	98,316	銀行業、協同組織金融業
27	81,431	9,357	72,074	金融商品取引業、商品先物取引業
666	11,455	4,464	6,991	保険業
86	48,540	828	47,712	貸金業、クレジットカード業等非預金信用機関
61,182	5,941,024	**4,973,946**	**967,078**	不動産業
3	9,995	9,995	0	不動産流動化等を目的とするSPC
25,733	1,790,448	**1,711,861**	**78,587**	個人による貸家業
688	43,111	8,889	34,222	物品賃貸業
11,350	252,403	53,144	199,259	学術研究、専門・技術サービス業
537	77,718	54,951	22,767	宿泊業
21,387	344,452	90,075	254,377	飲食業
11,215	237,104	56,567	180,537	生活関連サービス業、娯楽業
2,318	95,238	58,503	36,735	教育、学習支援業
8,506	302,502	144,073	158,429	医療・福祉
6,114	214,349	100,475	113,874	医療・保健衛生
24,529	622,383	188,419	433,964	その他のサービス
494	44,010	26,840	17,170	各種団体
275,702	12,577,498	6,462,417	6,115,081	[企業向け貸出計]
66	52,260	16,266	35,994	地方公共団体
58	46,075	13,455	32,620	都道府県・市町村
272,539	2,875,890	**2,457,903**	417,987	個人(住宅・消費・納税資金等)
5	501	286	215	海外円借款、国内店名義現地貸
548,307	**15,505,648**	**8,936,586**	**6,569,062**	**合計**

出典：信金中央金庫 地域・中小企業研究所「全国信用金庫概況・統計(2021年度)」

地域金融機関も、多数の小口融資で事務コストを増やすより大口の融資を好みます。そこで、保証協会付き融資や住宅ローンなどの規格商品だけでなく、プロパーの不動産ローンを出したいわけです。

「不動産融資は担保も取れるし、貸倒率も低い。ならば商店の小口運転資金よりもロットの大きい不動産にまとめて貸し出したい」（融資担当者）というのが営業現場の本音でしょう（**図1-2**）。

図 1-2　地方銀行の業種別貸倒率

業種/時期	2021/03	2021/06	2021/09	2021/12	2022/03
製造業	1.28%	1.30%	1.35%	1.38%	1.40%
建設業	1.09%	1.12%	1.19%	1.28%	1.34%
卸売業	1.49%	1.56%	1.58%	1.58%	1.58%
小売業	1.47%	1.43%	1.50%	1.56%	1.63%
不動産業	0.44%	0.44%	0.50%	0.48%	0.48%
サービス業	1.64%	1.73%	1.94%	2.05%	2.05%
その他	1.14%	1.19%	1.57%	1.38%	1.53%
全業種	1.25%	1.29%	1.39%	1.45%	1.48%

全国地方銀行協会「CRITS 実績デフォルト率」より筆者作成。

図は直近データのみを引用しているが、同資料の2016/03 ～ 2021/12の6年間を筆者が集計したところ、不動産賃貸業の貸倒率は全体平均の1.40%に対して0.48%であり長期でも低率だった。

それにもかかわらず、実際には**不動産融資は断られることのほうが多いのが現実です。特に低自己資金を前提とした融資は簡単ではありません。**

この矛盾を理解するには、昭和のバブル崩壊に端を発した牽制機能が働いていることを知る必要があります。

不動産に貸せない金融庁

数ある業種のなかで不動産業は特殊な貸出先であることを理解する必要があります。

製造業などへの融資は、将来利益を先取りして今使うことを目的とした融資ですが、**不動産担保融資は資産購入への融資です。この融資と地価上昇には高い相関があるのはいうまでもありません。**

地価上昇が過熱すると何が問題となるのでしょうか。融資の現場ではいまだに昭和バブル期の昔話が持ち出されることがあります。

かつて金融機関は不動産業に貸しすぎて土地バブルを引き起こし、その処理は反社会的勢力なども絡み遅々として進まなかったため、「失われた30年（Lost Decades)」といわれる景気低迷期を招きました。

その反省の精神は現代にも脈々と受け継がれており、いまだに当局から厳しく監視されているというわけです。

不動産業への融資は金融庁の監査・指導の主な対象です。そのさじ加減で融資が出る時期、出ない時期が明確に分かれます。

たとえば、日本銀行の金融システムレポートによれば「不動産業向け貸出の対GDP比率」は2018年以降は過熱気味と判定されています。

免許をもとにした認可事業である**金融機関は半官半民の面もあり、日銀や金融庁の方針と対立するのはタブー**です。そのため当局の方針に従い、現在でも金融各社は不動産業向けの融資残高を増やせないと読み解くべきでしょう。

融資が旺盛な局面では、集めた預金をどれだけ融資に回して経済活性化に貢献しているかの指標である預貸率が論じられ、抑止局面では不動産業に対する貸出比率の偏りが議論になることがよくあります。

金融機関からすれば「金融庁の指導もあり、不動産業への過度な偏重は避けたい。だからといって大口の不動産貸出を伸ばさないと既存の返済が進んで残高が減ってしまう」(信金）という事情もあります。

つまり、貸しにくい案件の不動産業は門前払いせざるを得ませんが、貸しやすい案件を持ち込む不動産業はありがたいわけです。

他行が融資を控えているときこそ逆張りでアクセルを踏んでシェアを高めるのが民間の考え方でしょう。

しかし、金融機関が横並び体質である理由として、「他行がやっていないことをやって失敗すると、あとで金融庁から責任を問われるリスクがある」(信金支店長）という声もあり、全体の流れには逆らいにくい環境です。

護送船団方式といわれた昭和の銀行行政の体質は変わっていない点もあり、金融業免許を授けられた者の宿命ともいえます。

不動産市場に対する各者の役割をあえてまとめるならば、次のような分担になっているといえます。

- 日本銀行 ➡ 不動産バブル発生の回避、不動産価格の安定
- 金融庁 ➡ 不良債権発生の抑制、金融機関破綻の防止、銀行合併による効率化の推進
- 金融機関の各支店 ➡ 営業利益確保。融資を推進するアクセル役
- 本店審査部 ➡ 融資リスクの勘案。金融庁指針への適合を監査するブレーキ役

不良債権と引当金

続いて、金融機関の仕組みを理解していきましょう。不動産業に融資を出して返済が滞るとどうなるのでしょうか。

そのようなとき金融機関は、その貸出について不良債権（Non-performing loan）としてディスクロージャー誌などに開示して引当金を積む必要があります。

引当金は、実際に貸倒が確定するまでは会計上の仮想的な損失に過ぎませんが、決算の数値は悪化します。そのため、引当金の計上それ自体が収益の悪化要因になりますが、他行比較で不良債権が多いと、レピュテーション（風評）リスクや金融庁指導の対象となるなど定性的なデメリットも生まれます。

具体例で不良債権を分析してみましょう。

筆者と取引のある信金のディスクロージャーを集計したところ、不良債権の発生率は3%程度と、信金全体の平均よりも高い値でした（**図1-3**）。

ただし、**不動産担保融資を得意とする信金では保全率が9割近くと高いため、仮に貸倒が発生しても損失は多くない**ことが特徴的でした。

日本銀行の統計（貸出約定平均金利の推移 2022年6月）によれば、信金の貸出金利回りは1.4%（加重平均した全体。住宅ローンを含む）ですが、

筆者の借入金利などから推定すると賃貸用不動産への融資は2%前後の高い金利を得られていると考えられます。

これを見ても平常時の不動産融資は低リスク、大ロット、高い貸出金利回りで、融資したい先であることが分かります。

図 1-3　筆者と取引のある信金信組の不良債権比率など（2019 年度）

金融機関	不良債権開示残高比率	保全率	引当率
金庫1	1.4%	98%	48%
金庫2	1.8%	87%	51%
組合1	1.9%	77%	35%
金庫3	2.4%	91%	87%
金庫4	2.5%	90%	59%
金庫5	2.9%	90%	53%
金庫6	3.3%	84%	44%
金庫7	3.3%	75%	29%
金庫8	3.4%	88%	51%
金庫9	3.8%	79%	19%
金庫10	3.9%	88%	48%
金庫11	4.2%	92%	65%
組合2	5.4%	75%	30%
組合3	5.4%	91%	84%
組合4	8.0%	87%	66%
単純平均	3.6%	86.0%	51.2%

筆者と取引のある信金信組15社のディスクロージャーより筆者作成。
「筆者と取引のある」とは相談のみで口座開設なしを含む。

しかし、不動産担保融資が返済不能に陥ったときに地価が下落していると問題が発生します。担保を処分してもまだ未回収が発生するためです。

賃貸業への融資額は巨額であるため、それに集中すると、貸倒率が上昇した場合、金融機関の財務は急激に悪化することになります。不動産市況が下落していれば担保物件を処分しても金融機関は赤字となります。

このような状況が重なり不動産市場と金融機関が同時に崩壊した事例としては、2009 年の米国サブプライム危機が記憶に新しいところです。

一般論としても、融資先の単一業種への偏りは分散の観点から危険といえますが、金融市場と相関の高い業種への集中はさらに危険だといえるでしょう。

金融業免許の面から見ても、国として支援したい製造業など「実業」への融資をおろそかにして、「非実業」である不動産投資への資金供給ばかりをするわけにもいきません。

金融機関の融資先選定は、ミクロの利益追求と、マクロ視点での不良債権リスクや社会的役割との綱引きであることが見て取れます。

貸出金の担保別内訳

金融機関のディスクロージャーには、不良債権以外にも借り手から見て重要な統計情報が掲載されています。「貸出金の担保別内訳」を確認してみましょう。

信金信組では担保別内訳は**図1-4**のような要素で構成されており、金融機関がどのような融資を得意としているかを確認できます。

図1-4　担保別内訳

当金庫預金積金	預金担保融資など特別な融資
有価証券	株、国債、出資証券、会員権など。比率はほとんどない
不動産	不動産担保は賃貸業への不動産購入資金だけではなく、製造業の工場の土地を担保にした運転資金なども含む
信用保証協会・信用保険	信用保険も含めて保証協会融資のこと
保証	住宅ローンの信金保証、全国保証およびノンバンク保証を含み、代表者の個人保証と保証協会を含まない
信用	代表者保証のみの無担保プロパー融資

図1-5には、筆者と取引のある信金信組18社の平均値を入れています。全国平均では地方の農林水産業を専門とする信金が多く含まれてしまうため、賃貸業の筆者が実際に取引しているというフィルターには一定の意味があるでしょう。

不動産融資をしている信金の通常値としてベンチマークにしてください。

図1-5　東京と大阪の信金信組18社の担保別内訳（2019年度）

金融機関	預金積金等	有価証券	不動産	保証	保証協会等	信用	その他	合計	不動産＋保証比率
組合1	0%	0%	54%	46%	1%	0%	0%	100%	99%
組合2	4%	0%	76%	19%	0%	1%	0%	100%	95%
組合3	3%	0%	42%	53%	0%	0%	2%	100%	95%
金庫1	5%	0%	63%	30%	1%	0%	0%	100%	93%
金庫2	1%	1%	74%	13%	10%	2%	0%	100%	87%
金庫3	2%	0%	70%	16%	10%	2%	0%	100%	86%
組合4	2%	0%	79%	4%	4%	11%	0%	100%	83%
組合5	1%	0%	78%	4%	10%	5%	0%	100%	83%
金庫4	2%	0%	68%	11%	17%	2%	0%	100%	79%
金庫5	1%	0%	78%	0%	5%	15%	0%	100%	78%
金庫6	3%	0%	55%	18%	10%	14%	0%	100%	73%
金庫7	1%	0%	58%	2%	31%	8%	0%	100%	60%
金庫8	2%	0%	38%	21%	10%	28%	0%	100%	60%
金庫9	4%	0%	54%	4%	15%	24%	0%	100%	57%
金庫10	2%	0%	34%	14%	18%	32%	0%	100%	48%
金庫11	2%	0%	44%	1%	9%	43%	0%	100%	46%
金庫12	4%	0%	34%	7%	25%	30%	0%	100%	40%
金庫13	1%	0%	23%	8%	51%	16%	1%	100%	32%
単純平均	2%	0%	57%	15%	13%	13%	1%	100%	72%

新型コロナウイルス感染症対策融資の影響を排除するため各社2019年 ディスクロージャーより筆者作成。

図1-5は、不動産担保割合が多い順に信金信組を並べてあります。ここから分かるのは、**金融機関は3つの融資分野に色分けされていることです。「不動産担保型」「無担保運転資金型」「保証協会窓口型」**です。

筆者が取引する金融機関は、融資のほとんどが不動産担保というところも少なくありませんが、これらの不動産担保が多い信金は、運転資金も保証協会もやらないことが分かります。

不動産担保が少ない信金は、非不動産業の運転資金がメインで保証協会も併用しています。独自の目利きで中小企業に無担保融資を提供し、地域金融機関に期待される役割を果たしているといえるでしょう。

統計から分類した金融機関の姿は筆者の肌感覚にも一致します。

不動産融資専業といえる金融機関とは運転資金、修繕資金の話をしたことはなく、また運転資金を得意とする金融機関に不動産の相談をしてもよい回答は返ってきません。

金融機関各社は全ニーズ対応を掲げてはいるものの、実際には得意分野が偏っているといえます。

ここまで傾向がはっきりしているならば、各社の得意を把握した上でそれに沿った案件を持ち込むべきです。

また、各社ごとに得意分野が偏っており、融資を出す時期もまちまちであるため、複数の金融機関と取引して、いつでも希望の融資品目を申込できる体制を作ることに意味があります。

なお、各社とも2020年は保証協会が新型コロナウイルス感染症対策融資（コロナ融資）を提供した年であるため、保証協会比率が急増しており、特別な状況下にありました。平常時を見るため2019年のディスクロージャーを参照しています。

信用金庫と信用組合の違い

数ある金融機関のうち、賃貸業が意識すべきは信用金庫と信用組合のどちらでしょうか。そもそも、業界外の人には信金と信組の違いが分からないかもしれません。

じつは信金と信組は、業務内容も出資のルールも同じです。

いずれも融資を受ける際には数万円程度の出資金を拠出することが法令上の義務となっているため、形式上は債務者と出資者は同一人物となり互助組合的な組織形態となっています。

信金と信組は成り立ちの歴史的な経緯が異なります。一言でいえば、信金は特定地域、信組は特定業種を対象とした金融機関です。ただし、現在は多くの信組で業種制限はなくなっています。

借り手から見れば組織の歴史的経緯は重要ではないでしょう。特筆すべき違いは**地銀、信金、信組では、それぞれ金融庁などが行う金融検査の指導方針が異なる**ことです。

メガバンクなどは金融庁、信金は財務省関東財務局金融監督第２課、信組は同３課など金融機関の監督窓口は分かれています。

窓口の違いと、その指導方針の違いにより信金信組の自由度が生まれているとも考えられます。この小さな違いが融資実務では大きな違いとなることを知っておきましょう。

信組は過去には財務局ではなく都道府県が金融検査をしており、「都道府県側に専門家がおらず監督能力がなかったために自由にできていた」（信組部長）という経緯もあります。

融資の９割以上が不動産購入資金という信組もあり、その自由度の高さを垣間見ることができます。

一般論として、信組は自由度が高く、信金そして地銀の順に厳しくなります。また、関西は自由で関東は厳しいといえます。

監督官庁は、メガバンクや地銀を厳しく統制する一方、地域金融システムについてはある程度の自由度を与えているともいえるでしょう。

なお、融資の現場では、財務局も含めて金融庁の金融検査と呼ばれることが一般的です。それにならって本書でも以降はそのように扱います。

信金信組の出資金

信金信組で大口融資を受けた場合、その見合いで多額の出資をすることもあります。出資金について理解しておきましょう。

出資金は3%程度の配当金が出るものの、出資の増額や解約は自由にできず、投資家の目線でいえば高金利ともいえないため余資の運用に適するとはいえません。

また、自行他行を含めて出資金は担保や融資審査の材料には使えません。

過去には旧八千代銀行、第一生命のように組合形式の法人が上場して出資金に売却価値が付いたこともありましたが、基本的には解約時まで続く資金拘束と考えるべきです。

1-2 融資審査の流れ

融資審査の形式に従う重要性

融資審査の実際の流れを学んでいきましょう。

これまで説明したように、金融機関は金融庁や自行審査部の方針に沿わない融資を支店の一存で貸すことはできません。

そのため、金融機関ごとに少しずつ異なる融資審査のルールを理解し、それに適合する申込をすることが必要です。

融資のルールには次の４つの要素があり、これらを知ることが融資のすべてだといえます。

- ■どの金融機関で
- ■どのような物件ならば
- ■どのような借り手の属性ならば
- ■どこまでのLTV、貸出期間、金利が提供されるか

＊ LTV ＝ 売買価格に対する借入比率（Loan to Value）

しかし、これらは担当者に聞いても明確な回答はされないでしょう。

個別事案により都度判断が建前になっているため、明確な融資基準を申込者に教えてはいけないルールになっていることもあります。

それ以前に担当者が定量的な要件を熟知していないこともあります。また、支店と審査部との交渉により結果が変わるなどもあります。

そのため、「個別事案によりケースバイケース」（担当者）といわれること

が多いはずです。

融資審査は、多くの財務的なパラメータを参照した上、複雑なプロセスを経て決まるため、一言でまとめられないのは間違いありません。

しかし筆者は、**融資審査はケースバイケースではなく定量的な要件がある**ととらえています。そして、その不確かな条件を定型化して理解することが融資の反復継続性につながると考えています。

融資実務フローチャート

金融機関は申込者や物件のどこを見て評価しているのでしょうか。はじめに結論を示します。次ページの**図1-6**が融資の全体像です。

融資審査は、「入口の議論」「土台に乗るか」などといわれる最低限の確認から始まります。

その後、財務データの入力、支店内での稟議作成、支店長の許可、本部審査、可決後の事務手続きと遷移していきます。

以降、図1-6のフローチャートの詳細を順に解説します。

図 1-6　融資の全体像

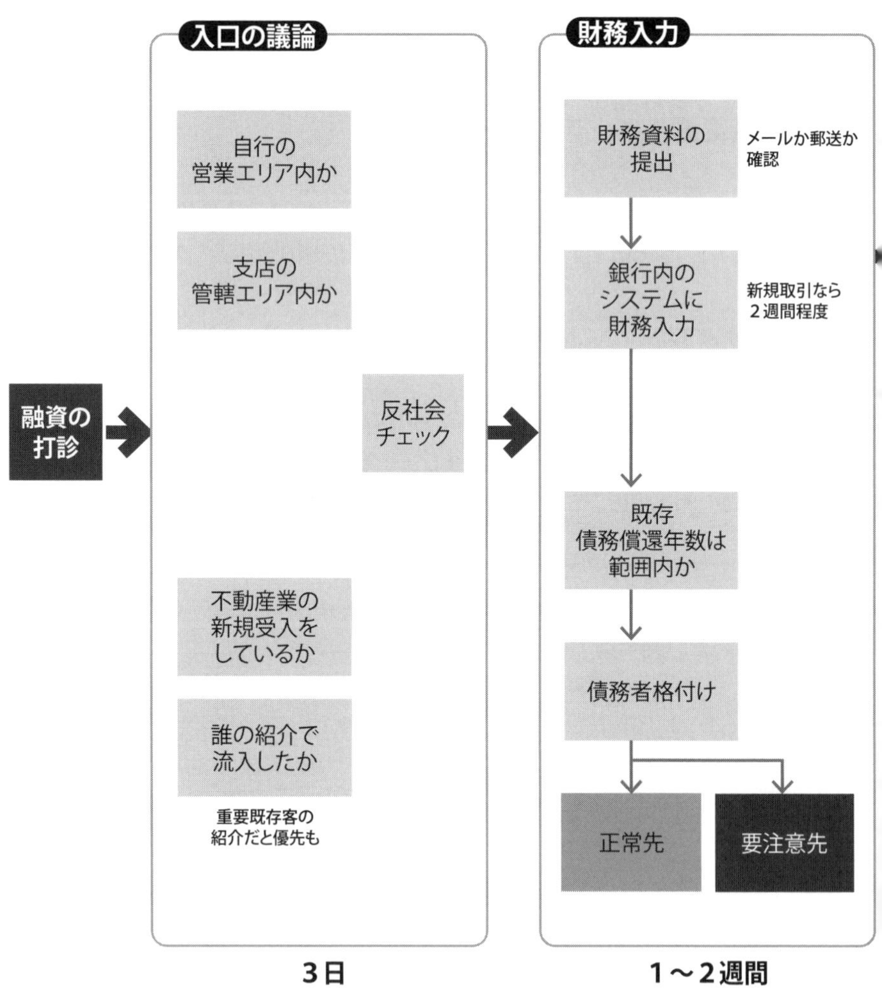
融資の
打診
入口の議論
自行の
営業エリア内か
支店の
管轄エリア内か
反社会
チェック
不動産業の
新規受入を
しているか
誰の紹介で
流入したか
重要既存客の
紹介だと優先も
3日
財務入力
財務資料の
提出
メールか郵送か
確認
銀行内の
システムに
財務入力
新規取引なら
２週間程度
既存
債務償還年数は
範囲内か
債務者格付け
正常先
要注意先
1～2週間

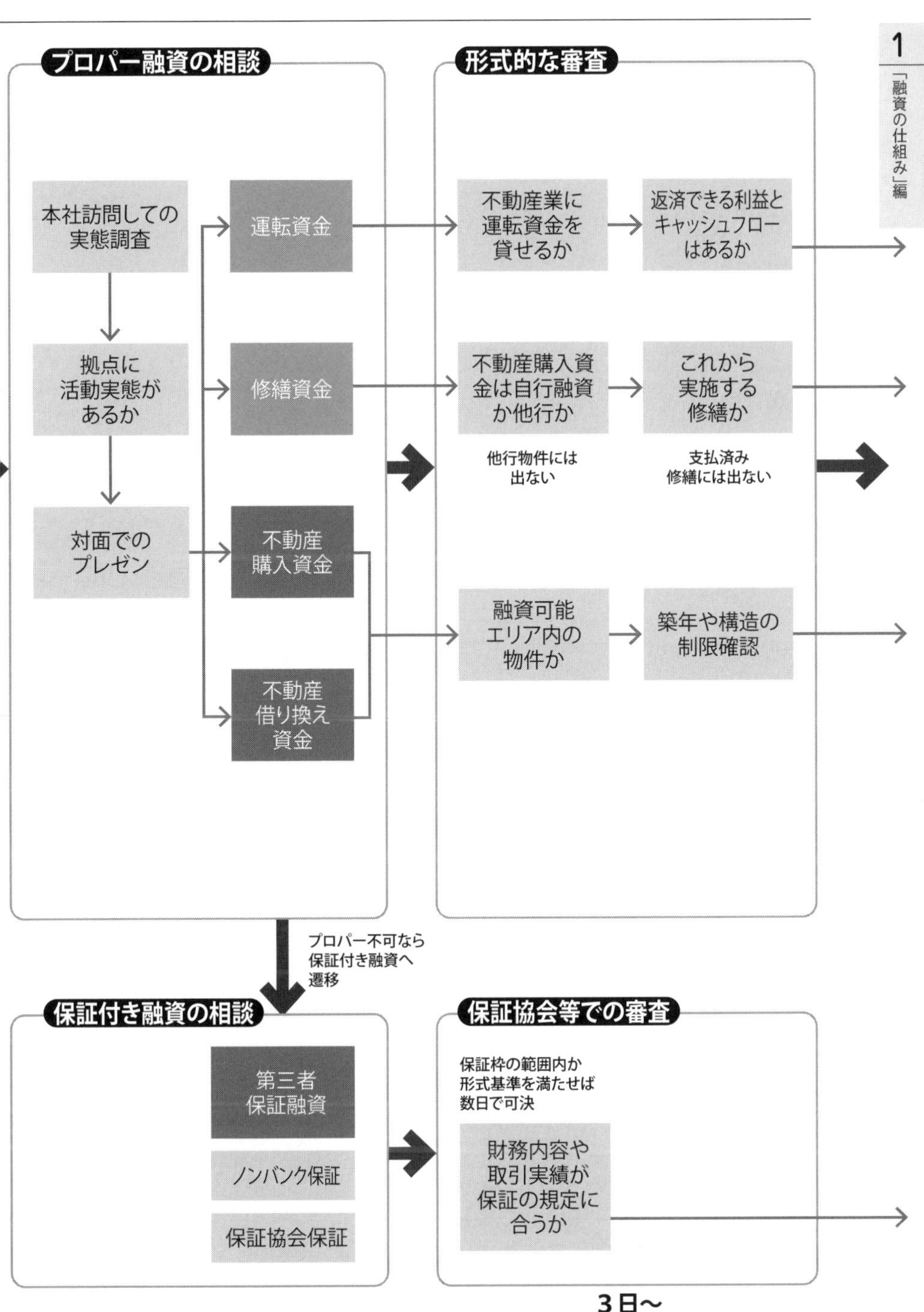
プロパー融資の相談
本社訪問しての実態調査
拠点に活動実態があるか
対面でのプレゼン
運転資金
修繕資金
不動産購入資金
不動産借り換え資金
形式的な審査
不動産業に運転資金を貸せるか
返済できる利益とキャッシュフローはあるか
不動産購入資金は自行融資か他行か
他行物件には出ない
これから実施する修繕か
支払済み修繕には出ない
融資可能エリア内の物件か
築年や構造の制限確認
プロパー不可なら保証付き融資へ遷移
保証付き融資の相談
第三者保証融資
ノンバンク保証
保証協会保証
保証協会等での審査
保証枠の範囲内か形式基準を満たせば数日で可決
財務内容や取引実績が保証の規定に合うか
3日〜

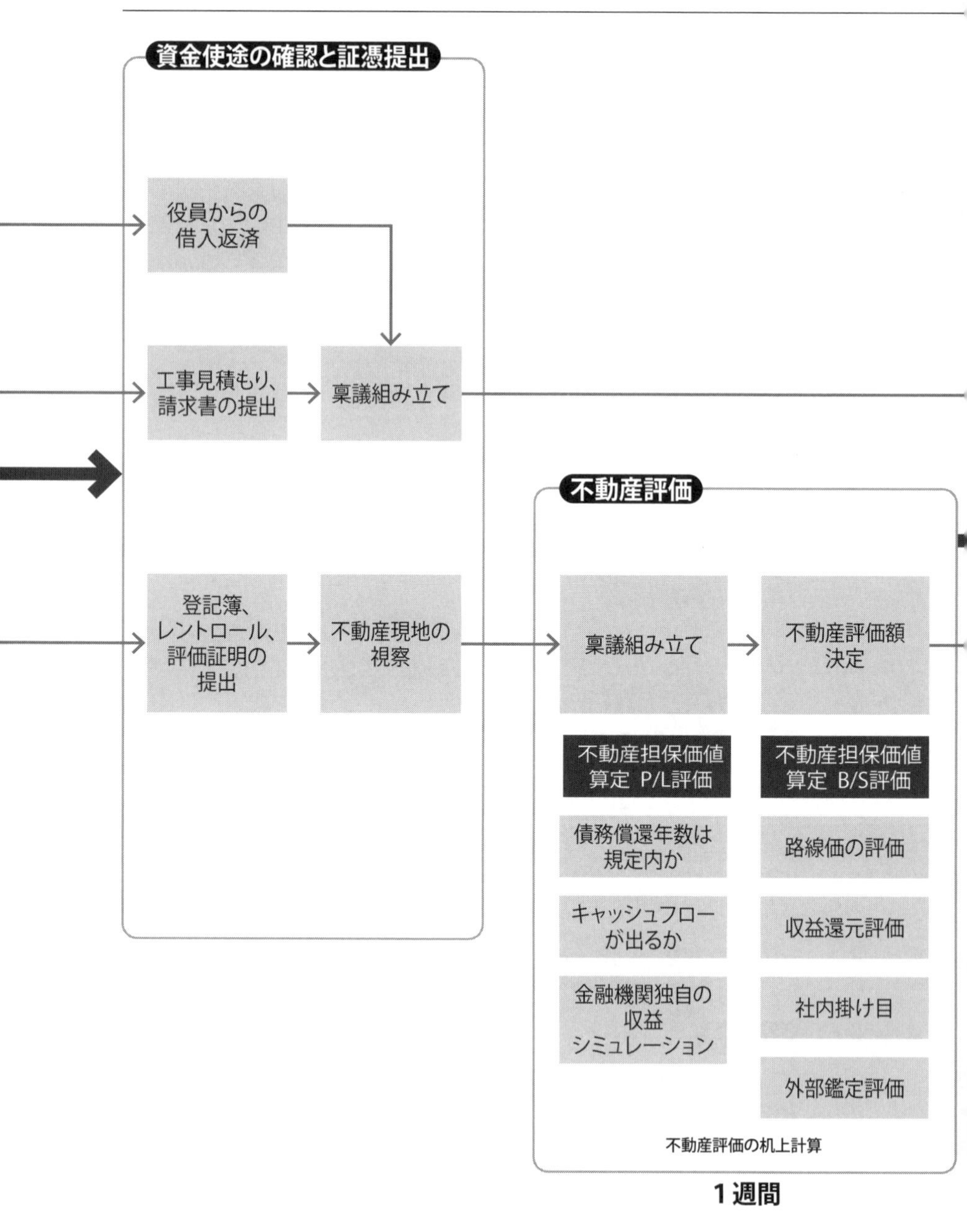
資金使途の確認と証憑提出
役員からの借入返済
工事見積もり、請求書の提出
稟議組み立て
登記簿、レントロール、評価証明の提出
不動産現地の視察
不動産評価
稟議組み立て
不動産評価額決定
不動産担保価値算定 P/L評価
不動産担保価値算定 B/S評価
債務償還年数は規定内か
路線価の評価
キャッシュフローが出るか
収益還元評価
金融機関独自の収益シミュレーション
社内掛け目
外部鑑定評価
不動産評価の机上計算
1週間

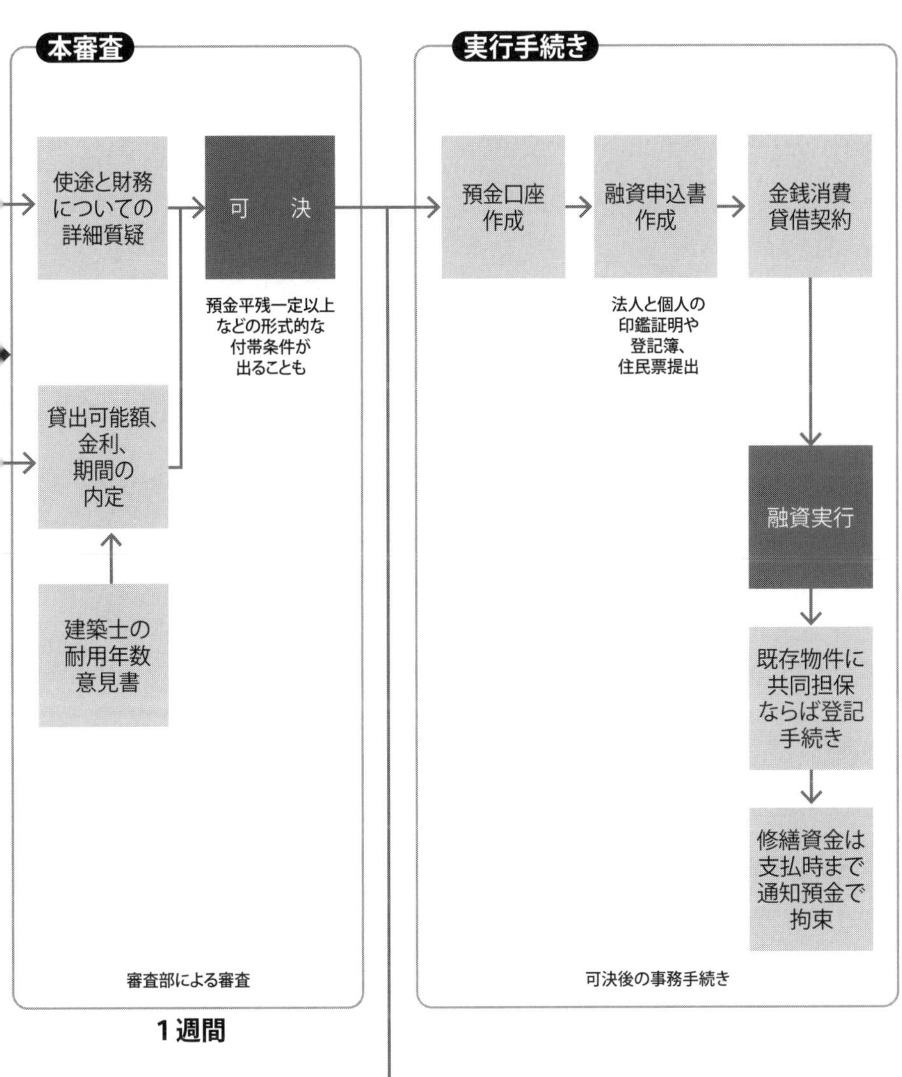
本審査
使途と財務についての詳細質疑
可　決
預金平残一定以上などの形式的な付帯条件が出ることも
貸出可能額、金利、期間の内定
建築士の耐用年数意見書
審査部による審査
1週間
実行手続き
預金口座作成
融資申込書作成
金銭消費貸借契約
法人と個人の印鑑証明や登記簿、住民票提出
融資実行
既存物件に共同担保ならば登記手続き
修繕資金は支払時まで通知預金で拘束
可決後の事務手続き

1-3 入口の議論

営業エリア

金融機関と取引を開始するには、はじめにその形式基準をクリアしなければいけません。

反社会的勢力チェックだけではなく、経営者、活動実態、資金使途など多岐にわたり審査対象となります。

ここで門前払いとなることも少なくありません。それぞれに必要な要素を確認していきましょう。

最初に確認すべきは、申込をする物件や法人が金融機関の営業エリア内に存することです。

エリアが重要であるのは、賃貸業の主たる借入先である信金は信用金庫法において次のように定められているためです。「会員」とは債務者のことです。

信用金庫法　第10条

信用金庫の会員たる資格を有する者は、次に掲げる者で定款で定めるものとする。

その信用金庫の地区内に住所又は居所を有する者

その信用金庫の地区内に事業所を有する者

その信用金庫の地区内において勤労に従事する者

信金は、法律によりここまで具体的に営業エリアを定められているため、仮に優良案件でもエリア規制について例外対応をしてくれることは多くありません。

一方、地方銀行は法律上の営業地域の縛りはなくなりますが、特定の地方にしか支店がないため、社内規定で営業地域が限られることになります。

支店のカバー範囲外に存する顧客や担保物件では問題が起きたときに対応できないという実務的な理由です。

つまり、いずれの金融機関も**支店の近くに申込者の拠点実態がなければ取引を開始することはできません。**

なお、物件や自社の所在地が金融機関の営業エリア内だとしても、相談している支店の管轄地域外だと別の支店を紹介されることになります。互いの無駄を避けるために担当支店は最初に確認すべきです。

そのほか次のような社内ルールが多く見られます。

- 同一金融機関の複数支店に口座を持つことはできない
- ほかの支店に口座があっても融資取引がなければ他支店に移管できる
- 逆に、過去に取引があった口座を閉鎖して他支店で新規開設は不可となることも
- 合併を経た金融機関では、グループ内の別銀行と取引がある場合は既存口座ありの扱いで重複開設はできない

これらは金融機関に決算書を送る前に確認するのがいいでしょう。

法人の活動実態

金融機関と取引を開始するには、その規定により支店の管轄内に法人の実態がなければなりません。

かつては法人登記だけあればエリア内に拠点ありとみなし、地域外の法人でも取引可能というルールも散見されました。

しかし、昨今ではエリア規制は厳格化され、形式だけの拠点は禁止される方向にあります。

地域での居住や営業実績、納税実績、勤務実態があれば、社長ひとりのスモールオフィスでも問題は生じません。

一方、社長の居所が遠方で、遠隔拠点としてミニマムスタートしたい場合は苦労するでしょう。実態ありと認識してもらうにはどのような要件を満たしていればいいのでしょうか。

実態の認定には、法人登記、看板の掲出、事務所の賃貸借契約書など、形式的な書類が少なくとも必要です。

それだけではなく、事業所としての稼働形跡、複合機の設置、業務知識のある常勤人員などが求められます。これには担当者の訪問検査があります。また、形だけではなく経済合理性や必要性も判断されます。

なお、近代化された業務スタイルは理解されにくく、非常勤の兼業メンバー、シェアオフィス、リモートワーク、PC 1台のみなどの現場は実態として認定されにくい傾向にあります。

そのため、筆者のように東京から大阪に進出したい場合などにおいては現地での活動実態審査が大きなハードルとなります。

「地元に事業実態や納税がなければ融資できない。融資がなければ事業を開始できない」という衝突をいかに解決するかが鍵となります。

現実的には地銀などエリア制限のない金融機関で遠隔地に実績を作り、そこから広げていくなどを模索することになるでしょう。

融資に限らず銀行証券の口座開設実務において、「拠点」(恒久的施設/Permanent Establishment) の概念は重要です。

過去の実績による評価

金融機関との取引では、賃貸業が将来のビジョンを聞かれることは多くないでしょう。

建前上は事業性評価融資が推進されているため「過去の実績にとらわれず」となっていますが、地域金融機関では、法人の将来性に賭けて無担保で融資を出す事例は多くありません。

将来よりも過去の実績が焦点となり、実績として最も強いのは当行での融資取引があることです。

さらにいえば、**保証協会や支店長決裁など本部の関与しない取引ではなく、小さくても長期プロパー融資がある取引先が主要顧客**といえます。

小さな融資でも形を作ってつながっておくことは次の大きな融資の準備となり得ます。

金融機関側の受入体制

金融機関は、その社会的役割からも借り手の受入にはいつでも前向きであることが建前です。

しかし、融資姿勢は定期的に変わるのが本音でしょう。**融資姿勢への影響が強いのはマクロ経済環境、そして日銀と金融庁の政策ポリシー**だといえます。2006年のファンドバブル、2013年以降の量的緩和とアベノミクス、2020年のコロナ融資などは象徴的です。

これらは100年に一度の融資の好機といえましたが、今後もさまざまな理由で数年ごとに融資の機会が訪れると期待していいでしょう。

当局の政策ポリシーによる融資調整が、各金融機関の融資姿勢を決定づけている面があるためです。

ゼロ金利下の日本経済において景気の喚起策としてさらなる利下げは選択できません。そこで、量的緩和やマイナス金利政策のように融資を推進すれば不動産市況は活気づくことになります。

逆に、当局が過剰融資に警鐘を鳴らせば融資量は抑制となり、不動産市況には冷や水となります。

基本的に金融政策はこの繰り返しであるため、何らかの経済イベントに連動して融資の緩急に変化が生じることは今後も定期的に起きるはずです。

さらに金融機関の事情も重ね合わせる必要があります。

市況に関係なく常に不動産融資を出し続けた場合、金融機関は不動産市況の頂上でも貸し続けることになります。

将来的に市況が下落に転じた際には評価割れが生じ、不良債権の発生確率が高まります。その局面では金融機関も融資を控えざるを得ません。

このように、**不動産業に対する融資姿勢は、当局の政策ポリシーと金融機関の不動産市況に対する相場観の合成結果**と考えればいいでしょう。

賃貸業は、マクロの融資姿勢の変化により関係者が一律に潤い、また干上がる業種です。個々の努力が寄与するのは、担当者との折衝というミクロの面のみしかありません。

賃貸業は市況の大きな波には逆らえない業種ともいえるでしょう。

一方ミクロで見ると、融資の強化月間、新たな融資商品のリリース、新支店の開業、金融機関の決算対策などで賃貸業の受入体制は大きく変わります。

日銀の月別貸出統計（日本銀行時系列データ検索サイト > 貸出先別貸出金（設備資金新規貸出額））を見ても、明らかに3月、9月は融資が増加していることが分かります。金融機関の決算は一律で3月と決められているため、当期や半期の目標達成のために融資を増やしていると読み取れます。2～3月の決算期間際は融資の相談が歓迎されやすい時期だといえるでしょう。

現場の感覚では、各行の融資姿勢は数カ月ごとに変わる印象です。そのため、貸出金統計などよりも早く、今月から融資を増やし始めた金融機関を知る必要があります。

賃貸業向けの融資は出始めたと思えばすぐに終わり、さながらモグラたたきのようです。

同業との情報交換だけでは間に合わないため、多くの金融機関で実績と人脈を作り、いつでも出動できる体制を整えることに意味があります。

また、同じ金融機関でも支店により状況は異なります。

旗艦店は大企業向けの事業融資、都市部は不動産融資、郊外支店は預金集めなどと役割分担されていることもあるため、不動産が得意な支店と取引する必要があります。

さらに、金融機関における人事の仕組み上、当期中の貸出計上ができるか否かは重要です。大口優良顧客といえども今すぐに売上につながる取引がなければ門前払いとなるケースも多いといえます。

プライベートバンキングのように大口ならひとまずつながって、その日が来るまで待つ考え方は融資の現場では希薄です。

不動産業の判定基準

賃貸業への融資を控えなければならない局面があることを説明しましたが、賃貸業に該当するか否かの判定はどのようになされているかも分析してみましょう。

じつは、実態としては賃貸資産からの収益に依存している法人でも、**賃料以外の売上比率が50%を超える場合は、金融機関内では非不動産業として登録される**可能性もあります。

非不動産業のほうが有利であれば、賃貸業は他業を営んでいる法人の副業と位置づけるのもいいでしょう。非不動産業ならば運転資金も調達しやすいはずです。

実質的支配者と株主

「実質的支配者」とは犯罪収益移転防止法による概念です。

厳密にはいくつかの定義がありますが、一言でいえば実質的な法人のオーナーであり、そこから利益を得ている個人のことを指します。

所有者や利益の享受者を偽装した口座が、問題になった経緯から調査されるようになりました。暴力団の資金移転を追うことが目的という背景があります。

しかし、融資の現場では犯罪収益か否かを議論されることは多くありません。

実務的には、複数法人を経営している際に、どこまでの法人が実質的に同じ社長なのかという名寄せが目的となります。たとえば同居の家族などを形式だけ社長にしても同一グループとして認識されます。

いわゆる「一物件一法人スキーム」により、事業実態の一部しか開示しない融資申込が横行したことも関係しています。

このように、形式だけ他人を所有者にして名寄せを逃れることの監視は近年では厳しくなっています。
マネーロンダリングと結びつけられて、融資を断る口実とされる可能性もあるので誠実な申告が必要です。

資金の出どころ

不動産購入のための自己資金は、普通では貯まることのない金額ゆえに合理性のある資金の出どころを説明することも必要です。
これはマネーロンダリング対策の面もありますが、実際には、不動産購入のための自己資金は余剰資金でなければならないところを、親族や投資家から借りて手元資金十分を主張する申込者がおり、資産状況の粉飾が問題になった経緯があるためです。

なお、信金は地元の中小企業や地主向けの金融機関ゆえ、事業や相続で資金を得たなどは好まれるストーリーです。
また、株式での投資益など「例外的なもの」でも受け付けてもらえます。大きな資金を最初に得たときの証憑は保管しておくべきでしょう。

資金使途

入口の議論をクリアできたら資金使途についても考えましょう。
じつは借り手の信用力が高く、返済原資が十分でも借りられないことはよくあります。**金融機関はメニューにない資金使途では貸せない**ためです。

たとえば、すでに支払済みの修繕支出に対して、あとから融資を得たいという申請は多くの場合に不可能です。
手続きが先かあとかの違いだけですが、融資審査のプロトコル上は決定的な違いとなり拒絶理由となります。証券担保ローンやカードローンなどの借入が自由資金であることとは対照的です。
資金使途は正しく申告しないと期限の利益を失ったり、最悪の場合、詐欺罪に問われる可能性もあるので、実態の通りに使途を申告する必要があります。住宅ローンにより賃貸資産を購入してトラブルになるなどが社会問題化している通りです。

もっとも、資金使途の縛りには不合理なルールも多くあり、金融機関の考え方を理解しておく必要があります。

たとえば、運転資金として融資された資金を次の物件の自己資金として使うことは許されませんが、同額をほかの口座から入金して自己資金として賃貸資産を購入したあとに、借り入れた運転資金を別口座に出金することは差しつかえありません。

金融の理論では、どちらも結果は同じはずですが、資金は明確に色分けされています。

背景として、昭和のバブル崩壊以降続く不動産業に対する不信感が根強いことも知っておくべきでしょう。歴史的経緯により、不動産業への自由資金提供は使途不明のまま貸し倒れる印象を払拭しきれていないというわけです。

さて、**賃貸業における資金使途のうち金融機関が認めるものは限られています**。順に説明していきます。

▣賃貸資産購入資金

賃貸業の本業ともいえる、新規の賃貸用不動産を購入するための資金の調達から説明します。

「一棟物件の場合、自己資金は1割前後が多い。2割を入れられる購入者は少ない」（大阪地銀担当者）とのことで、賃貸業のLTVはファンドや海外勢（50～70%）と比べても圧倒的に高いことが特徴です。

高LTVと低金利が賃貸業の収益源となります。

▣非賃貸不動産購入資金

賃貸資産だけでなく社宅などの非賃貸不動産購入も使途としては適切です。

ただし、社長の自宅を法人名義で購入したいなどは「社長の自宅という本丸への融資ならば前向き」（信金）ということもあれば「収益を生まない不動産には貸せない」（信金）となることもあります。

同じ案件でも金融機関により判断は異なるわけです。多様な金融機関と付き合う必要性が理解できるでしょう。
　他業も営んでいる場合、たとえばタクシー会社が従業員向けの独身寮を必要としていたり、語学学校が学生寮として不動産を買いたいなどは、不動産業への融資とはならないため貸しやすいという金融機関側の事情も活用できるといいでしょう。

▣不動産の借り換え資金

　2016年前後は不動産融資の借り換え競争がテーマとなりました。
　借り換えに限って優遇されたこともありましたが、本書執筆時点では借り換えも新規購入も評価法は大きく変わらなくなりました。
　返済が進んでいれば「不動産担保評価額 > 残債」となることもあり、残債の少ない不動産融資の借り換えは、多額の自己資金を投入する賃貸資産購入と同義です。そのため金融機関から見れば貸しやすい案件となります。

　ただし、借り換えには新規にはない不自由なルールがあります。
　たとえば、多くの場合、**借り換えでは既存債務の残債以上の貸出（増額）はできません。**余剰分の資金使途なしとなるためです。
　また、**借り換えでは既存融資の残存期間を延長することはできない**などもよくある規定です。したがって、金額と期間にメリットが出ることはまれであり、金利が下がるのみとなることが多いはずです。

　しかし、低金利競争ですでに安く借りている既存融資をさらに低くすることは簡単ではありません。
　また、金融機関は金利を下げて返済月額を減らすことを顧客メリットと考えているものの、借り手としては、既存金融機関との関係性を考えると金利が多少下がるだけでは乗り換えに踏みきれないのが実情でしょう。
　それでも金融機関との新規取引の際には交渉カードの1枚として、借り換えできる物件を提供してもいいでしょう。
　借り換えは、新規購入とは異なり購入できない可能性を排除できるため確実性が高く、歓迎される傾向にあります。
　ただし残債が減る前の借り換えは、既存融資よりも有利な条件が出るとは限らず、難易度は低くありません。

▣既保有不動産のバックファイナンス

バックファイナンスとは、すでに不動産購入が終了し、その代金を支払済みである物件に対してあとから融資付けをする貸し方です。資金使途としては好まれないことが多いといえます。

「すでに不動産の購入代金は支払済みであるのに、新規に貸し出す資金は何に使われるのか」という議論から開始となります。

そのため、実際の資金の使われ方が健全で、担当者がそれを十分に理解していたとしても融資メニューとして取り扱いできないことも多くあります。

▣プロジェクト融資

不動産業界における「プロジェクト」とは、土地を買い、戸建てを建築して売ること、もしくは割安物件の転売や地上げ案件などを意味します。

これらのプロジェクト融資では、土地の購入価格ほどまではローンが出ることが多いでしょう。

融資期間は１～２年間、期限一括弁済となるのが基本です。賃貸業だけで売買業をしないのなら、あまり身近な借り方ではありません。

中立的に見ても、賃貸業への長期融資よりもプロジェクト融資のほうがリスクは高くリターンは低いと思われますが、金融機関はプロジェクト融資を好むこともあります。これは、**融資審査プロセス上、短期資金は手続きが簡単で出しやすい融資メニュー**であるからです。たとえば、プロジェクト資金の多くは１年後の返済であるため、現在の金利や経済環境が変わらない前提で稟議を作成できます。

また、長期の不確実性を議論したり、入居率や金利にストレスをかけて長期耐性をシミュレーションする必要もありません。

シンプルな稟議書だけで融資を可決できるプロジェクト融資は、担当者から見れば魅力的なメニューなのです。

融資金額の上限

融資金額の上限も確認しましょう。

「新規取引での不動産購入は１億円以内に限る」など社内ルールで決まって

いることもあり、それを超えると特別な理由がない限りは可決されません。

このような場合は規定以下の案件を持ち込むしかないでしょう。

初回融資は少額に設定されていることが多いため、本番に備えて先に小口の別案件で実績を作っておくなどの工夫も求められます。

あわせて、一先あたりの最大融資額も設定されていることがあります。たとえば一棟あたり10億円まで可能など大口対応をうたいつつ、一先あたりの上限も10億円であれば一棟で終わることもあり得ます。

定性面の評価

金融機関は、財務数値など定量面だけでなく、定性的な判断もまじえて貸出先を選定します。

金融機関は公的機関ではないため万人に貸す義務はない点に注意が必要です。利益が出ていて返済能力があっても貸しにくい先は敬遠されます。

経営面で考慮すべきは、たとえば次のような要素です。

- 高度な保険や節税商品を多用していて財務内容が複雑
- 法人数や物件数が多くて実態を把握しにくい
- 複数の法人を経営しているが決算期が揃っていない
- 開示資料が整っていない

このようなケースは最初の財務入力と業況把握の工数がかかるため敬遠されがちです。シンプルで分かりやすい財務状況が好まれます。

中大規模の賃貸業は融資可なものの、個人大家は不可など独自規制もあります。

その際、仲介実務などは行っていなくても宅建業免許を持っているだけで不動産業者とみなしてくれる金融機関もあります。

大規模な運用をするならば宅建業免許は持っていてもいいでしょう。なお、個人で宅建士資格を保有していることと宅建業免許は別ものです。

逆に宅建業者は不可で、富裕層の資産管理会社への融資に限る金融機関もあるため、2つの顔を使い分けできるように非宅建業の法人も持っているといいでしょう。

定性評価として、賃貸業を営む社長の考え方による選考もあります。不動産を投資として割りきってとらえている投資家は好まれません。

地域金融機関の経営理念として投資には融資を出せないこと、また金融機関との関係性を無視して借り換えや金利交渉などを始める相手とは付き合いたくないためです。

投資効率だけしか考えない冷徹な投資家は歓迎されないといえます。本書のなかで「賃貸業」と表記しているのもそれにならっています。

本書では、賃貸目的の一棟マンションを賃貸資産と呼び、マイホームや社宅などの実需と分けて考えています。また、建売、仲介なども含む不動産業のうち賃貸資産を長期保有する業態を賃貸業と分類しています。

金融機関の立場で考えれば、債務者には期限の利益があるため途中で退場させることができません。長期融資を出すと最大30年間の付き合いが確定するため、安定して付き合いやすい人柄であるかは審査の対象となります。

このような観点のため、定性評価はどちらかといえば減点法の評価となるでしょう。

賃貸業者は法令遵守で納税するだけでなく、金融機関との友好的な関係構築、建物の維持管理、入居者へのよりよい住環境提供は責務であると考えるべきです。

地域金融機関では地域社会に存在する意義のある法人のほうが稟議を書きやすく、特に小規模な金融機関ではその傾向が強いといえます。

1-4 債務者格付け

債務者区分

入口の議論の仕上げは債務者区分です。

正常先や要注意先などの名称は聞き覚えがあるでしょう。金融庁の規定により、金融機関は貸出先を格付けして債務者区分で分けることを定められています。

もっとも、債務者の区分方法については各金融機関で少しずつルールが異なります。そのため、同じ決算書でも正常先になることもあれば、ならないこともあり得ます。

まずは自社の債務者区分を確認したいところですが、苦情防止のため債務者区分は債務者本人には伝えてはいけないことになっている金融機関がほとんどです。

債務者区分

「正常先」「要注意先」「要管理先」「破綻懸念先」「実質破綻先」「破綻先」

正常先になる基本条件

- 債務超過ではない
- 黒字が続いている
- 物件の耐用年数内に融資が完済できる見込み

▣ **要求される債務者区分**

債務者区分は、地銀と信金信組で考え方が分かれます。**地銀との取引では正常先にならないと新規では貸してもらえない**と考えるべきです。要注意先以下になると引当金を積む必要がありコストがかかるだけでなく、「なぜそのような先に新規で貸すのか」という審査部との調整が難航することが理由です。

一方、**信金信組ではほとんどの既存顧客が要注意先以下の区分であるため、正常先となることは必須ではありません。**

賃貸業では赤字や債務超過に陥ることは多くありませんが、保有物件が古い場合は要注意先となる仕組みのため、運用開始直後は信金信組での取引が多くなるはずです。

ノンバンク保証なら要注意先でも実態がよければ借りられますが、要注意先は正常先よりも金利が高いなど、金融機関の与えた債務者格付けに連動する仕組みになっています。

債務償還年数

債務償還年数は、既存債務を何年間で返済できるかの指標です。

製造業など一般業種においては、

$$\text{債務償還年数（年）} = \frac{\text{（借入残高 − 現金等）}}{\text{（税引後利益 + 減価償却）}}$$

などで計算して、適切な年数内に返済できれば正常先と判断されます。

しかし、**賃貸業ではこの計算式によらず、収入源となっている賃貸資産の耐用年数内に返済が完了するかを判定基準としている**ことが多いといえます。

債務償還年数の計算式は金融機関により少しずつ異なりますが、[各物件の残存年数 × 各物件の賃料収入額の加重平均］などを採用することが多いでしょう。

つまり、築古物件はマイナス要因ですが、大規模でまとまった額の賃料収入が得られる築浅物件を保有していれば加重平均の原理により、いい値が出ます。

このため、**築古物件に対して耐用年数超過の融資を多用した場合、おのずと債務償還年数が耐用年数を超えるので要注意先になる**可能性が高まります。

借り手から見ると耐用年数超過での融資にはメリットが多いため、債務償還年数にとらわれず長期融資を適用したいところです。

地銀は債務償還年数に厳しく、信金信組では重視しない傾向にあることを頭に入れましょう。

築古、長期融資、信金の組み合わせで進めるか、債務償還年数の縛りのある地銀とも取引できるように築浅、耐用年数内の組み合わせで進めるかは考える必要があるでしょう。

地銀では債務償還年数を規定範囲内に収めることを意識して、築古物件の売却を推奨する担当者もいます。

金融庁による旧金融検査

債務者区分について理解するために、金融庁の金融検査マニュアルの存在を知っておきましょう。

金融検査マニュアルでは、正常先か要注意先以下かの判定は総合的に判断することとされています。「総合的に判断」とは、権限者の裁量余地を示唆する意味合いの用語です。金融機関が正常先と主張しても、金融庁がそれを認めず要注意先以下に格下げを指示すれば、それに対して引当金を積む必要性があるわけです。

それが主要貸出先の大企業で、金融機関が赤字に転落するほどの引当金を迫られたことも過去にはありました。

格付けの妥当性は最終的には金融庁判断となるため、金融機関は金融庁には逆らえません。

あまり強行に逆らうと、厳しい判定をされて過大な引当金の計上を迫られ赤字転落、自力再建不可で吸収合併を余儀なくされるなど転落の一途になりかねません。

さらに、不正や反社会的勢力の関与を指摘されて経営陣の刑事責任を問われるリスクという人質も取られています。

金融機関に対して監督官庁の強権的な面は否定できないでしょう。

このように、過去の金融検査では、個別の債権ごとに正常先でいいのか格下げして引当金を積むべきか、金融検査マニュアルに則して金融庁が指導していたことが特徴です。

金融検査マニュアル廃止後

じつは、この金融検査マニュアルは2019年に廃止されました。しかし、その後も多くの運営判断は同マニュアルを踏襲しています。

それに加えて、金融庁の通達や誘導的な指導もあり、「マニュアル廃止後も金融機関が自由になったわけではない」（地銀支店長）というのが実情です。

しかし、「近年ではよほどの大口債権を除いて個別の債務者区分に金融庁が口を出すことはなくなった」（複数の地銀、信金支店長）という指導方針の変化があります。

金融機関の社内ルールにより債務者区分を決められることは借り手には追い風でしょう。

実態は良好な経営状態にもかかわらず数値合わせがうまくいかないために脱落することをフォローしてもらえる可能性があります。

その一方、「地方の食や観光業など財務は悪くても地域社会の維持に必要な企業に対しては貸しやすくなったが、東京の賃貸業には影響は少ない」（信金支店長）という現場の意見もあります。

金融機関は「特別な事情があれば個別に考慮する」と注釈することがありますが、それは地元を代表する老舗企業の維持や、人的、政治的なつながりの強い先などを想定したものであり、一般的な賃貸業に向けたものではないと解するべきでしょう。

1-5 不動産購入資金

一棟収益物件の担保評価

債務者属性に問題なしとなれば、購入対象となる賃貸資産の査定に遷移します。具体的な評価方法を見ていきましょう。

一棟収益物件への融資は、借入主体の評価ではなく、賃貸資産を担保とした資産担保融資であり、必ずしも借り手に信用力がなくても融資できることが特徴といえます。

一棟物件と呼ばれる賃貸資産の担保価値査定法は次の３つの混合です。

- ■ 土地路線価と建物再調達価格での評価
- ■ 金融機関内の独自基準による収益還元による評価
- ■ 外部鑑定による評価

▣ 積算評価

一棟物件の最も多い評価方法は、土地と建物の積算価格の合計です。

土地評価は、固定資産税路線価（路線価）をそのまま採用します。

建物の再調達価格は、たとえば鉄筋コンクリートなら$\frac{\text{坪100万円} \times \text{残存年数}}{\text{法定耐用年数}}$など、一般的な建築単価（おおむね決まっているが金融機関ごとに異なる）の残存価格を採用します。

しかし、積算価格が実勢価格を反映しないことは業界の常識となっています。地方の路線価は実勢価格に比べて高く、都心は低い傾向にあります。

そのため、都心の一等地よりも郊外の高リスク物件のほうが高評価となることはよくあります。

郊外は土地が路線価に近い価格のため資産性よし、また不人気ゆえに利回りが高く収益性もよしと計算されるわけです。これも市場参加者と金融機関の考え方の乖離が大きい例でしょう。

なお、郊外では駅距離など立地により評価が変わることもあります。

▣ 収益還元評価

積算評価がB/S面の評価であれば、収益還元評価はP/L面の評価です。

金融機関が独自に作成した収支シミュレーションにおいて、修繕費用、空室率、金利などにストレスをかけ、それでも利益やキャッシュフロー（CF）が黒字となるかを見ていきます。

金融機関によるシミュレーションは、多くの場合、税引前での計算のため相応のCFが出るはずです。しかし、実際には空室率や修繕費用などのストレス設定が過剰で実態よりも悪く出ることが多いはずです。

たとえば、金利は変動金利の上昇を見越して３～４%想定という強いストレスをかける仕様となっていることもあり、実態を反映していません。

そこで、**固定金利を選択するとシミュレーション上も実際の貸出金利で試算できることもあるなど、評価システムの仕様を理解する**必要があります。

▣ 外部鑑定

路線価に依存する評価法では高評価は出ないのが一般的です。

そこで、不動産に強い金融機関は外部鑑定により高い融資額評価を提示する運用となっています。

ただし、外部に委託しての鑑定となるため時間と費用がかかることがあります。もっとも、金融機関内で事前査定し、それを正当化するための有償鑑定によるお墨付きという意味合いが強いため、おおよそ期待はずれはありません。

なお、査定で購入価格の満額の高評価が出たとしても自己資金なしで購入できるとは限りません。

審査部が全額融資を好まず、5～10%の自己資金を入れるように要求されることがあります。購入者にもリスクを負担させる意味合いがあると思われます。

また、「金融検査のときに、どのような理由で全額融資としたのか聞かれる」（地銀支店長）という声もあり、金融庁も全額融資を警戒していることがうかがえます。

区分収益物件の担保評価

区分マンションは評価方法が簡易であり、一棟物件よりも高評価が出やすい傾向にあります。

都心部の1,000～3,000万円前後の賃貸用区分マンションの評価は、東京カンテイなど外部評価会社の評価をもとにすることが多く、この場合、手続きが簡便ですぐに評価が出ます。

区分マンションは規格品であり、建物の仕様もデータベース化されているため定量評価が出しやすいと考えられます。

区分マンションは、一棟物件の路線価や収益還元評価よりも実勢価格に近い評価が出やすいのも特徴です。これは東京カンテイの評価モデルにおいて実勢価格の寄与率が高いためと考えられます。

しかし、マンション価格のボラティリティは高く、評価額をそのまま採用すると、金融機関は低リスクの区分マンションを担保に取ったつもりが価格下落リスクを負担することになり得ます。

そのため鑑定評価額に掛け目が入り、それを購入者の自己資金で埋める前提となることもあります。

カバーとアンカバー

物件評価が終わると、金融機関から物件評価額、掛け目、融資可能額を伝えられます。

物件評価額は不動産を差し押さえて処分したときの想定価格であり、金融機関から見れば貸出金を担保物件でカバーできている範囲です。

想定価格には下落リスクもあるので評価額にさらに掛け目を入れて貸します。これが融資可能額となります。

[融資可能額 = 物件評価額 × 掛け目] と計算することができます。

評価額を超える融資をする場合、融資が物件の売却価値を超えることになります。超えた部分はアンカバーと呼ばれます。

金融機関から見ると実質的に無担保の信用部分となるため、債務者の信用を吟味する必要があります。

貸出先が正常先の間はアンカバー部分に引当金を積む必要はなく信用貸しと同等ですが、要管理先以下に転落した場合、アンカバー額に対する引当金を積む必要があるなど、将来的なリスクを負担することになります。

これが不動産の評価額以上に融資を出せない理由だと考えるべきでしょう。

なお、引当金を積むべき対象額は、貸出金の全額に対してではなくアンカバー部分のみです。引当率は金融機関によりまちまちですが、「その他要注意先ならアンカバー額の0.3%など。直近で貸倒事故が少なければ必要な引当金も少なくなるなど毎期変わる」（信金支店長）というような計算モデルになっています。

▣ 経年によるカバーの増加

本書執筆時点の金利であれば、貸出後10年を経過すれば残債は7割ほどまで減っている計算になります。

仮に10年目以降に融資先が破綻しても「担保不動産売却価値 ＞ 残債」となっているため金融機関に被害はありません。フルカバーできている状態といえます。

この状況であれば他行への借り換えも容易のため借り手の立場は強くなります。

しかし、貸し手はフルカバーとなったあとも低リスクで当初と同じ金利を得続けていることが多いでしょう。金融機関に対してこの点を訴求すれば金利折衝の材料となるかもしれません。

貸出金表面利回り

金融機関には貸出金表面利回りの考え方もあります。

たとえば、1,000万円で表面利回り7%の不動産に全額融資をすれば、金融機関は7%の不動産を自ら保有したのと変わらないリスクになります。

ここで購入者に自己資金2割を入れさせた場合、年間70万円の賃料収入の物件に対して、金融機関のエクスポージャー（リスク残高）は［売買価格1,000万円 − 自己資金200万円 = 800万円］となります。

金融機関から見れば、［$\frac{\text{賃料70万円}}{\text{リスク残高800万円}}$ = 8.75%］の高利回り物件を担保として取得している計算となります。

この価格を割れて担保物件を処分することはないと判断すれば低リスクの融資先に化けることになります。これが金融機関から見た自己資金の重要性です。

したがって、自己資金比率は購入者がリスクを負うか金融機関がリスクを負うかの綱引きです。

そのため、**自己資金を出さない融資の金利は高く、安全バッファたる自己資金を入れるなら金利は低くなるのが本来の金融の理論**です。

しかし実際の現場では、高リスク案件にはゼロ回答、低リスク案件には低金利しかありません。**リスクと金利がリンクしておらず一律評価になっている**がゆえに低自己資金の融資は出ないといえます。

どちらかといえば、金融機関は融資案件のリスクを反映して動的に金利を変えるのではなく、低リスク案件に低金利、中高リスクで高金利専門など**金融機関ごとに対応可能なパターンが固定されており、借り手が案件により適した金融機関を選んでいる**のが実際の姿です。

これは、現場では大手金融機関のやらない分野を中小がカバーする構造、ほかの金融機関と競合を避けるなど営業上の理由もあり、その結果、得意分野に偏りが生じたと考えることもできます。

共同担保設定

共同担保は、購入したい物件単体では融資評価が出ないときに「添え担保（追加担保）」として使われる方法です。

もちろん、共同担保を設定する既存物件の資産価値を査定しますので、どの物件でもいいわけではありません。

もっとも、新規購入物件よりも共同担保として提供する物件のほうが評価は出やすいこともあります。評価割れを容認しても「ひとまずとっておきたい」的な位置づけとなることもあるためです。

実務上、**自己資金の代わりに共同担保を入れて全額融資を相談することはよくあるアレンジ**です。

共同担保に提供する物件を選ぶ際には、各物件の金融機関評価額を試算することが必要です。

金融機関により評価は異なりますが、「賃貸資産の解散価値 ≒ 共同担保としての評価額」と考えれば齟齬は少ないでしょう。

高LTVのためには必須ともいえる共同担保ですが、注意点もあります。

共同担保提供の例

- 新規購入物件 A　➡　10,000 万円
- 金融機関 X の評価　➡　8,000 万円
- 既存保有物件 B にはすでに金融機関 Y が一番抵当を設定している
- 物件 B を共同担保として提供
- 金融機関 X は物件 B に二番抵当を設定

➡　共同担保提供により評価不足を補い全額融資を獲得

上記のように**共同担保を提供した場合、物件B（既存物件）を売却するとなったら、物件B売却前に物件A（新規物件）を売却して共同担保設定を解除しなければならず、物件の売却順に制限が出る**ことになります。

物件Bへの共同担保設定を忘れて物件Bの売却を進めてしまうと、金融機関Xによる抵当権抹消ができずに売買契約で違約となるリスクがあるので注意が必要です。

なお、物件Aを売却せずに物件Bの共同担保設定を解除したい場合は、共同担保の提供により埋めた担保評価不足額を現金で支払う必要があります。

この不足額は債務者には非公開であったり、都度相談となることもありますが、できるなら金融機関との契約のなかに明文化し確定しておきたいところです。

なお、共同担保の設定に費用はかかりません。

土地建物を購入したときに土地だけでなく建物にも同じ内容で抵当権が設定されることと意味合いは同じです。

たとえば、新規購入物件Aに対して金融機関Xが1億円の融資を実行して既存保有物件Bを共同担保として設定した場合、物件Bの登記簿の乙区の最終順位に、金融機関X＝1億円の債権額が記録されることになります。このとき物件Bへの抵当権設定に登録免許税はかかりません。

厳密には、抵当権の設定に必要な債権額 × 0.4%はかかりませんが、一筆あたり1,500円の登録免許税はかかります。

返済原資

賃貸資産購入のための融資は、賃料収入の範囲内で返済できることが必須の要件となります。

逆にいえば、保有資産を売却すれば返せる、現金が余っているので返せる。このような**B/S（資産ストック）から拠出する返済計画は受け入れら**

れません。

P/L（収益フロー）で利益が出ていない場合、ほかに資産があっても「返済原資がない」とされて融資が否決となるケースが多いといえます。

たとえば、高評価の購入物件にさらに共同担保を入れて資産の保全は十分でも、キャシュフロー（CF）が赤字などP/Lが弱いと融資不可となることもあり得ます。

東京都心の土地ですらも売却出口を容認しないのは、市場原理とは乖離した評価法だといえるでしょう。これも投資家の常識とは異なる点です。

ただし、この評価法にはいくつかの例外もあります。

たとえば、債務者の年齢や家族構成によっては相続案件としてP/L以外を見てもらえる可能性はあります。ただし、今後も事業を拡大するシナリオならば相続の切り口は期待できません。

また、購入予定物件でCFが出なくても、既存保有物件からのCFを充当すれば成立するシナリオで稟議を書くなどはあり得ます。それにもかかわらず既存物件の将来的な売却を禁止されるわけではなく、まさに机上の計算に過ぎません。

このような数字合わせが必要なことだけを見ても、**P/L面での返済計画が成立しないと金融機関としては融資できない**ことがよく分かるでしょう。

また、将来的に残債が土地路線価以下になれば、それ以降のCF赤字は容認とする審査基準もあります。

この場合、将来的に地価が暴落すれば返済不能かつ担保割れとなる計算ですが、その確率は低いとみなして容認されているといえます。

いくつかの例外はあるものの、基本的には時価で土地を売ればいつでも返済できるからCFは赤字でも……は通用しないと考えてください。

1-6 融資期間

耐用年数の考え方

融資期間は貸出金額と並んで重要な要素です。

市場で最も多く見かけるのは、平成初期の鉄筋コンクリート（RC造）物件ですが、その時期の物件はすでに法定耐用年数が15年程度しか残っていないことが課題です。

短期の融資ではキャッシュフロー（CF）が不十分となるため、融資期間をいかに延長するかが論点となります。

不動産購入資金における借入期間は、木造22年、重量鉄骨38年、RC造47年を基準とした残存年数です。

たとえば、築20年のRC造の融資期間は［耐用年数47年 － 経過20年 ＝ 残存27年］となります。したがって、耐用年数内しか融資が出ない場合、融資期間は27年となります。

ここまでは本書の読者の皆さんならばすでにご存じでしょう。

融資期間の基準となる法定耐用年数は、物理的な耐久性に比例しておらず、短期で朽ち果てる設定になっていることが特徴です。

その原因の1つは法改正です。1998年まではRC造の耐用年数は60年でしたが、47年に短縮されました。

法改正により耐用年数が大幅に変わることからも、物理特性とは切り離された評価をされていることは間違いありません。

なお、残存期間にかかわらず**融資期間は最大30年のことが多いといえますが、35～40年の金融機関もあり、上限30年と決められているわけではありません。**

耐用年数超過に対する規制

融資期間と耐用年数について深掘りしていきましょう。

法定耐用年数に対する借り手側の考え方は、「コンクリートが47年で崩壊することはない」「賃貸市場での需要が尽きないように大規模修繕を入れる前提で予算も組んでいる」――このようなものでしょう。

融資の現場では枯れた議論であり、融資担当者もこれを否定することはありません。

しかし、**金融検査マニュアル廃止後も、融資期間は金融庁の主要な指導対象**です。金融庁は超長期融資をよしとしていません。

金融庁の方針に対立する融資は推進しにくいことは前述の通りです。そのため、耐用年数を超える融資は特例と考えるべきでしょう。

じつは、**旧金融検査マニュアルにも、必ず耐用年数内に完済しなければならないとは書かれていませんが、耐用年数を超える場合は合理的な理由をつける必要がある**とされています。

そこで、不動産融資に積極的ではない金融機関では、合理的な理由づけを考える業務フローとなっていないためマニュアル通りの貸出期間である耐用年数内としているといえます。

一方、不動産融資に精通した金融機関では耐用年数超過での貸出を規定化しています。

耐用年数の設定は各行の社内規定に依存しますが、RC造ならば法定耐用年数＋10年程度の融資期間としていることが多いはずです。

また、一部の信組ではRC造を65年で評価したり、融資を土地と建物に分割して、建物は耐用年数内とするものの土地は60年で融資するなど例外的な処理をしていることもあります。

これにより市場に出る頻度が最多といえる平成初期のRC造にも25～30年という現実的な融資期間を提供しています。

都心では、平成元年前後のバブル期に建築された賃貸物件が多いのが特徴です。

東京都の建築統計でも、1981～2000年までの「新耐震基準かつ築古」といわれるレンジは全体の34%を占めています。

出典：東京都住宅政策本部「東京の住宅事情（令和3年9月）住宅の築後経過年数別ストック構成比」

当資料の経過年数分布はマイホームなど賃貸資産以外の建物を多く含むため参考に過ぎませんが、収益物件として筆者に届く物件も平成初期の築が多くを占めます。

東京の街を歩いていても平成初期に建築された建物が目につくでしょう。毎年これらの物件の耐用年数が減り、長期融資できる物件が減っていきます。

しかし、このボリュームゾーンを無視しては賃貸業もその融資も成立しないのは明らかです。

今のところ、**金融庁は耐用年数以内の融資を推進して築古物件を切り捨てていますが、国土交通省は築古建物の修繕に補助金を出して再生延命させる方向性**であり、政府内で足並みが揃っていません。

賃貸業として耐用年数超過に対する規制がどのように変わっていくかをウオッチし続ける必要があります。

外部鑑定と認証

合理的な理由により耐用年数を延長できるならば理由づけを考えたいところです。しかし、借り手の思いにより建物の質のよさを力説しても金融機関の規定には当てはまりません。

どのような理由ならば耐用年数延長が認められるのでしょうか。

最も多いのは、金融機関が指定する外部の建築士に評価を依頼して延長する方法です。

建築士が見たところで47年で朽ち果てるのか60年は使えるのか分かるはずはないのですが、物理的な実態検証よりも形式的な専門家レポートに権威があるのも融資審査の特徴です。

建築士評価の費用は、借り手負担で30万円程度となることが一般的です。ただし、多くの場合、融資期間延長の結論ありきのため期待はずれとなることはありません。

外部鑑定以外の例としては、東京都耐震マーク取得などが考えられます。これにより旧耐震でも新耐震相当と認められる物件は、旧耐震は融資不可となっている場合でも土台に乗る可能性はあるでしょう。東京都が認めているならば間違いない、という考え方だといえます。

融資期間延長と貸出条件緩和債権

賃貸資産の運用が軌道に乗れば、借り換えによる融資条件の改善を考えたくなります。残債を減らし、金融機関に対して交渉力がつくようになれば金利の交渉ができるでしょう。

ただし、歓迎されやすい他行からの借り換えでも、借入期間延長の交渉は簡単ではありません。

救済的な返済期間延長（リスケ）扱いになるため、貸出条件緩和債権として分類され正常先として認められなくなるという審査システム上の理由があるためです。

事業戦略として融資条件を変更するのか、救済のために期間延長して返済月額を減らすのか、その区別がないため**条件緩和は一律で債務者の救済とみなす運用になっている**ともいえます。

融資額も同様です。融資後の増額は資金使途の面からも困難です。購入時には、**金利以外はあとから条件変更することが困難であることを念頭に置くべき**です。

それも踏まえて、融資額、融資期間、金利のどのパラメータを優先して融資を調達するかを検討してください。

超長期融資と不動産バブル

融資期間が長くなれば毎月の返済額が減るため、収益性の悪い物件でも大きなキャッシュフローを産出することになります。

低利回り物件でもキャッシュフローが出るならば買える物件になるといえます。その限界の水準まで買い進まれて価格が上がるのが投資家の動き方であるのは想像がつくでしょう。

この状況は投資家が超長期で適切に物件を管理していくなら成り立ちますが、産出されたキャッシュフローをほかで使い込むなどした場合、残債が減らないため不動産価格下落や建物損傷のリスクを金融機関が負うことになります。

そのような構造を考えると、**全額融資・超長期融資・低金利の組み合わせは貸し手のみならず日本経済全体にとってリスクの高い貸し方**であることを借り手としても理解するべきです。

投資家に有利な融資条件とは、ほかの誰かが潜在リスクというコストを負担していることにほかなりません。金融庁が超長期融資に水を差すのも理解できるはずです。

借入期間と返済ピッチ

通常、不動産購入資金の借入期間と返済ピッチは同じです。

ただし、金融機関によっては「30年融資と同じ返済ピッチだが、契約上は10年後に返済期限を迎える」(地銀) などの変則契約を提供していることもあります。

その場合、最終回だけは返済額が巨額になるため「テールヘビー (最後が重い)」と呼ばれます。10年後に物件を売却して借入を返済する前提の融資です。

しかし融資の現場で多いのは、10年後に物件売却も返済もせず、再び10年の期間延長をすることです。

再契約前提の定期借家のような契約であり、債務者の期限の利益が制限される貸し方といえるでしょう。

ただし、日本の金融機関の特性として、平均点以上の運用をしておけばむやみに返済を迫られることはないといえます。

もっとも、契約上は、再契約するか物件を売却させて返済を要求するか金融機関が選べるようになっている点が重要です。**融資の再契約時は相対的に金融機関の立場が強くなるので注意が必要**です。

決算書を未提出としていたり、物件単体では赤字でほかから補塡する構造が続くなど黄色信号が出ていたりする場合は返済を迫られる可能性があります。

そのほか、債務者に非がなくても金融機関が合併や経営危機などの事情でなりふり構わず不動産融資を縮小するなどの方針に転換した場合には再契約ができない可能性もあるでしょう。

再契約時の債務者の立場は弱いため、金利が引き上げられる可能性もあります。

テールヘビー型は融資期間を短縮して債務者の期限の利益を制限するために使うこともありますが、うまくすれば融資条件の改善にも使えます。

たとえば、担保評価が出るにもかかわらず築古のために長期融資が困難で、15年融資が限度の案件があったとします。期間15年ではキャッシュフローが悪く持ちきれない物件になってしまいます。

このような場合、**耐用年数以内の融資としつつも、返済ピッチは30年など長期とするテールヘビーにアレンジ**することができないか金融機関に相談してみる手はあるでしょう。

提案が受け入れられれば30年融資とほぼ変わらない出来上がりになります。

融資期間内に土地値以下の残債になるシミュレーションが成立すれば、融資審査を通過できる可能性はあるでしょう。

ただし、テールヘビーのメニューを持っていない金融機関も多く、土台に乗らないことも多いのは承知しておく必要があります。

1-7 金利

変動金利と固定金利

賃貸業のビジネスモデルは、不動産を長期保有して賃料収入を得ることです。

これが成立するのは、「NOI利回り ＞ 借入金利」という相対的な低金利が続いているためです。海外では、これが逆ざやのため長期保有するとインカムゲインが必ず赤字になる国もあります。そのため、不動産はキャピタルゲインを目的とする投資という認識の国も少なくありません。

日本でも諸外国のように「借入金利 ＞ NOI利回り」となる逆ざやが常態化した場合、賃貸資産の保有期間中は赤字が確定します。賃貸資産を融資なしで購入する投資家はほぼいないためです。

$$\text{NOI（Net Operating Income）利回り} = \frac{\text{（賃料収入} - \text{賃貸経費）}}{\text{物件購入価格}}$$

いわゆる純利回り。

したがって、借入金利が大幅上昇となった際には賃貸業のルールは激変するといえるでしょう。

利回りが逆ざやの場合、現在のような賃料を収益源とする長期の賃貸業は成立しませんので、不動産投資はキャピタルゲイン追求型の投資に変わります。

これは未来予測ではなく、収益構造を考えると必然の変化であるといえます。

現在の日本は低金利政策が常態化した特殊な経済環境です。それを収益機会に変えるには金利について理解する必要があります。

まずは、変動金利と固定金利から見ていきましょう。

通常、金利に先安感がない限り固定金利は変動金利よりも高いはずです。貸し手から見れば融資は投資と同じですが、その際、機動性の高い短期融資のロールオーバー（繰り返し）よりも高金利でなければ、長期拘束される投融資をする合理性がないためです。

このように、貸し手を投資家だと考えれば長期固定金利が高くなるのは直感的に理解できるでしょう。

しかし、金融機関の営業戦略的に固定金利が低金利になることもあります。これは、**固定金利の融資は多くの場合に解約ペナルティが発生する**ためです。

これにより借り換えを抑止して、長期で固定の貸出金利回りを得ることを営業戦略としているわけです。

貸出原資となる預金金利がゼロ付近に固定されており上昇気配がないためにできる貸し方といえます。

なお、筆者の知る限り、本書執筆時点では賃貸資産の購入資金において固定金利化の検討に値するほど妥当な利率の固定金利融資は見つかりません。

融資担当者からの提案を受けることもほとんどありません。そのため、賃貸業は変動金利のリスクをとる選択肢しかないでしょう。

固定金利の仕組み上、解約には必ずペナルティが発生することを理解しておきましょう。

固定金利で金利を固定したあとに借り手に不利な方向、つまり変動金利の低下となった際に解約ペナルティがなければすべての借り手が安価な変動金利に乗り換えてしまいます。

そのような契約放棄が許されるなら長期の金利変動リスクをとってまで固定金利で貸し出す意味がありません。**借り手の借入金利を固定できるメリットと、貸し手の長期間の収益確定は必ず両輪でなければ成立しないのが金融の理論**です。固定金利の解約ペナルティに苦情をいうべきではないことが分かります。

短プラと長プラ

賃貸業は多くの場合に変動金利を選ぶことになるため、変動金利がどのような要因で変動するのかを知る必要があります。

変動金利の場合、貸出金利は基準金利±プレミアムとなります。基準金利とは、おおよそ短期プライムレート（短プラ）に連動する金融機関の独自指標と考えればいいでしょう。

短プラ連動の貸出金利は、2012～2022年の10年間以上、筆者が取引する金融機関すべてにおいて変更はありませんでした。

昨今の中小企業融資情勢では、信金各社の短プラ連動の貸出金利は半固定金利の側面もあるといえます。

これは、**信金各社の資金調達コストが国債など金利市場に連動するものではなく、普通預金を集めるコストに連動するため**と考えればいいでしょう。

このような仕組みのため、預金金利がほぼゼロの間は短プラも大きく上がることはないと考えられます。

考え方によっては、本来は預金者の利益となるはずの利払いを削って、事業者に低金利という利益を提供しているともいえます。これは、資金の出し手よりも経済活性化に貢献するプレイヤーを優先するという国の政策でもあります。

なお、長期プライムレートやTIBOR（タイボー）連動の貸出金利は、金利市場の影響を受けて実際に変動する点に注意が必要です。

TIBOR ＝ Tokyo InterBank Offered Rate
たとえば「1M TIBOR」は、貸出期間1カ月の銀行間取引市場での金利。

金利スワップ

固定金利の代わりに変動金利＋金利スワップを提供する金融機関もあります。金利スワップとは、変動金利のリスクと固定金利のリスク・リターンを交換するデリバティブ契約です。

賃貸業には聞き慣れない契約ですが、難しく考える必要はありません。**不動産融資と併用される金利スワップは、実質的には固定金利化とまったく同じ意味合い**です。会計上もデリバティブではなく支払金利として計上することができます。

それならば、なぜ最初から固定金利で貸さないのでしょうか。
「金融商品として約定してしまえば解約ペナルティと金利が確定するため、発言力の強い大口顧客からの条件交渉を避けられる」（スワップ担当者）という意図があるとのことです。金融機関側の借り換え防衛策の意味合いが色濃い契約といえます。

金利スワップ契約では次の２点に注意するようにしてください。

- **金利スワップ契約を途中解約すると高額な違約金が発生する**
- 金融商品取引として約定しているため、債務者側からの交渉や主張が通りにくい

元利均等と元金均等

元利均等と元金均等の違いは、本書の読者の皆さんなら理解があるでしょう。

元利均等は月々の返済額が一定となる返済方法です。月給制の給与所得者の住宅ローンや毎月一定の賃料収入を見込んでいる賃貸用不動産の返済方法として主に用いられます。

元金均等は月の元金返済が一定となる返済方法です。

元利均等と元金均等のどちらがいいか。そのような議論がありますが、賃貸業への融資では、そのどちらかを選べることはまれです。

多くの場合、10年を超える長期の不動産購入資金は元利均等、7年程度までの運転資金や修繕資金は元金均等と決められています。

なお、期日一括返済はプロジェクト融資で使われる貸付方法であり、長期融資や運転資金では見かけません。

アップフロントと解約ペナルティ

金融機関の収益源という観点での「金利収入」についても学んでおきましょう。

融資に限らず**金融取引の相手方がどこで利益を上げているかを理解することは、隠れた手数料を可視化して真のコストを把握するために重要**です。

通常、金融機関の収益は貸出金に対する毎年の金利収入ですが、短期で借り換えをされてしまうと融資実行の営業・事務コストの回収ができないことになります。

そこで、金融機関から見ると実行時に融資手数料（アップフロント）を徴収し、解約抑止策として解約ペナルティを徴収したいわけです。

その代わりに融資金利を多少でも下げれば、額面上は低金利となり他行との比較で優位に見えます。近年では、このような融資の組み立て方も出てきています。

たとえば次のような融資条件を分析してみましょう。

- ■アップフロント ➡ 融資額の1%
- ■変動金利 ➡ 年率1%
- ■5年以内の解約ペナルティ ➡ 返済時残債の2%
- ■同10年以内 ➡ 返済時残債の1%

アップフロントと解約ペナルティは収益にいかほどの影響を与えるでしょう。計算が複雑になりますが、実質金利化して計算することが重要です。

たとえば**図1-7**のように支払総額を比較するなどしてみましょう。

図1-7　アップフロント手数料と金利支払計算例

借入額　10,000万円
返済ピッチ　30年

単位:万円

シナリオ		アップフロント条件	(a)アップフロント支払額	金利	返済までの期間	(b)返済までの金利総額	解約時残債	解約ペナルティ	(c)解約ペナルティ支払額	(a+b+c)金利等支払総額
短期	手数料あり	1%	100	1.000%	5年	464	8,534	2%	170	734
	同なし	なし	0	1.573%		734	8,643	なし	0	
長期	手数料あり	1%	100	1.000%	10年	853	6,993	1%	69	1,022
	同なし	なし	0	1.193%		1,022	7,055	なし	0	

このような比較が直感的に理解しやすいでしょう。

1%の低金利でも、5〜10年後に返済など現実的なシナリオでは、アップフロントや解約ペナルティが発生した場合、19〜57bp（ベーシスポイント＝0.01%）の実質金利引き上げ効果があります。

借入期間が短いほどアップフロントは重みを増すため、借り換えの抑止策としては効果があります。金融機関に有利な貸し方だといえるでしょう。

少なくとも「苦しいのは最初だけで2年後からは低金利で楽になる」（建売社長）という考えは正しくありません。

なお、図1-7では概念理解のために複利を無視した単純計算で比較していますが、**本来的な実質金利の計算は、金融機関から見たIRR（Internal Rate of Return＝内部収益率）と一致します。**

購入時の収益試算であれば、アップフロントは購入時諸経費に計上してIRRを計算します。

IRRなどの収益計算については、本書の姉妹書『Excelでできる 不動産投資「収益計算」のすべて』で詳説しています。

▣解約ペナルティ

解約ペナルティについては、他行への借り換え、売却など返済理由や借入期間により違約金が異なることが一般的です。

賃貸資産の売買の際に、決済日は売主指定期日以降に限るなどとなっている場合は、このような金融機関との契約も関係している可能性があります。

1-8 高度な不動産融資契約

リコースとノンリコース

融資残高を積み上げると、金融機関から「この金額を借りられるだけの信用力があるのですね」と評価されることもあるでしょう。

滞りなく返済を続け、安定経営を続けているという意味では正しい評価です。

しかし、不動産融資は不動産自体を担保とした資産担保融資ですので、借り手の信用力を無視して貸すこともできる点は重要です。

物件を差し押さえて売却すれば損が出ないことが見えているなら、日本に住所のない非居住者に貸し出すことすらできます。

実際、海外では自己資金3割を入れれば観光ビザで入国した旅行者でもコンドミニアム購入のための融資が得られることがあります。また、日本の金融機関も外国籍のファンドに代表者保証なしで融資を出すことがあります。

このように、物件の担保評価だけを見て借主の連帯保証をとらない融資をノンリコース・ローン（非遡及型融資）といいます。

つまり、不動産価格が3割を超えて下落することはないと見込めば、借り手の信用力は無視することができるわけです。

ノンリコース・ローンのほうが保証をしなくていいのだから債務者に有利と思いがちですが、その分、融資条件が悪くなるのが一般的です。

有事の際に賃貸資産を放棄して帰国する外国人などもいるため、自己資金3割以上など多額の保全バッファを求められます。

ファンドや上場企業は代表者が連帯保証することはありませんので、必ずノンリコース・ローンとなります。

一方、小規模な賃貸業が行う金融機関取引は、住宅ローンと同じく経営者が連帯保証人となるリコース・ローン（遡及型融資）です。

金融機関から見れば貸倒処理で不動産を差し押さえて処分するには多大な労力がかかり損失が出ることもあるので、適正に運用してくれる先であることが必要といえます。

そのため、資産担保融資とはいえ債務者の資質も大いに関係していることを忘れてはいけません。

▣代表者の連帯保証

資産担保融資では資産の価値以上に貸さなければ金融機関に損が出ることはない計算ですが、金融機関同士の競争もあり、担保価値以上に貸し出すこともあります。

そこで、賃貸資産や法人を放棄して返済を停止させないため、また別資産から補填させるために代表者保証を取得するのが一般的です。

中小企業庁の経営者保証のガイドラインでは経営者保証をとらない融資を推進しているものの、現実的には代表者保証なしで貸せる金融機関は日本政策金融公庫を除けばほぼありません。

規模が小さいうちや他人に会社を譲渡する気がないうちは連帯保証の有無による大きな差は生まれません。小規模な賃貸業では個人の連帯保証ありの前提でいいでしょう。

中小賃貸業における賃貸資産の融資実務では、貸出可能額の査定は物件価値に依存するノンリコース型、債権回収はリコース型と考えるべきです。

2023年からは、金融庁により中小企業の経営者保証に新たな規制が導入される予定です。

借り換えによる融資額増加

多くの場合、**賃貸業は賃貸資産の値上がり益を時価評価すれば多額の解**

散価値を認識できるといえます。ただし、これらは決算書に出てくることはありません。

この含み益を評価して融資額を増額する方法はないでしょうか。

単純な借り換えで融資額を増やせないのは、これまでに説明した通りです。

融資の増額は資金使途を説明できないこと、値上がり益を評価し続けると金融機関が価格下落リスクを負うことが理由です。「値上がり益への融資は錬金術と呼ばれていて当行では禁止」(都市銀行) ともいわれています。

それでもどうにかして貸出を伸ばしたい金融機関が考えたのが、一度、売買を経由して融資額を増やす方法です。

賃貸資産をグループ法人に高値で売却して、それに融資を提供します。登録免許税はかかりますが、グループ法人税制 (➡P.203) を採用すれば売却益への課税は発生しません。

近年では、信託受益権化することにより融資の増額を提供するなど新スキームを用意する金融機関もあります。

これには、「複雑なスキームを絡めることにより増額に対する金融庁の指摘を回避する」「高額なアップフロント (組成手数料) を得る」「他行にはない信託スキームを活用して差別化を図る」といった意味合いがあるといえるでしょう。

なお、信託受益権化すると建物の所有権は信託銀行に移管します。信託銀行には建物所有者としての責任も一部発生するため、違法建築を保有することによる事故を避けなければなりません。

そのため、**信託受益権化できるのは完全に遵法な物件のみ**となります。

金融機関も常に新しい一手を考えており、借り手も複雑な融資条件を理解していく必要があるというわけです。

コベナンツ付きストラクチャード融資

「コベナンツ（Covenants)」と呼ばれる、期限の利益に対する制限条項や誓約条項を盛り込んだ複雑な融資を提供する金融機関もあります。

筆者は、多くの条件が付く融資を「ストラクチャード融資」と呼んでいます。

このような融資は一見すると制約が多く、使い勝手が悪いように思えますが、場合によってはコベナンツなしよりも有利な融資条件となることもあり得ます。

しかし、借り手が契約の内容を理解できなければ成立しない融資であるため、契約の意味合いをきちんと学習することが必須となります。

以下は初歩的なコベナンツ付き融資の具体例です。内容を読み解いていきましょう。

貸付金額 ➡ 200,000,000円
契約形態 ➡ 金銭消費貸借契約（タームローン）
貸付期間 ➡ 30年
金利 ➡ 変動金利1.000%（短期プライムレート -1.350%）
担保 ➡ 対象物件に第一抵当
ストラクチャリング手数料
➡ 6,000,000円(別途消費税・実行日に一括払い)
その他費用 ➡ 弁護士費用、印紙税等の実費

遵守事項

物件について貸付人以外の第三者に担保提供しないこと。
火災保険の更新、変更を行った場合は保険証券の写しを提出すること。

報告義務

決算期ごとの決算書提出
6カ月ごとの試算表提出
グループ全体の金融機関別借入残高表、物件一覧表、レントロール（6カ月ごと）

事前承諾義務

貸付人の書面による承諾なしに、組織変更、合併、会社分割、株式交換、株式移転、事業や重要な資産の譲渡、減資、第三者の重要な事業もしくは資産の譲受のいずれも行わないこと。

財務制限条項

各決算期における貸借対照表上の純資産の部の金額を直前期または2020年12月期のいずれか大きいほうの75%以上に維持すること。
2021年12月期以降、各決算期における損益計算書上の経常損益を2期連続して損失を計上しないこと。
2022年12月期以降、（資金使途対象物件の年間NOI / 年間元利払い額）の計算式により算出されるDSCRについて2期連続1.0倍未満となることを回避すること。上記に違約した場合、請求による期限の利益喪失事由となる。

本契約では、条件への抵触により期限の利益喪失となる条項が焦点です。

融資においては、期限の利益は、ほかのいかなる要素よりも重要な契約条件です。そのため、それが制限されることの意味合いについては十分に理解しなければなりません。

本契約において、どのような状況で期限の利益喪失が発生するのか見ていきましょう。

▣純資産による制約

例では、B/S（貸借対照表）面での制限が規定されています。

財務制限条項には、「純資産の部の金額を〜維持すること」とあるのを確認してください。純資産の定義は明確に示されているので条件通りに維持することを考えましょう。

ただし、純資産の制約は法人別の指標であるため、複数物件を保有していたり、節税商品、他事業などを手がけている場合は、物件の稼働状況とは無関係に純資産が減少することもあるので注意が必要です。

▣DSCRによる制約

CF（キャッシュフロー）面では、DSCR（Debt Service Coverage Ratio）による制限が課せられています。まずは指標の意味合いを理解しましょう。

DSCRは、元利金返済カバー率を意味する指標です。[年間NOI /（元金 + 利息の返済額合計)］で計算されます。たとえば、NOIが100万円、返済額合計が50万円であればDSCRは2.0倍と計算されます。

対象物件の年間NOI、返済額合計は決算書には出ないため独自に集計することが求められます。自社の財務資料からそれらを計算する方法は後述します。➡P.228

さて、次のような事項を理解した上で厳密な計算式とコベナンツ抵触チェックの方法を確認するべきでしょう。

- NOIには修繕費用、CAPEX（資本的支出）のどこまでを経費として含むか
- 一部を早期返済した場合など例外処理
- 会社側で作成した財務資料の数値を計算根拠として採用してよいか

これらを踏まえて継続的に開示していく必要があります。

▣ 短期プライムレート

金利は短期プライムレート（短プラ）連動とあります。短プラは、借入銀行の提示する基準金利と考えてください。

基準金利は開示されており、当行の関係者すべてに一律で適用されるため一部の債務者だけ基準金利が上がることはありません。

なお、日銀のWebサイトに掲載されている短プラはメガバンクなどの提示する値であり、地銀とは大きく異なります。

基準金利は各社により異なるため、必ず取引銀行が開示する短プラを確認してください。

ちなみに、短プラの本来の意味は、優良先に対して貸し出す際の最優遇金利です。文字通りに理解すればこれ以下にはならないと読み取れますが、実際には短プラは指標に過ぎず、短プラからのマイナス優遇は優良先に限らず一般的に行われています。

「長・短期プライムレート（主要行）の推移　2001年以降」（日本銀行 > ホーム > 統計 > 預金・貸出関連統計 > 貸出関連 > 長・短期プライムレート（主要行）> 長・短期プライムレート（主要行）の推移）によると、令和4年の都市銀行における短プラ最頻値は1.475%ですが、たとえば同時期の横浜銀行は1.850%であるなど大きく異なります。

▣ そのほかの条件

付帯条件も確認していきましょう。

「物件について貸付人以外の第三者に担保提供しないこと」とある点には注意が必要です。本物件を共同担保として他行に提供することは禁止されていると読み取れます。

下位に第二抵当権を設定されることについて第一抵当権者にデメリットはないように思えますが、じつは差し押さえ実務においては全抵当権者の承認を得なければ物件の処分ができないため、他行が抵当権者として入ると不良債権処理の際に調整が必要になるという金融機関側の事情があります。

「請求による期限の利益喪失事由」とは、違約してもただちに自動的に全額返済義務が発生することはないものの、金融機関が全額返済を要求すればただちに返済しなければならないとの意味合いです。

「事前承諾義務」では、法人としての安定性を要求されています。本件の融資対象となる不動産を保有するのみの法人であれば問題はありませんが、借入法人で他業を営んでいて業態変化を検討している場合には注意が必要です。

財務開示については定期的な報告義務が定義されていますが、決算書、試算表、物件と借入一覧表の提出などに限定されています。本契約がなくても開示する予定の資料であり、特別な追加要求はないと理解できます。

用語も確認しておきましょう。「ストラクチャリング手数料」は、融資のアップフロント手数料のことです。「タームローン」は、金銭消費貸借契約による通常の長期融資のことと理解すれば十分です。

本条件書には、法人全体のLTV規制、他行での借入規制などは盛り込まれておらず債務者にやさしい内容といえます。そのような**今後の事業拡大の妨げとなる条項が付けられている場合は注意が必要**です。

シンジケートローン

他行との協調融資（シンジケートローン）を推進している金融機関もあります。

協調融資は、アレンジャー（幹事金融機関）と呼ばれる大手金融機関がいくつかの地銀などに声をかけ、全金融機関が同一の条件で資金を出し合い融資する方法です。

複数行の協調融資であるため、金額は最低でも10億円程度と大きな取引となります。アレンジャーはアレンジメントフィーと呼ばれるアップフロント手数料を1.5%前後徴収できるため営業的には魅力的といえます。

しかし、協調融資には課題もあります。アレンジャー行の担当者から多くの金融機関に参加の勧誘をするために時間がかかることです。打診先の件数は地銀10行などとなることもあります。

新規の賃貸資産購入への適用では時間的に間に合わず、また運転資金としては多すぎる金額であるため、賃貸業では既存融資の借り換えへの適用が主となるはずです。

もっとも、大型の借り換えは、既存債権者との関係性を考えるとよほどのメリットがなければ進めにくい事案となるでしょう。

シンジケートローンのメリットとして挙げられるのは、多くの場合に金利が低く、融資期間を延長できる可能性があることです。

アレンジャーとなる大手金融機関が各金融機関に債務者を推薦する形となるため、事後には各金融機関へのプロパー融資を相談しやすくなるという定性メリットも挙げられます。

ただし、融資額を増やせるとは限りません。

また、物件売却の際にはアレンジャーだけでなく、すべての金融機関の許可を得なければならず調整が難航することが予想されます。そのため、残債が大幅に減るまでは物件の売却は困難といえます。もしくは、融資条件の折衝において物件の中途売却を想定した条項を盛り込む必要があるでしょう。

アレンジャーとなる金融機関により条件は異なりますが、一部の大手金融機関しかアレンジャーを務めないことを考えると、本書執筆時点におけるシンジケートローンの取引条件は、おおよそこのようなものだといえます。

借り手には必ずしも魅力的とは限らないことと、調整が複雑であるため実際の約定事例は多くないはずです。

ただし、シンジケートローンも含め、金融機関として推進している融資メニューは10億円程度の小さな実績でも大きな功績として認められるため、担当者の熱意は強いといえます。もし機会があるならばおすすめに従って申し込んでみるのもいいでしょう。

融資条件ヒアリングシートを作る

ここまでの解説が理解できれば、金融機関に融資条件の詳細をヒアリングすることができます。

慣れてくると購入物件の選定も金融機関との折衝も、毎回同じで個別性はありません。

ルーティン業務ならばテンプレートを作るのが効率的でしょう。以下にヒアリングシートの例を示します。新規の金融機関に融資を相談するときは次のような要素を聞くべきです。

相手先

2023年6月1日
駅前信金　駅前支店　鈴木支店長

エリア規制

形式的な法人登記よりも営業実態を重視。新大阪に事務所があるならば当支店の担当エリアであり可

融資期間

建物残存年数＋10年。長期融資のみ。短期プロジェクトはNG

耐用年数超過での融資がマニュアル化されていることもあります。

融資年数最大

融資年数は上限が25年。耐用年数オーバーしている場合の融資期間は10年

そもそも30年融資が不可のこともあります。

1回の融資額上限

一棟あたり7億円未満が目安

融資総額上限

1社あたり10億円を超えると役員会決裁となり困難

金利

2.95%の変動

融資可能エリア

大阪市内がメイン。そのほか大阪府、京都市、神戸市などの主要都市は可。商業ビルは駅前のみ

融資不可エリア

ハザードマップ上で浸水リスクが高いとされている地域

融資不可物件種別

木造物件は不可。そのほかの制約は特段なし。自宅用途の物件も可能

違法物件に対する融資

建ぺい率超過は不可。容積率超過はわずかならば容認もあり得るが大幅に超過は不可

自己資金規定

自己資金なしも可能だが、ほとんどは1～2割の自己資金を入れている

自己資金はケースバイケースと濁されることが多いため、「直近の事例のうち自己資金1割以下で済んでいる割合は?」など、統計的な分布を聞ければ理想的です。また、低自己資金で融資を実行できた事例をヒアリングできれば、その因子を分析してそれと類似の物件を探します。ここまで込み入ったヒアリングをするにはコミュニケーション能力も必要といえます。

そのほかのポイント

- 初回融資の場合、支店から近い物件のほうが取り組みやすい
- 駅から10分を超える物件は取り上げにくい
- 店舗や事務所の場合はエリアや担保力を重視
- 机上計算での融資目線は3日程度で出せる

評価ルールの歪みや他行にはない得意をヒアリングできるといいでしょう。各金融機関の融資条件をベン図のように重ね合わせてイメージすれば、どの物件をどの金融機関に持ち込むべきかが分かります。

ノンバンクでは、このような融資条件がパンフレットとして公開されていることもありますが、金融機関では融資条件は社外秘となっていることもあります。

そのため多くの金融機関に総当たりでヒアリングをしなければなりません。

金融機関により得意な融資メニューは異なり、旬な時期も移り変わるため、関係者の間で名が挙がる順に問い合わせるのが効率的です。

1-9 運転修繕資金

運転資金の必要性

賃貸業の収益構造からは、賃貸資産保有期間中の賃料収入だけで多額のキャッシュフローを生むことは難しいことが分かります。

よほど高利回りの物件を複数保有しない限り、物件を売却して現金を増やすまでは運転資金は逼迫しがちです。

しかし、不動産業に対する運転資金供給はタブーとされているのが金融機関の特徴であり、融資枠を確保するのは簡単ではありません。

黒字倒産を防ぐために運転資金の調達についても考えておきましょう。

手元流動性を厚くして不測の事態に備えたいのは中小企業経営者に共通の願いです。もちろん賃貸業も例外ではありません。

「保有資産をすべて売却すれば多額の現金をすぐに作れるのだから純資産を評価して貸してほしい」というのは誰もが考えることでしょう。

しかし、そのような借り手の発想が受け入れられることはありません。「不動産業に運転資金は必要ない」というのが金融機関の常套句です。

つまり、「賃貸資産からの収益で物件を維持できていて、借入も返済できているのだからそれ以上は必要ない」という見方です。そのため、「修繕などで資金が必要なときに都度相談してください」となりますが、必要なときに機動的な融資が出ないことが問題です。

もちろん、金融機関の規定上で、不動産業に運転資金は必要ないことになっているに過ぎず、実際には不動産業でも運転資金は必要です。

これは、バブル期に不動産業に自由資金を融資したところ、交遊費に消えて返済されなかった歴史に対する反省が現代にも承継されているがゆえの規定ともいえるでしょう。
　実際、借り手は運転資金と自己資金を分別管理しているわけではないので、運転資金を自己資金として、それをもとに長期融資を得て賃貸資産購入に使うこともあり得ます。
　そうなれば安全バッファとしての自己資金の意味合いは薄れ、金融機関のリスクは上がります。不動産バブルを誘発することにもなりかねません。
　不動産業への運転資金は多くの点で出しにくいといえます。

運転資金のメニュー

　賃貸業で利用できる運転資金のメニューを確認していきます。種類は多くなく、次に説明する３種類しかないはずです。

▣支店長決裁による運転資金

　まずは、支店長決裁の自由資金です。不動産業にも融資できます。
　金融機関により支店長の権限は異なりますが、信金などでは支店長決裁で1,000万円程度までの自由資金を出せることがあります。
　最低限の審査で、実質的に自由資金のため使いやすいといえます。ただし、期間は３～５年の中期までが多くなっています。

▣役員借入の返済資金

　役員借入の返済名目での融資は、実質的に自由資金となるため取り扱いは多くありません。
　その理由は次のように考えれば理解できるでしょう。

- 個人から法人に100万円を貸し、役員借入100万円とする
- 役員借入を返済するため、法人で100万円の融資を受ける
- 法人から個人に100万円を送金して役員借入を返済する
- 再び個人から法人に100万円を貸す

このように、ひとり経営の会社の役員借入は自由に増減できてしまうため、金融機関も会計上の数字合わせに過ぎないことを理解しています。
ただし、少なからず賃貸業でも利用できる事例はあるので相談してみるのもいいでしょう。

▣預金担保融資

1,000万円の預金を担保に1,000万円を借りて利息を払うという経済合理性のない取引です。
なぜ金融庁は借り手に不利益しかない預金担保融資を禁止しないのか、その理由は分かりませんが、いまだに取引可能な融資メニューです。

ただし預金担保融資も、新規の金融機関に取引実績を作る目的ならば有効な手段に変わります。
金融機関によっては数年以上の返済実績があれば別の融資も検討するケースがあるためです。また、新規先と既存先では同じ相談でも担当者の熱意や受入体制が大きく変わります。
そのため、リレーションシップ構築費用として金利支払を許容できるならば悪くはないでしょう。
ただし、預金担保融資は経済合理性に欠ける不自然な取引ゆえ、受付していないことも多くあります。

預金担保融資を理解するには、預金と融資の「見合い」という金融機関の考え方を知ることも必要です。
借り手は資金が不足しているために金利を払ってまで借入を起こしているわけですから、余資を預金（平均残高）として死蔵させたくないのは当然です。
しかし、金融機関の考えは異なります。融資が多額にもかかわらず預金が僅少では預貸のバランスが悪い取引先とされ、審査が通りにくいこともあります。
そのため、形式上、融資も預金もどちらも相応の残額を維持したいときの苦肉の策として預金担保融資が使われることがあります。
決算上も現預金保有が多くなるため、金融機関から見ると預金担保融資には財務数値の化粧のような意味合いがあるといえます。

修繕資金

賃貸業で運転資金を必要とするなら修繕資金として融資を受けるべきでしょう。

不動産業に運転資金を出せないことは説明の通りですが、修繕資金であれば難易度は下がります。

賃貸業では修繕は恒常的に発生します。そして、**修繕が発生すれば借入の可否によらず支出は発生します。それを借入で賄えるのは運転資金の借入と同じ意味合い**です。

修繕資金は運転資金と近い性質の借入ですが、次の点は大きく異なります。

- 実際に修繕工事を行う必要がある
- 工事の請求書など証憑提出が必要
- 融資が実行されたらただちに工事業者に振り込むことが義務化されている
- 振込がしばらく先になる場合は、それまで通知預金として預けられる

このような融資条件となっていることが多いでしょう。

修繕資金の申込はタイミングが難しいのが課題です。

修繕資金の借入に限らず、法人融資は最低でも1,000万円程度はまとまらないと金融機関は前向きに対応してくれません。

小規模な信金でも、100万円だけ貸してほしいなどの小口対応は好まれないはずです。

しかし、個別の修繕は数万円程度の少額の積み重ねです。発生時期も分散しています。まとめて1,000万円規模の大規模修繕が発生するのはまれでしょう。

そのため、いつ確定するのか、本当に実行されるのか不透明な融資審査

を待つことはできず、先行して工事を行うしかありません。しかし先行して工事を行い、支払を済ませてしまうと修繕資金の融資は受けられません。

▣工事代金を未払金に計上

そこで、日々の少額修繕の「塵も積もれば」を融資で賄うには管理会社との会計的な連携が必要です。

たとえば1,000万円の残高が積み上がるまで、形式上だけでも請求を待ってもらう方法がないか取引先に相談するのもいいでしょう。

工事は完了していてもよく、代金未払いだけが融資の要件となっていることが多いことを考えると方法が見つかるかもしれません。

過去に完了した修繕への融資については、「すでに工事代金の支払は終わっている。貸した資金は何に使われるのか」（信金）という資金使途の問題で受け付けられないことがほとんどです。

また、同じ管理会社や外部業者への支払でも、PM（Property Management）手数料や物件光熱費などは賃料から支払うべき支出と規定されており、融資対象にはならないことが多いといえます。

▣他行抵当権あり物件への修繕資金

金融機関の考え方として、賃貸資産は債務者のものではなく、第一抵当権者のものという見方をすることがあります。

「第一抵当権はX信金ですが、Y信金に修繕資金を相談したい」とすると、「なぜX信金の物件に当金庫が支援を……」と拒絶されることが少なくありません。

第一抵当に無関係に修繕資金を出すこともありますが、修繕資金は第一抵当権者に頼るのが金融機関の常識ととらえるといいでしょう。

これも部外者には理解できない金融機関の考え方の1つです。

抵当権と根抵当権

金融機関には、運転資金は根抵当権で貸したい商慣習があります。

「根抵当権にしておけば運転資金の返済が進んだときにもう一度貸せる。

その際、再度の抵当権設定をしなくてよいので手間も登録免許税もかからない」といったように、根抵当権を実質的な融資枠として当行が運転資金におけるメインバンクの地位を確立できるという理屈です。

しかし、金融機関の説明とは裏腹に、根抵当権にしても融資枠が確保されることはなく、再び借りられる確約はありません。

実際の判断は、完済時に運転資金が再度出せる状況か否かに依存します。そして、これはどちらかといえば、借り手の状況よりもそのときの金融機関の融資姿勢に依存するといえます。

そのため選べるならば根抵当権は避けて、抵当権がいいでしょう。将来、追加で借りたいときに再度の相談をしても同じです。

▣ 根抵当権のデメリット

根抵当権は、債務者側のデメリットが大きいことを理解しておきましょう。

債権額の2割増しほどで登記するため登録免許税が余計にかかるだけでなく、**上位に根抵当が付いていると、それ以降には抵当権を設定できない金融機関のルールがある**ためです。根抵当権では前述の慣習のように、残債が減った際の「折り返し」で再び残債が増える可能性があるため、担保価値の算定が困難となることが理由です。

根抵当権を設定すると共同担保として利用できなくなることを理解しておきましょう。

1-10 ノンバンク融資

ノンバンク保証

プロパー融資が難しければノンバンク保証の活用も考えましょう。賃貸業では、オリックスなどが保証する自由資金融資を利用できます。

ノンバンク保証では、金融機関の資金を使って通常と同じ融資をします。ノンバンクによる第三者保証が付くため、保証さえ付けば貸倒リスクはありません。

そのため不動産業を含め誰にでも自由資金を貸すことができるのが特徴です。

融資実行時に保証料として2～3%かかり、金利も2～3%と低くはありませんが、早ければ数日で融資の内定が出て、資金使途も自由です。

最大で3,000万円程度の申込ができ、使い勝手はいいといえます。

リース会社の支払委託契約

あまり知られていませんが、大手リース会社では賃貸業向けに修繕資金を提供しています。

リース会社とは融資契約ではなく、特定の債務に対する支払委託契約を締結することになります。

つまり、修繕資金の被請求をリース会社が代理で一括払いし、賃貸業者はその代金を分割払いしていく契約です。契約形態は異なりますが、実質的に修繕資金融資と同じです。

契約上は元利均等の融資ではないため返済明細の項目名が金融機関でよ

く見るものと違っていたり、**早期返済の概念がないため早期に返済したい場合は全期間分の金利相当額を支払う必要がある**など細かな違いはありますが、特筆するような違いはありません。

なお、リースは業務用設備など物理資産購入に対する資金提供が本来的であるため、保険料の支払など無形物に対する支払委託は受け付けません。

建物修繕も本来のリースとは色が異なりますから取り扱っていないリース会社もあります。

金利は3%前後と低くないことが一般的ですが審査は簡易です。手軽に資金調達できるリース会社の活用も選択肢になり得るでしょう。

1-11 公的融資

信用保証協会保証の利用

信用保証協会（保証協会）は全国一律の融資メニューを提供しており、よほど業況の悪い零細企業を除き、形式が整っていれば債務保証をします。

スタートアップ法人から資産規模が数十億円を超える中堅賃貸業まで、同じ尺度で評価されて融資が受けられます。

事業規模により個別の上限は設定されますが、賃貸業であれば最大8,000万円程度までの融資を受けることができます。

修繕資金は満額出ることも多いはずです。ただし、賃貸資産の購入資金として利用する例はほとんど聞きません。

賃貸業に限らず創業資金なら500万円程度、運転資金なら1,000～2,000万円程度が最多分布となるでしょう。

コロナ融資など経済政策型の融資は保証協会を経由することが多いのが特徴です。

そのため、不良先とマークされて次からの取引を拒絶されるのは悪手といえます。国との付き合いと考え誠実に対応すべきでしょう。

なお、関東と関西は地域別の保証協会が管轄していますが、借入者の自己申告により名寄せされるため二重に借りることはできません。

信用保証協会の仕組み

中小企業の駆け込み寺である保証協会ですが、その存在は地域の地銀や信金が保証協会への依存を高め、プロパーでの運転資金融資を推進しない理由となっている面も否めません。

実際、多くの金融機関において、リスクの高い無担保融資には積極的ではなく保証協会の制度融資を紹介することが多いといえるでしょう。

つまり、無担保融資のリスク負担は保証協会が担い、金融機関はその窓口業務的な役割しか果たしていないこともあります。

これは、**保証協会保証を付けて融資する際、あくまで貸し手は金融機関であるので、保証協会利用の場合でも貸し手に利益が出る**ためです。

その融資金は金融機関が自前で預金を集めていることから一定のコストを費やしています。しかし、その貸出は保証協会により低リスクで利益を出せる構造に依存している面もあり、保証協会は借り手だけでなく貸し手にも公的支援を提供する形となっています。

▣自庫で貸せない案件への対応

保証協会の開示によれば、令和元年の保証協会融資の実行先のうち、既存プロパー融資ありの実行先は47%（全国平均）のみとなっています。

つまり、保証協会の利用者の半数以上はプロパー融資を受けられていません。金融機関が自前でリスクをとれない案件に保証協会保証を付けている構図がうかがえます。

保証協会の開示からも、地域金融機関の保証協会への依存の高さが垣間見えます。

保証協会が貸倒保証をするなら、地域金融機関は返済の見通しが暗い零細企業にも貸し出す動機が生まれ、モラルハザードを誘発します。

それを防ぐため、保証協会では融資メニューごとに適用できる企業と貸し倒れた際の金融機関負担率が変わります。金融機関負担率は未回収額の0～20%となっています。

「保証協会付きならば貸倒リスクは少ないものの、有事の際には保証協会への顛末説明が必要となるなど、ひと手間かかる」（信金）。金融機関からは、このような見え方でしょう。窓口である金融機関も貸倒は避けたいところであり、一次フィルターの役割は機能しているといえます。

なお、**保証協会の貸倒は実質的に日本政策金融公庫が保証しています。つまり、公庫も信用保証協会もほぼ同じ企業体**といえます。

▣低い貸倒率の理由

さて、保証協会に保証を申し込む多くは信用力の低い零細企業と思い込みがちですが、じつは平時の貸倒率は2%以下であり、筆者と取引のある多くの信金よりも低くなっています。

この数値からは、地域金融機関は信用のある先や中堅企業にもプロパー資金ではなく保証協会保証を付けて貸していることが分かります。

出典：中小企業庁「保証実績の公表」平成31年4月～令和2年3月
（中小企業庁 > 金融サポート > 信用保証制度の利用状況 > 保証実績の公表）
上記の年以降はコロナ融資により代位弁済率は急減しています。

日本政策金融公庫

日本政策金融公庫（公庫）も賃貸業への融資をしています。主として運転資金や修繕資金の相談をすることになるでしょう。

公庫全体で見ると、相談が多い融資メニューは創業資金や少額の運転資金となっています。

創業融資など小規模な融資は500万円前後、国民生活事業の一先あたりの貸出残高は約1,000万円、中小企業事業は約1.3億円となっています。

中小企業事業部門では大型融資も取り扱っているものの、小規模な不動産賃貸業での利用は困難です。

なお、公庫の公式資料には「最大8,000万円」「新型コロナウイルス感染症特別貸付（コロナ融資）は別枠」など、通常枠に追加して別枠を借りられるようにも読み取れる説明がありますが、実際には法人の財務や業種に合わせて上限設定がされています。そのため、本枠を上限まで使いきったあとにさらに別枠が利用できるわけではありません。

保証協会は、各金融機関が地域から集めた資金の貸倒リスクを保証するのに対して、公庫の貸出原資は、財投機関債や政府保証債として市場で起債して調達しています。

発行された公庫債は、機関投資家が日本国債に準じる安全な債券として保有します。

つまり、保証協会も公庫も提供する資金の性質はほぼ同じですが、資金の出どころが異なり、公庫での借入は地域金融機関に利益を生みません。そのため、公庫は地域金融機関と競合するといわれることもあります。

しかし筆者の感覚では、**公庫の融資は金融機関が貸せないようなリスクの高い中小企業への政策的な融資の側面が強く、特に不景気局面では最後の貸し手**として存在意義があります。実際、形あるビジネスで黒字ならば公庫で断られることはないでしょう。

公庫融資は、リスク管理債権と呼ばれる貸倒の可能性がある債権比率が7%程度と高いことが特徴です。これは、飲食店の創業など不安定なビジネスにも融資をするためです。

一般的な信金のリスク管理債権は3%程度であることと比べても旺盛な融資姿勢であることが分かるでしょう。

公庫はその性質上、利益が出る企業体質ではないため、赤字となった分は国が増資して税金で埋めることになります。

出典：日本政策金融公庫「日本政策金融公庫の令和2年3月期決算について」「同令和3年版」「同令和4年版」

令和4年度における中小企業事業では、リスク管理債権等の比率は11%を超えています。

資本性劣後ローン

日本政策金融公庫は、資本性劣後ローンと呼ばれる特殊な融資を提供しています。資本性劣後ローンは、20年後に一括弁済という極めて債務者に有利な返済方法です。

さらに、金融機関の資産査定上、負債ではなく自己資本（資本性）とみなすことができるという特殊なルールづけがされた政策融資となっています。

ところで、金融機関向けの会計規則である「バーゼルⅢ」には、偶発転換社債や永久劣後債と呼ばれる資本性の債券が定義されています。
これらの債券には、金融機関に財政危機が発生した際、債券保有者への償還が免除となる条項が付いています。
つまり、平常時は返済義務のある債務ですが、トリガー条項に抵触するような破綻懸念時には元本の返済義務がなくなり、借りたはずの資金が「もらえる」ため、債務が資本に変わるというハイブリッド性があります。
さらに、元本の返還期限が無期限（永久）で発行者の都合で決められるなど、資金の出し手に不利な条件が付くのが一般的です。

トリガー条項は、あらかじめ定めた（破綻懸念のある）財務条件に達したり、経営面において特定のイベントが発生した場合に有効となる契約条項のことです。

一方、公庫の提供する資本性劣後ローンは、一定期間経過後は返済が前提となる融資とされていますので、本来は負債とするべきです。税務処理上も借入金です。
ところが、融資審査上は資本性劣後ローンが得られた時点で自己資本が増えて数値上は健全化します。それが融資審査上は資本と計算されること自体が、中小企業支援のための特例的措置といえます。
ただし、融資実務においては、資本性劣後ローンにより数値上の自己資本をかさ上げしても総合的判断で否決されることはあると考えられます。

さて、バーゼルⅢで定める資本性劣後ローンは、万が一の際に債務を免除させ自己資金に振り替える資本の意味合いを持ちますが、公庫の資本性劣後ローンはどうなるのでしょうか。
借り手に財務的な危機が発生した際、融資契約を柔軟に解釈して弱った中小企業の資本に変わるのか。通常の融資と大きく変わらない返済義務があるのか。

資本性に寄る可能性もあるため、将来的な運用が気になる商品となっています。

元金返済猶予型融資

2020年のコロナ融資では、日本政策金融公庫と保証協会が元金返済猶予型融資を提供しました。

当初の融資条件では２年後に元金返済が始まる予定でしたが、元金返済の開始時期に合わせて再び元金返済が猶予される借り換え用商品が提供されるなど、再度の救済策が講じられたことは印象的でした。

そのため、本書執筆時点では、まだコロナ融資の元金返済が始まっていない事業者が多いはずです。

一連のコロナ経済対策では、賃貸業も含め零細事業者には極めてやさしい運用となったことは間違いありません。

これらの措置により企業の倒産件数は平時よりもコロナ禍のほうが低くなる結果となりました。本来は倒産していたはずの企業もコロナ融資により延命されたといえます。

1-12 賃貸業における長期資金計画

賃貸業の成長モデル

複数棟を運用して賃貸業が軌道に乗るまでの流れをモデル化して考えてみましょう。次ページの**図1-8**は賃貸業のモデルケースを示しています。

賃貸業は、人よりも、市況や資産が中心となる投資性の事業です。そのため他業に比べて社長の役割は少なく、その手腕への依存は低いといえます。

逆にいえば、モデルやテンプレートは運用者に依存せず、その再現性は高いはずです。

賃貸資産の選定

賃貸資産購入資金から検討していきましょう。

最初の資産としてどのような種類の物件を購入するかは重要です。その後は、それと類似の物件が増えていくことになるためです。

- 都心、郊外、地方。どの地域を選ぶか
- 築古と築浅
- 住居系と非住居系
- コア型、コアプラス型として中長期保有か
- バリューアッド型、オポチュニスティック型の短期事業か

物件の特性により、適した金融機関と、歩むべき道が変わります。

これらの組み合わせ次第では、同じ賃貸業でもほぼ別業種といえるような違いを生むこともあります。

図 1-8　不動産賃貸業のモデルケース

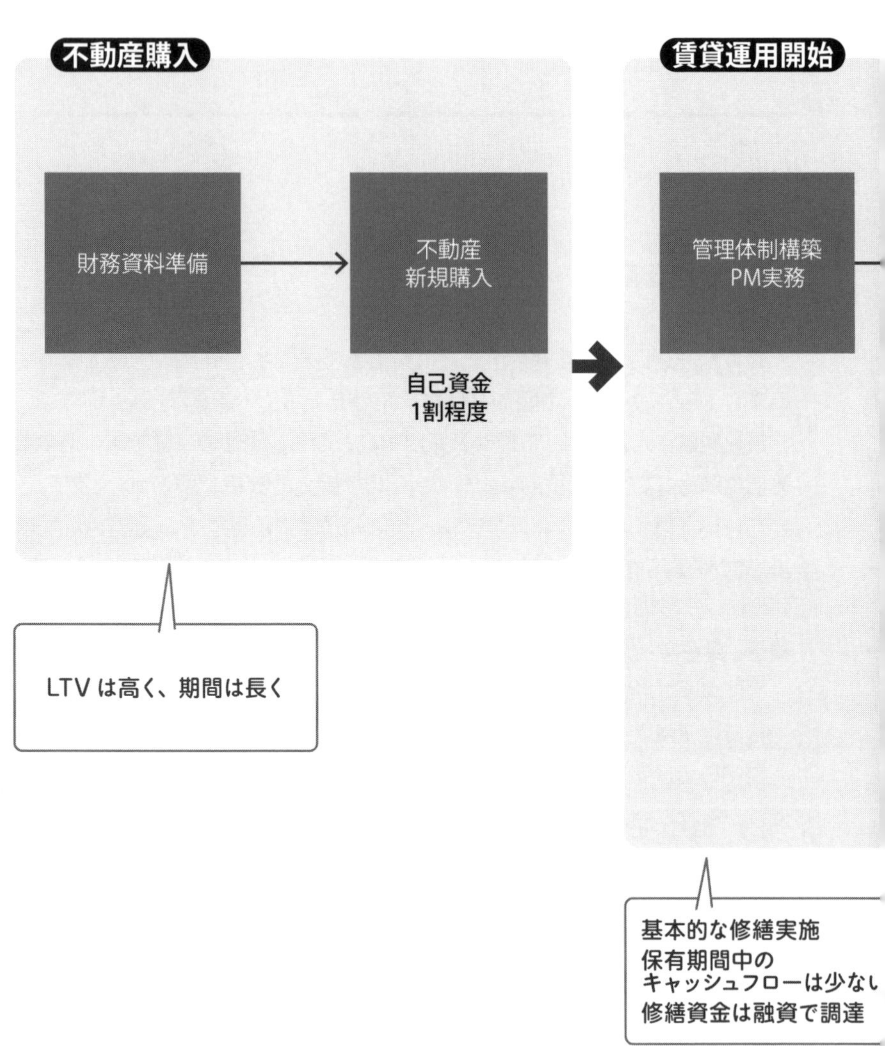

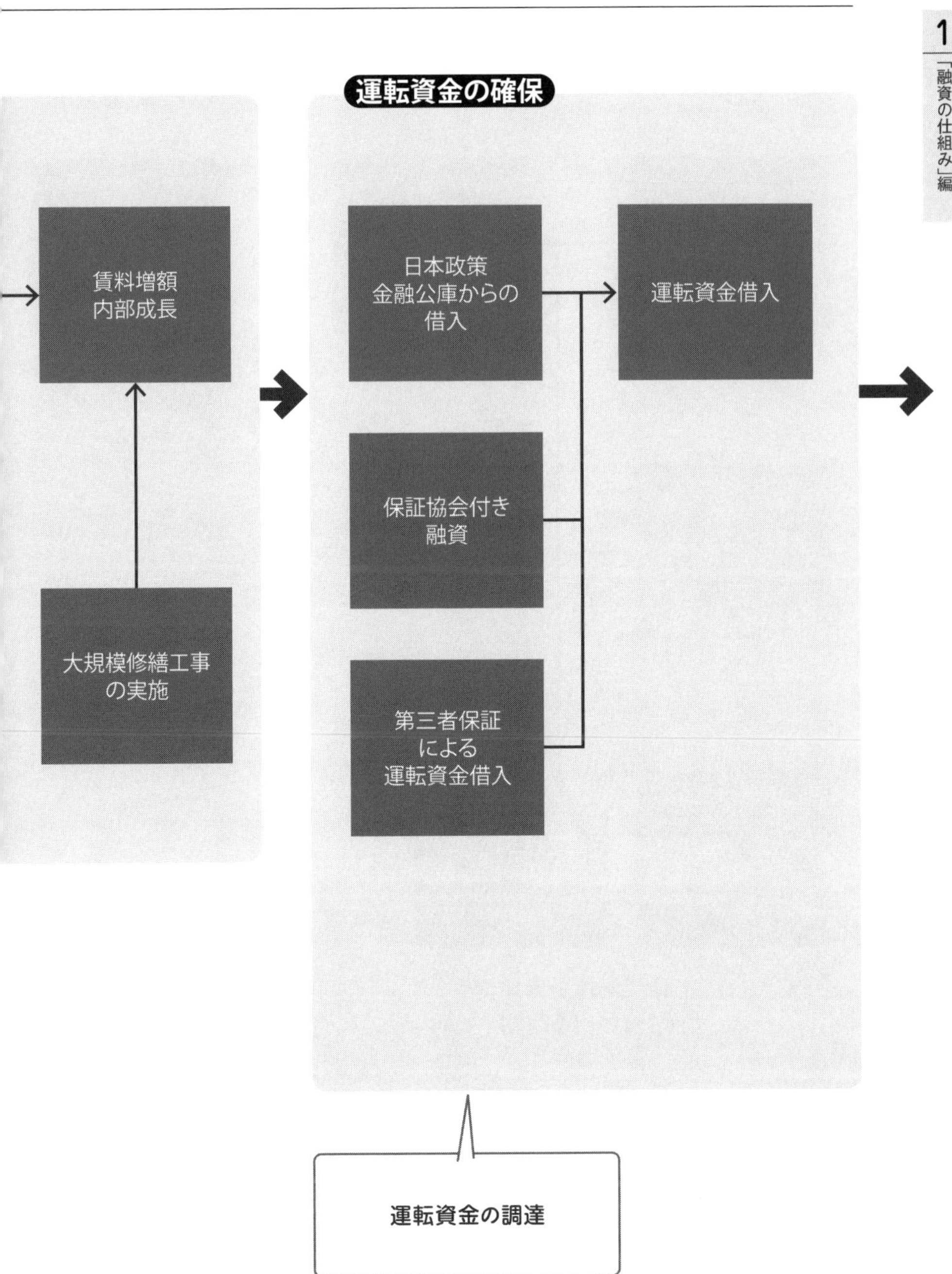
運転資金の確保
賃料増額
内部成長
大規模修繕工事
の実施
日本政策
金融公庫からの
借入
保証協会付き
融資
第三者保証
による
運転資金借入
運転資金借入
運転資金の調達

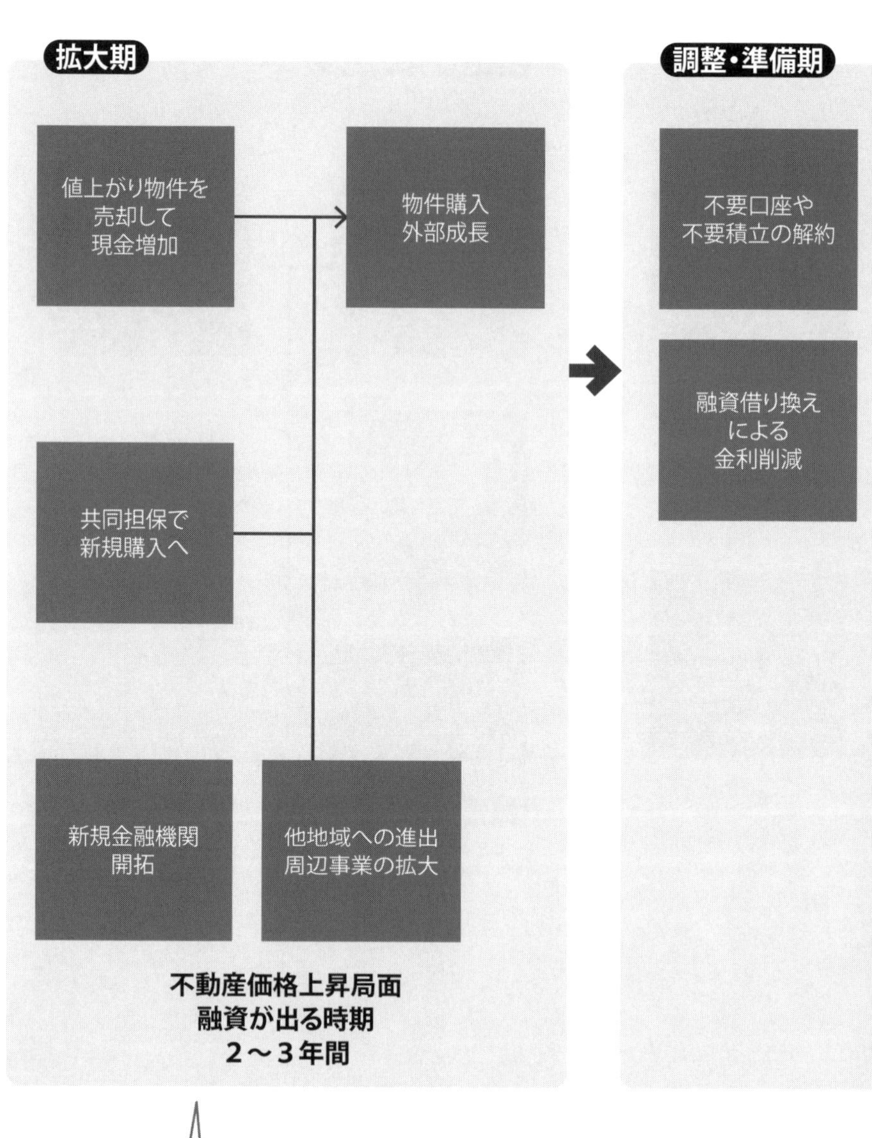

融資が出る時期は追加購入で外部成長
現金を確保しつつ高 LTV で再投資
新規金融機関や投資エリア拡大

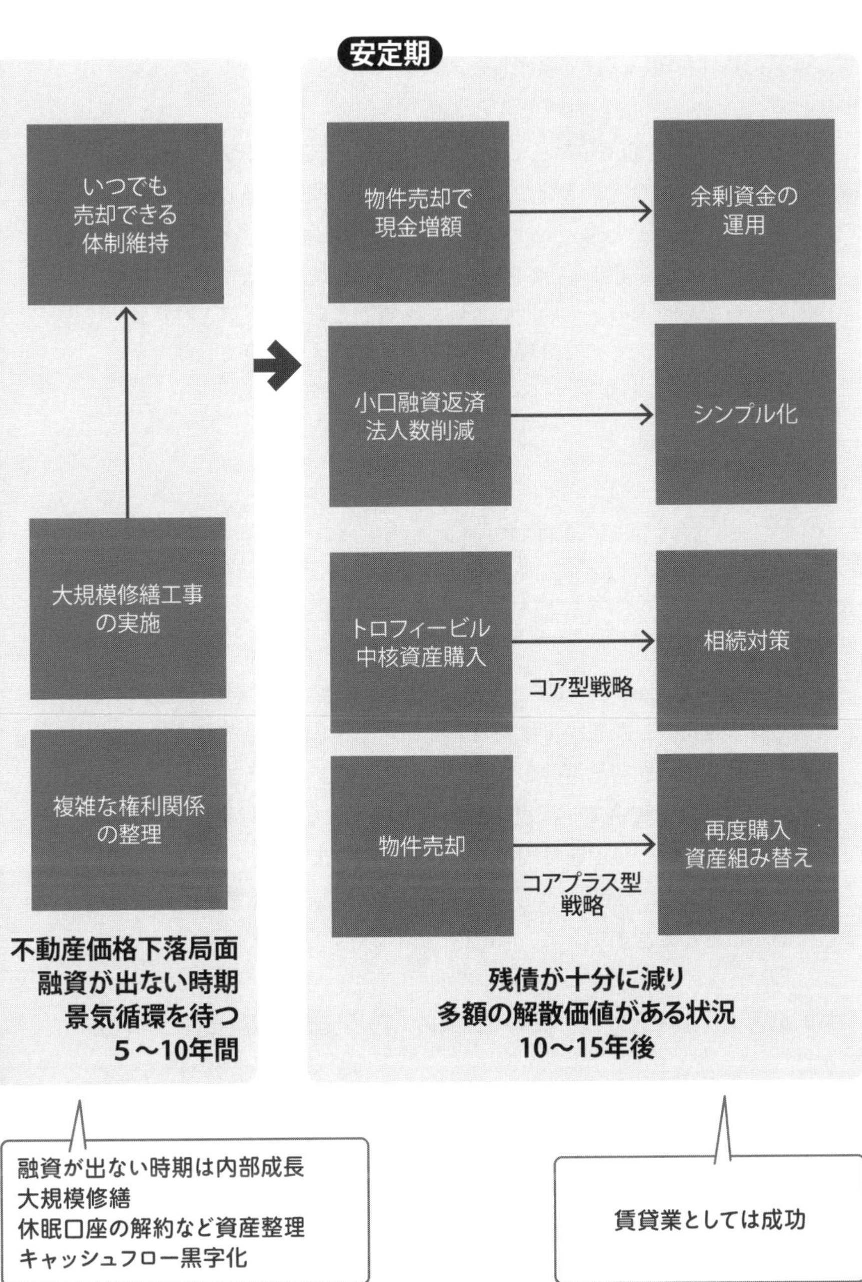
安定期
いつでも
売却できる
体制維持
大規模修繕工事
の実施
複雑な権利関係
の整理
不動産価格下落局面
融資が出ない時期
景気循環を待つ
5～10年間
物件売却で
現金増額
余剰資金の
運用
小口融資返済
法人数削減
シンプル化
トロフィービル
中核資産購入
相続対策
コア型戦略
物件売却
再度購入
資産組み替え
コアプラス型
戦略
残債が十分に減り
多額の解散価値がある状況
10～15年後
融資が出ない時期は内部成長
大規模修繕
休眠口座の解約など資産整理
キャッシュフロー黒字化
賃貸業としては成功

ちなみに筆者は、「都心から郊外」「築古」「住居系」「コアプラス型」に特化し、高LTVによる規模拡大を選びました。割安物件を探し求めることはせず、普通の物件を買い続けてきました。

アセットクラスを選定したら、これまで解説してきたように多くの金融機関とつながりを作り、購入資金を調達して事業を開始しましょう。

コア型は一等地を長期保有して賃料を得続ける戦略です。コアプラス型は中期保有ののち市況のよい局面において高値で売却する戦略、バリューアッド型は独自のデザインや運用で付加価値を付けて高値で売却、オポチュニスティック型は用地買収などを含めた短期戦略です。

融資条件の調整

▣ 共同担保による購入

多額の自己資金を投入すれば、すぐに資金は尽き、資産規模を拡大することはできません。しかし、全額融資も簡単に出るものではありません。

そこで、共同担保を自己資金の代替として使うことを考えます。

たとえば、**低自己資金で一棟目を購入し、しばらくの間は残債を減らし、二棟目の購入時には一棟目を共同担保として提供します。**

これを繰り返せば、時間はかかりますが少ない自己資金で賃貸資産を増やしていくことができます。

共同担保による融資は、いわゆる株式の二階建て信用取引と同じ考え方です。

二階建ては危険なイメージですが、不動産融資は毎月の返済が滞らない限りロスカットされることはありません。そもそものルールが異なる取引ですので、信用取引の危険性と並列に論じるべきではないでしょう。

仮に共同担保での融資を繰り返し、結果的に三階建てになったとしても、筆者はそれだけではハイリスクとは思いません。

▣上限金利と利益分配

賃貸資産の購入においては、「NOI利回り ＞ 借入金利」とならなければインカムゲインは生まれません。そのため、賃貸資産の利回りにより支払できる上限金利は変わります。

金利のとらえ方として、たとえばNOI利回りが5%で借入金利が2%であれば、投資家3：金融機関2と収益を分配していると考えることもできます。

このように、金利設定は投資家と金融機関との利益分配の綱引きでもありますが、利益が生まれる以上は借入金利の妥当性に悩むことはないでしょう。後日に金利の折衝をする余地も残されています。

▣元金返済の方法

元金返済の方法は資金使途などによりあらかじめ決められていることがほとんどですが、仮に**返済方法を選択できるならば、当初の元金返済が少ない返済方法を選ぶのが合理的**です。

できる限りテールヘビーに寄せるべきでしょう。その理由は次の通りです。

- 「NOI利回り ＞ 借入金利」であれば、利払いが多額でもそれ以上の利益が生まれる
- 手元に資金が残れば、再び高いLTVで投資できる
- 多くの場合、繰上返済の手数料は僅少であり借り手の任意である

このように考えると元金返済を急ぐ必要はないといえます。

▣期限の利益と保有戦略

賃貸業の最大の武器は期限の利益だといえるでしょう。

原則として、一度融資が約定すれば物件価格が大幅に値下がりしても返済を迫られることはありません。

つまり、物件価格の下落を理由に返済を迫られロスカットされる心配はほぼないといえます。それゆえに証券投資ではあり得ない高いLTVでも安

心して保有を続けられます。

市況が悪いときには賃料収入からの返済を続け、物件価格が高騰したら出口を迎えて利益を確定するコアプラス型戦略。もしくは老後まで保有し続けるコア型戦略。このような**超長期の時間軸の戦略も自由に選べるのは期限の利益があるため**です。

運転資金の調達

低自己資金で多くの物件を買い進めればIRRを高めることはできますが、手元に現金が残りません。

たとえば、平成初期築、RC造、表面利回り6.5%という現在の市場で多く見かける条件の物件を自己資金なしで購入すれば、税引後のキャッシュフロー（CF）は生まれない計算となります。

実際には、ここから偶発的な修繕費用も発生するため、物件からのCFだけでは賃貸経営は成立しません。

NOIから利払いを差し引いても利益が出ているのにCFが悪い理由は、その利益をもとに分割払いで土地を購入している収益構造であるためです。

そのため、保有する土地（＝解散価値）は増えており、CFが出なくても収益性が悪いとは限りません。流動性のある土地は1カ月で現金化でき、現金同等物と考えることができます。

しかし、黒字倒産を避けるには手元資金の確保が不可欠ですから財務活動による資金調達が必要となります。

運転資金、修繕資金を調達するためには、日本政策金融公庫、保証協会、第三者保証、リース会社をはじめ無担保の運転資金に強い金融機関とのつながりを作る必要があります。

▣ キャッシュフロー黒字化は不況耐性

賃貸運営のCFが慢性的に赤字の場合、運転資金調達ができず、かつ不動産価格が下落して売却もできないという手詰まりを起こすことがあります。

そのため、**不動産価格の下落耐性としてのCF黒字化は必須**です。

金融機関が不動産業に対して一切の融資を出さなくなる時期が来ても耐えられる体制を整えましょう。

▣ 運転資金の妥当利率

運転資金の利率はどこまでを許容すべきでしょうか。

不動産業では、手元資金が潤沢であることで優良物件や好条件の融資に出会えることもあります。そのため、使わない資金は必ずしも死蔵しているとはいえません。

また、運転資金を自己資金に充当することは禁止されていますが、相応の期間が経過すれば、「運転資金借入残高 ＞ 手元現金」だとしても、運転資金が再投資されているとみなされることは多くありません。

そう考えると、**借入金利を超えるIRRで運用できる以上は手元資金が多すぎて困ることはない**はずです。

それを踏まえて、資金を手元に置くための費用としてその利率を許容できるかと考えるべきでしょう。

もちろん、**すべては「NOI利回り ＞ 借入金利」を論拠にしているため、それが成立する投資環境が前提**となります。

新規金融機関の開拓

新たな金融機関と出会っても、すぐに持ち込みできる物件がないなど取引を開始できる体制にないことはよくあります。

そんなとき将来を見越した融資実績を作りたければ、小規模な区分マンションを長期融資で購入して取引を開始する手もあります。

数百万円の区分マンションでも長期融資が得られれば、今後20年以上、いつでも担当者と話ができることになります。また、少額でも既存先の賃貸業として登録されるため実績作りの目的を果たします。

事前に他行融資により区分マンションを保有しておき、借り換えから取引を開始するなどのアレンジもできます。

実績作りのための物件購入は、新規の金融機関とつながりを作る手段としては悪くないでしょう。そのために支払う金利はリレーションシップ・フィーとして割り切ります。

物件は、支店から近い、新耐震、小規模区分など、「この物件で融資が出なければ何を持ち込んでも出ないだろう」という、担当が手がけやすいものを持ち込みます。

地域の多くの金融機関から融資を受けている実績は、ほかの金融機関から見れば同業からすでに認証されている法人です。「当行も融資を検討してもいいはずだ」となる、横並び体質を味方につける方法でもあります。

なお、融資以外の取引は実績と認められないため、多くの金融機関に預金口座を開設して定期預金のみを作ることに意味はありません。

借り手の都合で考えず、金融機関の仕組みや規定から逆算して、どのような取引であれば容易に開始できるかを調整することが必要です。金融機関は仕組みであり、相談所ではないと心得ましょう。

残債を減らす

賃貸業のサイクルを30年間継続できれば当初借入は完済となり、手元に数億円の土地が残ります。

低金利と高利回りのスプレッドを収益源とする賃貸業の戦略は、今後30年間、日本経済が低位・低成長だとしても、金利や政情が安定している限りは成り立つ投資モデルだといえます。

それと同時に、賃貸業は「30年もの間、重い借金を抱える」わけではないことを理解してください。

今と金利水準が変わらないとするなら、返済を15年間継続すれば当初の残債は半分になります。残債が減れば、いつ物件を売却しても多額の現金が残るため借入に重みはなくなります。

また、借り換えも選択肢に入り、金融機関との交渉も強い立場でできるようになるため、より強固な財務体質を構築することができるでしょう。よい循環が始まります。

以上のことから、賃貸業のゴールは15年後だといってもいいでしょう。

▣解散を意識する

このようなモデルで進めるなら、賃貸資産の取得拡大と並行して、すぐに物件を売却して手じまいできる体制を整えておかなければいけません。

経済情勢や家族の事情などで事業終了を決める日がいつ訪れるのかは誰

にも分かりません。

そのため、**常に市況を把握して解散価値を計算し、試算した解散価値で本当に解散できるように準備します。**それには次の物件購入者を意識したリノベーション工事、私道や道路境界など権利関係の整理も必要です。

売却と再レバレッジ効果

物件価格が変わらなければ返済が進むごとに［$\frac{\text{解散価値}}{\text{総資産}}$］は増え、現況LTVが下がることを考慮します。

下がったLTVを再び高めて規模を拡大するにはどうすべきでしょうか。

賃貸資産を売却して、時を経ずして再び類似物件を購入することは一見すると意味がありません。諸経費がかかるだけ無駄なように思えます。

しかし実際には、売りながら買うという物件の組み替えは賃貸業ではよく行われています。

これは、**値上がりした物件、残債が減った物件を売却して自己資金を作り、再び同じLTVで借り入れれば資産規模が増える**ためです。

賃貸業には、わらしべ長者のような側面もあるといえます。

▣小口分散から大口へ

大規模化には、賃貸資産を入れ替えて大粒の物件を保有する必要もあります。

小規模物件の集合体として大規模化している場合、金融機関から見れば「分散しすぎてつかみどころがない経営実態。資料の精査に手間がかかりすぎる」となり、新規の取引を敬遠される理由になり得ます。

小口分散は投資家としては優良なポートフォリオといえますが、賃貸業として拡大するには、金融機関の事情に合わせて保有資産を大口化していく必要があります。

融資審査ロジックの分析

外部成長を続けるためには融資の研究が欠かせません。

融資基準には不合理な点も多くあります。その不合理さを研究して味方につけ、「いい物件ではなく、いい融資が出る物件を選ぶ」という考え方は、じつは**不動産そのものではなく、融資を題材にした投資法**だということがご理解いただけたでしょう。

融資を中心に据えた不動産投資とは、歴史的な低金利、多すぎる金融機関同士の過当競争、金融機関の保護政策により生じた非効率性など、過去の金融政策により生まれた金融システムの歪みを利益に変える「金融システムハック」の面もあります。

2

「IT活用」編

賃貸業は、賃貸資産を取得し運用を開始してからが本番です。
資産のポテンシャルを最大限に引き出して賃料や入居率を上昇させる内部成長と、さらなる追加取得による外部成長の両輪で大きく成長していきましょう。
内部成長の鍵は、プロジェクト管理とデータ管理です。ITを活用して消化すべきタスクを管理会社と共有して進めます。
外部成長には、金融機関から高度な運用ができる事業者であると信頼され、さらなる資金を託されることが必要です。信頼されるための脱アナログ経営に着手しましょう。
本編で紹介する事例は、いずれも筆者が現場で運用して効率化に寄与することを確認できたものです。

2-1 チームでの情報共有

レッドマインのすすめ

筆者の業務効率化の要は、「レッドマイン（Redmine）」というプロジェクト管理ソフトです。

「100億円規模の資産を1人で管理できている秘密はレッドマインにあり」——そう断言できる当社の基幹システムです。

レッドマインは、個別業務の内容ごとにシンプルな掲示板（チケット）が無数に立ち上がる仕組みのWebシステムです。掲示板には200MBを超えるファイルも添付できます（**図2-1**）。

図2-1　レッドマインによる情報共有

ホーム　マイページ　プロジェクト　ヘルプ　ログイン

002-1 金融機関用資料アップロード倉庫　検索: チケットを検索　002-1 金融機関用資料

+　概要　活動　チケット　カレンダー　文書　ファイル　設定

チケット　新しいチケット

フィルタ
ステータス　未完了　フィルタ追加
オプション
適用　クリア　保存

#	ステータス	優先度	題名 ▲	更新日
6733	新規	通常	00.★Read me first 代表者経歴、本社写真、組織図など	2022-12-29 14:05
7014	新規	通常	01.★Read me first 物件一覧と基本資料(2022決算確定-rev2)	2023-03-03 15:54
6992	新規	通常	02.借入明細	2023-02-24 20:49
5936	新規	通常	03.法人登記簿謄本全17社	2022-04-28 14:56
7002	新規	通常	04.各社+個人の決算書/確定申告	2023-02-28 16:17
6883	新規	通常	06.不動産登記簿謄本	2023-01-24 01:43
2712	新規	通常	07.玉川陽介-本人確認書類	2020-12-22 19:57
6888	新規	通常	08.固定資産税課税明細	2023-01-25 17:29
1767	新規	通常	09.一棟貸し物件の賃貸借契約書	2022-09-30 12:55
4200	新規	通常	10.会社定款17社	2021-02-23 01:34
6351	新規	通常	11.各物件の地積測量図・公図	2022-08-09 18:06
6886	新規	通常	12.各物件購入時の契約書・重要事項説明書	2023-01-24 19:09

誰かがレッドマイン上に書き込みをするとプロジェクトのメンバー全員にメールで通知されます。もちろんモバイルからも利用できます。

基本はそれだけの単純なWebシステムですが、メールやチャットでの業務連絡に比べて圧倒的な効率性を誇ります。

筆者の日常業務は、管理会社、税理士、社内外メンバー、そして金融機関との情報共有まですべてレッドマイン上で行っています。

筆者の会社ではレッドマインなくして物件管理も資産管理も成り立ちません。このシステムが使いこなせない外注先とは取引しないことにしているくらいです。

レッドマインのおかげで管理会社をはじめ取引先と電話をする必要がなくなったことも生産性向上に寄与しています。

電話をしなければ、それぞれ自由な時間に業務を行うことができ、集中を妨げられることはありません。また、文字でのやりとりとなるため聞き違いなどの伝達ミスもありません。

メンバーとは、今夜中の返信でいい話題はレッドマインへ、1時間以内に必要ならばLINE、5分以内ならば電話。連絡は必ず24時間以内に返信。このようなルールでコミュニケーションをしています。

▣ 物件管理での活用

賃貸資産管理でどのようにレッドマインを活用すればいいか紹介しましょう。

レッドマインは賃貸管理向けに作られたソフトではありませんので、はじめに、どのように使うかを設計する必要があります。

筆者は物件ごとにプロジェクトを作成して、各物件のプロジェクト内で、「101号室解約と原状回復」「2F廊下で漏水」「消防設備の改修が必要」「庭の蜂の巣を撤去」など、対応すべきタスクごとに内容をチケットとして登録しています。

対応すべき課題ごとにチケットが分かれているので、チケットの一覧を表示すれば、その物件で残っているタスクを一元的に把握できます。

これらの**チケットを完了させていけば、その物件に対するすべての仕事が終わる**というわけです。

レッドマイン上にひとまずチケットを作ってメモしておけば、どのような仕事が残っているのか忘れないという点でも重宝しています。

筆者は、このような管理方法で5,000件を超えるチケット（個別のタスク）を完了させてきました。

▣ リアルタイムで入退去を把握

管理会社にレッドマイン上で入退去の報告チケットを作ることを依頼しているため、月次のレポートを待たずにリアルタイムで入退去状況が把握できます。

売却時の空室把握のために管理会社に問い合わせる必要もなく、タイムラグがなくなり便利です。

退去時の室内写真、原状回復後の写真もレッドマイン上で管理会社と共有しています。

▣ そのまま管理記録になる

終了したチケットは永久保存されるため、レッドマイン上での業務進行がそのまま物件の管理記録として使える点も便利です。

レッドマインの標準機能を使うだけで、すべての書き込みは一瞬でタイトル検索、全文検索ができます。「5年前に201号室の天井を開口したときの写真」「3年前に設置した防犯カメラの配線経路」など、メールを掘り起こしていたらなかなか見つけられないであろう内容も、タスクに関係した書き込みだけを日付順に検索することができます。

メールでは特定の物件だけを検索対象にすることはできず、他業務や別物件も出てくるため古い記録の整理は大変な作業となりますが、**レッドマイン上での書き込み蓄積は、そのままで検索性の高い管理記録となる**わけです。

▣ 金融機関への財務資料提供

筆者は金融機関にもレッドマインのアカウントを提供しており、次ページに示す資料は担当者自らレッドマインにログインしてダウンロードしてもらっています。

金融機関でレッドマインを利用してもらえるのは依頼したうちの半分にも満たない割合ですが、利用者からは便利であると好評です。

基本資料

- 代表者プロフィール
- 組織図と経営方針
- 本社内外観写真
- 物件一覧
- 修繕履歴一覧
- 物件所在地図
- 金融機関からのよくある質問とその回答

詳細資料

- 全借入明細 PDF
- 全法人登記簿 PDF
- 全不動産登記簿 PDF
- 代表者身分証明書 PDF
- 全固定資産税課税明細
- 高額な区画の賃貸借契約書
- 全会社定款
- 全地積測量図と公図
- 全物件購入時の契約書と重要事項説明書
- 全金融機関との金銭消費貸借契約
- 全保有物件の鑑定評価書

その他開示資料

- 直近で売買した物件の契約決済関係資料

2 「IT活用」編

賃貸状況開示資料

- ■管理会社の作成するPMレポート
- ■同入出金明細

これだけ入れておけば不足を指摘されることはありません。

レッドマイン上で常に最新の財務資料を公開するのは開示義務を果たす意味合いもあります。

レッドマイン上で資料を開示し、すべての金融機関が等しく閲覧できる状態にした時点で、適正に開示していることは認識してもらえるはずです。

開示していないのと、開示しているが見ていないのとでは責任の所在が異なります。そのため、筆者は金融機関に向けて「決算資料を送りました」という連絡をすることはありません。

▣金融機関へのプレゼン

金融機関から管理体制を問われたときには、レッドマインの画面と完了させてきたチケットの数々を見せれば解決します。

「社長が現場のすべてを把握している。秀逸な管理手法」（信金支店長）として稟議書に取り上げられたこともあります。

IT業界では**プロジェクト管理システムは珍しいものではなく、どの会社でも最初に導入する基本システム**ですが、非IT業界では驚かれることが多く、ほかの賃貸業者との差別化になっています。

▣レッドマインの利用開始

レッドマインを自力で運用するほどITが得意ではない人は、月額1万円程度で「My Redmine」などのホスティングサービスも利用できます。使いこなせば価格以上であることは間違いありません。

自分のPCで試してみたい人には「Redmine packaged by Bitnami（Windows版）」がおすすめです。これは、本来は複雑なインストール工程がワンクリックで終わる無料のパッケージです。

Windowsとルーターの管理ができる程度のスキルがあれば誰でもテスト環境を作成でき、そのまま実務でも使えます。

FAXソフトを活用

金融機関への連絡にはレッドマインはもちろんメールも使えないことがあります。

しかし、細かい連絡を電話でするのは非効率です。筆者は、メールの代わりにPC FAXで金融機関にメッセージを伝えることにしています。

金融機関からの折り返しは電話になりますが、こちらから伝えたいことはメールと同様に深夜でも送ることができるので、「この制度融資を利用したい。明日の夕方に電話するのでそれまでに詳細を調べておいてほしい」など、事前に依頼することができます。

また、メルマガ感覚で金融機関の担当者に近況報告を同報配信することもできます。取引先数が増えてくると電話には限界があります。同じ話を20社の金融機関に繰り返すのでは骨が折れます。文書にまとめて配信するのが効率的でしょう。

PC FAXソフトでは、すべての送受信は記録されており、FAX書類はPDF化することもできます。

また、外出先からリモートログインして送受信することもできます。スマホ全盛の時代ですが、金融機関とのやりとりではいまだにFAXの利用シーンが多くあり、賃貸業では必要不可欠なアイテムです。

▣利用するFAXソフト

社内PCでFAXを利用するなら、ソフトはインターコムの「まいと〜く FAX 9 Pro」一択です。FAXモデムを含めても1万円台で購入できます。

あるいは月額数千円で使えるクラウドFAXサービスもありますので、そのようなサービスを契約してもいいでしょう。**複合機のアナログFAX機能は常用せず、バックアップ用の位置づけ**で考えましょう。

2-2 社内事務の効率化

自然言語解析で紙書類を仕分ける

賃貸業では、いまだに情報の多くが紙媒体です。その大半が郵送で届くため紙書類の効率的な整理は重要な業務です。

紙書類を複合機でスキャンし、PDF化して管理し、紙書類は廃棄する。どこの事務所でも行われている電子化の基本といえます。しかし、スキャンしたPDFファイルは手作業によりフォルダ分けするのが現在の標準的な管理方法でしょう。

筆者の会社でも、かつては手作業で書類の仕分けを行っていました。しかし、取引先や物件数が増えてくると新着書類のスキャンが数十件に達する日もあります。しばらく放置すると未整理のPDFはすぐに数百件に達し、それらのPDFの仕分けだけで半日かかることもありました。

筆者は、書類の整理で時間が削られるのは問題だと認識し、書類の自動仕分けシステムを作ることにしました。

賃貸業で扱う書類は、銀行、税、物件、公共料金、年金保険、返済明細、クレジットカードなど決まったカテゴリの定型書式が多いことに着目して整理します。

スキャンしたPDFを自動的に適したカテゴリに分類し、かつ文書の全文検索をするのがシステムの目的です。

▣PDF書類の自動仕分けシステム

たとえば、「池袋信用金庫」から「コアプラス東京株式会社」宛てに郵送で返済明細が届いたとします。スキャンするまでは人力ですが、そのあとは次の処理を自動で実行します。

1. スキャンしたPDFの天地を自動認識して正しい向きに回転させる
2. PDFファイルの自動改名。たとえば「池袋信金_返済明細_コアプラス東京_総ページ数3.PDF」のように改名
3. 「返済明細」など、書類内容ごとに適したフォルダに移動
4. 全文検索用のテキストファイルを生成

これにより毎月届く公共料金やクレジットカードなど定型書類の仕分けは99%、未知の新規書類も7～8割が適切に仕分けされ効率化できています。

さらに、PDF書類をOCRで文字認識して、「Windows Search」によりWindowsの検索窓から全文検索できるようにしています。
「Windows Search」は、Windowsに標準搭載されている高速なファイル検索と全文検索機能です。
たとえば、「ドコモ アンテナ 契約書」など探したいワードで書類を検索することができます。数万件の書類を瞬時に検索できるのは非常に快適です。

これを実現するために、筆者はTF-IDF（Term Frequency - Inverse Document Frequency）とコサイン類似度（Cosine Similarity）という分類ロジックを採用してExcelでプログラムを自作しました。
一見難しそうですが、自然言語解析のなかでは初歩的なものです。複雑な理系知識は不要で、簡単なプログラミングができる人なら数日で同じものが作れると思います。
作り方の詳細は筆者のWebサイト（https://ytamagawa.com/x86）で公開しています。事務処理効率化の参考にしてください。

ネットバンキング端末の仮想化

複数の法人を作って複数の金融機関と取引すると、すぐに口座は20口座、30口座と増えていきます。それにともないネットバンキングの電子証明書の管理も発生します。

近年では電子証明書に代わってワンタイムパスワード機器を配布するのが主流ですが、日々の業務では、いまだに多数の電子証明書を管理する手間が発生しています。

セキュリティに理解のある人ならば、経理専用のPCにすべての金融機関の電子証明書を入れて、通常使用の端末とは切り離して運用していることでしょう。それは正しい運用の姿です。

筆者も同じ考え方ですが、経理専用の物理PCではなく、仮想化技術を利用して、法人ごとにネットバンキング環境を分離しています。

専門的な運用方法に思えるかもしれませんが、じつはWindows 11に含まれている「Hyper-V」機能（外部ソフトのVMwareでも同じ）を使えば、サーバー管理の知識がなくても多数の仮想マシン（VM／Virtual Machine）を簡単に作成できます。

仮想化の利点

- ■経理担当者が２名以上になっても電子証明書は１枚だけでよい
- ■「新しい端末からのログインです。合い言葉で認証を」の画面が出なくなる
- ■法人や金融機関ごとにVMを分ければ電子証明書を選択する手間が省ける
- ■本来は取れないはずの電子証明書のバックアップが取れる
- ■そのため、PCの故障で機器を入れ替えたとき電子証明書の再申請をしなくてよい

■税理士が交代するときなどは新税理士に VM を引き継ぐだけでよい
■VM 上ではネットバンキング操作のみ行うルールにすればウイルス感染のリスクが低い

このような効率化の結果、100近い預金口座があっても筆者ひとりで管理できています。

ただし、VM上でのネットバンキング操作は、金融機関による不正アクセス被害の保証対象外です。問題が起きた場合でも救済してもらえません。

そのため、筆者は仮想化を推奨するものではありません。研究目的に限り自己責任で試してみてください。

2-3 経理処理の自動化

入出金管理の自動化設計

賃貸業では、入出金の大半が管理会社に対するものです。**管理会社に対する入出金を自動で会計ソフトに入力できれば経理処理のほとんどは自動化できます。**

資産管理にEDI（Electronic Data Interchange）やERP（Enterprise Resource Planning）の発想を取り入れてみましょう。

専用ソフトがなくても基本アイデアさえ理解していれば、多くはExcelで自作できるはずです。

筆者は、管理会社からのPMレポートや請求書がExcel形式で送られてくる点に着目し、弥生会計形式のCSVに加工して税理士に提供しています。まずは全体像を示します（**図2-2**）。

このように、テナントからの賃料は、管理会社、保証会社、決済代行会社、直接入金など複数経路で当社に入金されますが、入退去の日割り精算も含めてすべてはPMレポートに計上されています。

そのため、**PMレポートの数値を自動で取り込み、各社の売上として入力すればそのまま経理データとして利用できます。**

また、賃貸管理にかかわるおおよそすべての支出は管理会社経由であることにも着目しました。

賃貸経費の請求書をExcelデータリストとして受け取り、修繕支出の内容に応じてフラグを付与すれば、そのまま会計ソフトに取り込みできます。

図 2-2　筆者の会社の入出金フロー
（賃料の大半は管理会社を経由させず自社口座に直接入金としている）

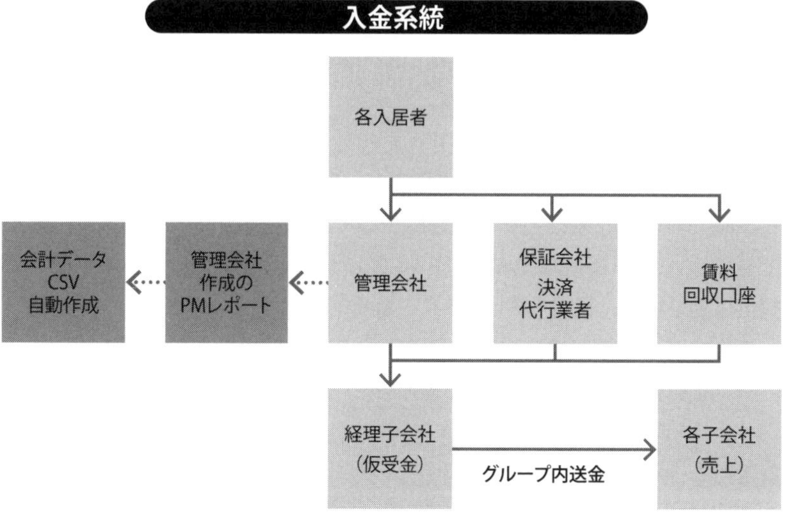

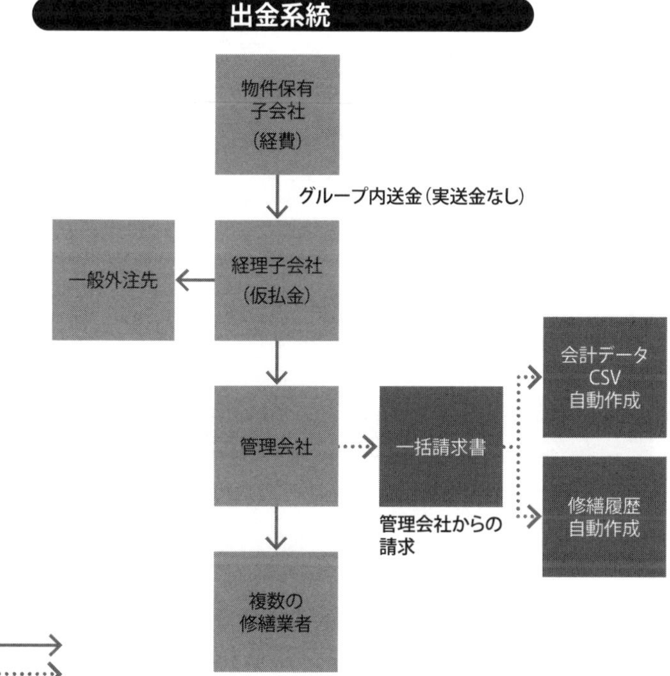

PMレポートの書式が変えられない管理会社の場合は、インポート用のExcelシートに入出金を転記するしかありません。それでも、物件数や法人数が多ければ経理簡略化のメリットは大きいため、データを作成する価値はあります。月に一度の定型作業でデータ量も多くありませんので、アルバイトが担当することもできます。

▣PMレポートから弥生会計形式変換ツールのダウンロード

本編で説明する入出金それぞれについて、弥生会計への自動取り込みができるツールを筆者のWebサイト（https://ytamagawa.com/x86）で提供しています。利用規約はP.6をご覧ください。

弥生会計の仕様に適合するようにデータ変換部分を作り込んでありますので、ご自身の環境に合わせて一部改変するだけで実務に利用できます。

賃貸売上を会計ソフトへ自動入力

入金処理の具体的な流れを説明します。

図 2-3　全物件支払一覧レポートの例

支払日	物件Ｎｏ	物件名	顧客Ｎｏ	委託者名	送金日	1賃料	2賃料税	3共益費	4共益費税	5駐車料
2022/10/01～2022/10/31	00102	西池袋駅前ビル	10001	コアプラス東京株式会社	2022/10/15	¥2,722,000	¥8,800	¥235,167	¥700	¥60,000
2022/10/01～2022/10/31	00105	池袋ハウス	10002	コアプラス名古屋株式会社	2022/10/15	¥2,539,900	¥10,590	¥63,000	¥0	¥70,000
2022/10/01～2022/10/31	00103	カーサ目白台ハウス	10003	有限会社コアプラス2号	2022/10/15	¥2,601,145	¥91,533	¥30,000	¥0	¥115,000

9礼金税	10更新料	11更新料税	12原状回復負担	13原状回復負担税	14違約金	15その他	16その他税	振込額
¥0	¥34,500	¥0	¥69,000	¥6,900	¥0	¥0	¥0	¥1,612,243
¥0	¥0	¥0	¥114,120	¥11,412	¥0	¥9,819	¥979	¥2,345,973
¥0	¥0	¥0	¥81,500	¥8,150	¥0	¥0	¥0	¥1,826,084

管理会社からのPMレポートとして、全物件を集約した当月の支払一覧表が発行されるため、その金額を集計して勘定科目に関連づけさせています（**図2-3**）。

ただし、賃料入金データを会計データとして扱うにはいくつかの情報を追加することが必要です。たとえば、**住居系などの非課税売上、非住居系の課税売上を分離して集計する必要があります。**➡P.177

しかし、筆者の管理委託先が発行するPMレポートでは、課税売上と非課税売上を分離して表示することに対応できなかったため、

- 課税売上の賃料　= $\frac{\text{消費税額}}{10\%}$
- 非課税売上の賃料 = 課税売上以外。違約金はすべて非課税売上

といった処理を介して2群に区分して計上しています。

たとえば、PMレポートに賃料総計10,000円＋消費税500円とあれば、内訳はおのずと賃料課税売上5,000円＋消費税500円、賃料非課税売上5,000円と決まりますので、それに従って分離します。

そのため、勘定科目の分類は次の4科目のみですが、会計上はそれぞれ課税と非課税に分かれるので8群に分類されます。

PMレポートの項目	勘定科目
1. 賃料、共益費、駐車料	502　賃料・共益費収入
2. 礼金、更新料、違約金	504　礼金・更新・違約金
3. 原状回復費用入居者負担分	505　原状回復入居者負担金
4. その他	503　その他賃貸収入

▣ 入力効率化の工夫

データ処理上は個別の部屋の明細は無視して、PMレポート上の全部屋合計のみを転記しているのも特徴です。

結果的に、複数の部屋をまとめて入金計上しているため、部屋数にかかわらず一物件の1カ月の入金件数は前述の最大8件のみとなります。

明細が知りたければPMレポートを参照すれば解決します。各部屋の入力を省略しても欠損する情報はありません。効率的な入力方法だといえるでしょう。

変換ツールから出力された弥生会計形式CSVの例1

2110,,,R.04/07/31, 仮受金 (賃料回収),,, 対象外 ,750900,0, 賃料・共益費収入 , ｺｱﾌﾟﾗｽ池袋 _ 賃料非税 ,, 非課売上 ,290000,0, ｺｱﾌﾟﾗｽ池袋 _ 賃料非税 _R.04_07 月 ,,,3,,,0,0,no

＊ コアプラス池袋の住居部分（非課税売上）の賃料合計は 290,000 円であることを示す 1 件の仕訳データ

▣ 入金処理の定型化

自動化以前は税理士が物件別支払報告書レポートを印刷して会計ソフトに手入力するなど非効率が目立ち、入出金の入力に膨大な時間を費やしていましたが、自動化により1カ月分の売上入力は30分程度でできる定型処理となりました。このように経理処理を自動化すれば、**賃料売上入力に費やす処理時間は保有物件が倍増しても変わらない**はずです。

ただし、複数月の賃料をまとめて入金する入居者がいたり、誤入金による過不足が常に発生するため単月の実入金とは一致しません。

また、第三者が作成したPMレポートをそのまま信じるわけにはいきませんので、**レポートと実入金との一致確認は別途必要**です。

支出処理の自動化

経理業務にEDIの発想を取り入れ、**管理会社からの請求書はデータリスト形式で作成してもらいましょう。**効率的な経理処理ができます。

図 2-4　請求一覧データ

検索コード	年	月	連番	社名	物件	内訳	項目	税別金額	税込金額
2022120169	2022	12	169	コアプラス東京株式会社	西池袋駅前ビル	5その他	管理手数料	¥80,927	¥89,019
2022120170	2022	12	170	コアプラス東京株式会社	西池袋駅前ビル	5その他	建物管理料（定額メンテナンス）	¥45,200	¥49,720
2022120171	2022	12	171	コアプラス東京株式会社	西池袋駅前ビル	1公共料金	無料インターネット利用料（定額）	¥10,952	¥12,047
2022120172	2022	12	172	コアプラス東京株式会社	西池袋駅前ビル	1公共料金	公共料金（共用電気-従量電灯）	¥31,537	¥34,690
2022120173	2022	12	173	コアプラス東京株式会社	西池袋駅前ビル	1公共料金	公共料金（共用水道）	¥2,840	¥3,124
2023010001	2023	1	1	コアプラス名古屋株式会社	池袋ハウス	5その他	管理手数料	¥101,803	¥111,983
2023010002	2023	1	2	コアプラス名古屋株式会社	池袋ハウス	5その他	建物管理料（定額メンテナンス）	¥65,900	¥72,490
2023010003	2023	1	3	コアプラス名古屋株式会社	池袋ハウス	1公共料金	公共料金（共用電気-従量電灯）	¥5,702	¥6,272
2023010004	2023	1	4	コアプラス名古屋株式会社	池袋ハウス	1公共料金	公共料金（共用電気-低圧電力）	¥11,959	¥13,154
2023010005	2023	1	5	コアプラス名古屋株式会社	池袋ハウス	1公共料金	公共料金（共用水道）	¥3,460	¥3,806
2023010006	2023	1	6	コアプラス名古屋株式会社	池袋ハウス	1公共料金	202号室　空室電気料金	¥1,207	¥1,327

図 2-5　一括請求書

御　請　求　書

コアプラス・アンド・アーキテクチャーズ株式会社　御中

下記の通り、御請求申し上げます。

件　名	月次一括請求
発行日	2022年11月21日
請求対象	2022年11月
お支払方法	お振込
お支払い期日	2022年11月28日
振 込 先	
税込合計金額	¥20,477,710

年	月	連番	社名	物件	使途	項目	税別金額	税込金額	摘要
2022	11	1	コアプラス東京株式会社	西池袋駅前ビル	5その他	管理手数料	¥131,612	¥144,773	
2022	11	2	コアプラス東京株式会社	西池袋駅前ビル	5その他	建物管理料（定額メンテナンス）	¥129,400	¥142,340	
2022	11	3	コアプラス東京株式会社	西池袋駅前ビル	1公共料金	無料インターネット利用料（定額）	¥10,000	¥11,000	
2022	11	4	コアプラス東京株式会社	西池袋駅前ビル	1公共料金	公共料金（共用電気-従量電灯）	¥38,792	¥42,671	
2022	11	5	コアプラス東京株式会社	西池袋駅前ビル	1公共料金	公共料金（共用電気-低圧電力）	¥25,208	¥27,728	
2022	11	6	コアプラス東京株式会社	西池袋駅前ビル	1公共料金	公共料金（共用水道）	¥3,460	¥3,806	
2022	11	7	コアプラス東京株式会社	西池袋駅前ビル	1公共料金	公共料金（共用水道-ランドリー室）	¥3,460	¥3,806	

筆者は、P.127の図2-2で示したように、管理会社には全法人、全物件の経費を一括して1つのExcelデータリストとして請求書を作成することを依頼しています。そして、この形式の請求書のことを「一括請求書」と呼んでいます。それを加工して会計ソフトに取り込めば経理処理が容易です。

管理会社から受領する一括請求書の書式には独自の工夫を盛り込んでいます。

最大の特徴は、請求内容ごとに1行のデータとして作成され、毎月の請求は1枚のExcelシートに継ぎ足されて記録されていくことです（**図2-4**）。

筆者の運用環境では、過去3年間で7,000件を超える請求項目がリスト化され収められています。

そこから当月の請求内容だけを抽出して請求書の体裁で表示したのが、前ページの**図2-5**の帳票シートです。

このように設計すれば最新版の請求書ファイルを見るだけで、管理会社に委託開始して以来のすべての請求履歴を確認できます。過去の請求書を探す必要がないだけでも効率的でしょう。

さらに、**請求書には使途フラグが付いていますので、修繕に関係する請求のみ抽出すれば自動的に修繕履歴が出力される**ようになっています。➡P.134

出金系統データの流れをまとめます。

1. 一括請求書へのデータ蓄積と請求

1-1. 管理会社が関与しない修繕も管理会社に立替を依頼して管理会社経由で支払
1-2. 賃貸関連支出のおおよそすべてを管理会社経由とする
1-3. 一括請求書の各請求項目には「使途フラグ」を付与
1-4. 新しい請求データは既存の請求データの末尾に継ぎ足していく
1-5. 当月の新規請求分だけをフィルターして当月請求額として

帳票表示
1-6. 管理会社からの請求書はExcelデータとして送信してもらう

2. 会計ソフトへの入力

2-1. 一括請求書データの各行を認識して、どの物件のどの部屋に対応する支出かを判別
2-2. 賃貸区画別の使途と照合して、支出と区画使途を関連づけ
2-3. 消費税処理のため、支出ごとに非課税、課税、共通、いずれかのフラグを立てる
2-4. 各使途フラグの内容に応じて勘定科目を自動付与する
2-5. 法人ごとに切り分けて弥生会計形式CSVを作成。会計ソフトへインポート

変換ツールから出力された弥生会計形式CSVの例2

2100,,,R.04/08/31,BM建物管理料,ｺｱﾌﾟﾗｽ池袋,,共対仕入内10％,31350,2850,,,,対象外,0,0,2022_8_建物管理料（定額メンテナンス）,,,3,,,0,0,no

＊ コアプラス池袋において、建物管理料を共通課税仕入として31,350円税込で、うち消費税2,850円を支払ったことを示す1件の仕訳データ。「BM建物管理料」の勘定科目を自動付与している

出金系統については、このようなフローを設計すればExcelにデータを追加するだけで、請求書の作成から会計ソフトへの入力まで自動化できるため効率的です。

この手法は、後ほど説明する修繕履歴の自動作成にも対応します。

また、**データの出どころが1つのため、会計上は存在するのに修繕履歴から漏れているなどの不整合も発生せず、データの完全性を維持できる**ことも利点です。

まずは請求書をExcelデータで受け取ることから始めましょう。少なくとも請求明細書を紙で郵送してもらうのはやめるべきです。

筆者は、経理データをこのように処理し、会計ソフト形式のCSVを作成して税理士に提供しています。

自社、管理会社、税理士、金融機関を連携させる業務フローを作れるのは経営者だけです。請求書類を税理士に郵送するだけでなく、業務フロー最適化のために業務設計からかかわる意味があるはずです。

筆者がこのような自動化に着手したのは、物件数や事務処理量が増えすぎて、委託している税理士事務所が継続困難を申し出たためでした。

業務工程を再設計したあとは税理士事務所の仕事も簡素化して間違いが減り、税務費用も安価に抑えられるようになりました。

ある程度の規模を超えたら税務会計の業務フローを見直しましょう。本編とまったく同じ手法でなくても、PMレポート、税務、財務資料の自動連携は検討に値するはずです。

修繕履歴の自動作成

修繕履歴は金融機関への開示、賃貸資産の売却時ともに必須となる重要資料です（**図2-6**）。しかし、複数物件を保有するとその整備には時間を取られます。

そこで、**請求書をExcelデータとして受け取れば必要な要素を抽出するだけで修繕履歴が自動作成できる**ことを活用しましょう。

P.131の図2-5のように請求書をデータ一覧として得ることができれば、そのなかから修繕にかかわる請求だけを抜き出すことで自動的に修繕履歴が完成します。

図 2-6　修繕履歴

No.	管理番号	年	月	法人名	物件名	工事内容	部屋番号	部屋or共用	工事金額（税抜）	工事金額（税込）	PDFまたはフォルダ名
3048	102-3048	2022	1	有限会社コアプラス2号	カーサ目白台ハウス	201号室　キッチン混合水栓部品交換作業	201	室内	¥9,300	¥10,230	明細なし
3049	102-3049	2022	1	有限会社コアプラス2号	カーサ目白台ハウス	湧水・雨水ポンプ更新諸工事	なし	共用	¥667,800	¥734,580	102-3049　湧水・雨水ポンプ更新諸工事
3050	102-3050	2022	1	有限会社コアプラス2号	カーサ目白台ハウス	306号室　鍵交換	306	室内	¥18,000	¥19,800	明細なし
3097	102-3097	2022	2	有限会社コアプラス2号	カーサ目白台ハウス	206号室　原状回復工事	206	室内	¥544,782	¥599,260	102-3097　206号室 原状回復
3098	102-3098	2022	2	有限会社コアプラス2号	カーサ目白台ハウス	312号室　原状回復工事	312	室内	¥782,437	¥860,681	102-3098　312号室 原状回復
3099	102-3099	2022	2	有限会社コアプラス2号	カーサ目白台ハウス	1階共用廊下天井造作工事（給水管更新の付帯工	なし	共用	¥317,100	¥348,810	明細なし
3100	102-3100	2022	2	有限会社コアプラス2号	カーサ目白台ハウス	共用給水管部分更新工事	なし	共用	¥1,522,500	¥1,674,750	102-3100　共用給水管部分更新工事
3148	102-3148	2022	3	有限会社コアプラス2号	カーサ目白台ハウス	207号室　原状回復工事	207	室内	¥204,855	¥225,341	102-3148　207号室 原状回復
3149	102-3149	2022	3	有限会社コアプラス2号	カーサ目白台ハウス	エントランス照明設置工事（支給品3台）	なし	共用	¥17,900	¥19,690	明細なし
3150	102-3150	2022	3	有限会社コアプラス2号	カーサ目白台ハウス	401号室　インターホン交換工事(新機種用に改	401	室内	¥36,400	¥40,040	明細なし
3151	102-3151	2022	3	有限会社コアプラス2号	カーサ目白台ハウス	405号室　インターホン交換工事(新機種用に改	405	室内	¥36,400	¥40,040	明細なし
3152	102-3152	2022	3	有限会社コアプラス2号	カーサ目白台ハウス	406号室　インターホン交換工事(新機種用に改	406	室内	¥36,400	¥40,040	明細なし
3218	102-3218	2022	4	有限会社コアプラス2号	カーサ目白台ハウス	共用コンセント配線改修工事	なし	共用	¥32,600	¥35,860	明細なし
3219	102-3219	2022	4	有限会社コアプラス2号	カーサ目白台ハウス	402号室　エアコン交換工事	402	室内	¥95,600	¥105,160	明細なし
3220	102-3220	2022	4	有限会社コアプラス2号	カーサ目白台ハウス	共用排水管部分更新工事（107PS内）	なし	共用	¥77,700	¥85,470	明細なし
2197	103-2197	2013	9	コアプラス札幌株式会社	東池袋ハイツ	受水槽清掃	なし	共用	¥72,000	¥75,600	103-1710 受水槽清掃
2199	103-2199	2013	9	コアプラス札幌株式会社	東池袋ハイツ	汚水槽清掃	なし	共用	¥66,000	¥69,300	103-1709 汚水槽清掃
2200	103-2200	2013	11	コアプラス札幌株式会社	東池袋ハイツ	503号室サッシ補修作業	503	室内	¥50,000	¥52,500	103-1708 503号室サッシ補修作業
2216	103-2216	2013	11	コアプラス札幌株式会社	東池袋ハイツ	503号室水廻りクリーニング	503	室内	¥25,000	¥26,250	103-1707 503号室水廻りクリーニング
2188	103-2188	2014	1	コアプラス札幌株式会社	東池袋ハイツ	201・202号室不具合箇所補修作業	複数	室内	¥240,000	¥252,000	103-1713 201・202号室不具合箇所補修作業
2193	103-2193	2014	1	コアプラス札幌株式会社	東池袋ハイツ	503号室隔て板新設設置作業	503	室内	¥130,000	¥136,500	103-1711 503号室隔て板新設設置作業
2203	103-2203	2014	1	コアプラス札幌株式会社	東池袋ハイツ	503号室サンルームガラスコーキング作業	503	室内	¥40,000	¥42,000	103-1712 503号室サンルームガラスコーキング
2186	103-2186	2014	2	コアプラス札幌株式会社	東池袋ハイツ	301号室リフォーム工事	301	室内	¥2,100,000	¥2,205,000	103-1716 301号室リフォーム工事
2204	103-2204	2014	2	コアプラス札幌株式会社	東池袋ハイツ	501号室電気不具合調整・復旧作業	501	室内	¥40,000	¥42,000	103-1714 501号室電気不具合調整・復旧作業
2205	103-2205	2014	2	コアプラス札幌株式会社	東池袋ハイツ	102号室ドアクローザー交換作業	102	室内	¥40,000	¥42,000	103-1715 102号室ドアクローザー交換作業
2201	103-2201	2014	3	コアプラス札幌株式会社	東池袋ハイツ	301号室給湯器リモコン交換工事	301	室内	¥45,000	¥47,250	103-1717 301号室給湯器リモコン交換工事
2187	103-2187	2014	4	コアプラス札幌株式会社	東池袋ハイツ	303号室原状回復工事	303	室内	¥496,500	¥536,220	103-1719 303号室原状回復工事
2206	103-2206	2014	4	コアプラス札幌株式会社	東池袋ハイツ	303号室トイレ内換気扇交換作業	303	室内	¥35,000	¥37,800	103-1720 303号室トイレ内換気扇交換作業

修繕履歴の自動作成に必要な手順

1. 管理会社からの請求書はExcelデータリストとして作成する
   ➡ 一括請求書
2. 各請求項目に使途フラグを付ける
3. 共用部、室内の別を識別するフラグを追加する
4. 毎月、請求データを継ぎ足して一括請求書に蓄積していく
5. 新規請求のうち使途フラグが特定のもののみ修繕履歴ファイルに転記する

一括請求書の使途フラグは次のように区分しており、このうち3.と4.のみを抽出して修繕履歴として蓄積します。

1. 公共料金 ➡ 電気、水道、無料ネットなどの毎月発生費用
2. PMスポット ➡ ゴミ捨て、剪定、町会費など無形メンテナンス
3. 原状回復 ➡ 退去時の室内原状回復
4. 修繕・設備 ➡ 共用部の修繕およびCAPEX
5. その他 ➡ 定額BM費用、PM管理料、募集費用
6. 入居者返金分 ➡ 敷金、日割り賃料返金など

さらに、工事内容に「102号室」など部屋番号が含まれているデータには「室内工事」のフラグを付与し、部屋番号も入力します。これで室内と共用工事を区別することができます。

件数が少なければ手作業でフラグ化しても大きな作業量にはなりません。元データが高精度であることは重要ですので、データ加工にひと手間をか

ける価値はあります。

ここまで作ってしまえば、Excelのピボットテーブルの機能を使うことにより**図2-7**のような集計表を自動的に作成できます。

図 2-7　全物件修繕履歴

合計 / 工事金額（税込）

物件名/年度	2014	2015	2016	2017	2018	2019	2020	2021	2022	総計
カーサ南池袋	¥62,600	¥14,588,343	¥1,246,644	¥716,589	¥5,037,701	¥28,226,621	¥1,731,622	¥4,240,316	¥15,045,446	¥70,895,882
共用	¥33,480	¥13,644,541	¥692,928	¥322,788	¥852,170	¥20,489,495	¥458,716	¥2,755,610	¥5,414,750	¥44,664,478
室内	¥29,120	¥943,802	¥553,716	¥393,801	¥4,185,531	¥7,737,126	¥1,272,906	¥1,484,706	¥9,630,696	¥26,231,404
目白カーサ二番館		¥3,080,374	¥3,728,595	¥3,460,204	¥2,207,458	¥902,244	¥676,639	¥2,006,091	¥3,466,714	¥19,528,319
共用		¥1,157,981	¥30,400	¥717,320	¥749,952	¥202,824	¥399,740	¥1,256,111	¥307,120	¥4,821,448
室内		¥1,922,393	¥3,698,195	¥2,742,884	¥1,457,506	¥699,420	¥276,899	¥749,980	¥3,159,594	¥14,706,871
豊島目白ビル			¥1,920,956	¥3,812,680	¥1,890,401	¥5,381,028	¥2,213,230	¥11,858,908	¥13,337,145	¥40,414,348
共用			¥231,860	¥3,600	¥22,577	¥2,398,572	¥807,675	¥295,126	¥258,230	¥4,017,640
室内			¥1,689,096	¥3,809,080	¥1,867,824	¥2,982,456	¥1,405,555	¥11,563,782	¥13,078,915	¥36,396,708
第3目白ハイツ				¥25,563,488	¥2,494,828	¥3,950,411	¥1,371,388	¥9,838,813	¥15,580,951	¥58,799,879
共用				¥267,678	¥724,680	¥809,108	¥572,000	¥556,050	¥15,104,970	¥18,034,486
室内				¥25,295,810	¥1,770,148	¥3,141,303	¥799,388	¥9,282,763	¥475,981	¥40,765,393
レジデンス目白豊島					¥3,651,900	¥875,976	¥62,755	¥78,320	¥2,749,943	¥7,418,894
共用					¥32,940	¥109,400	¥56,155	¥47,080	¥165,220	¥410,795
室内					¥3,618,960	¥766,576	¥6,600	¥31,240	¥2,584,723	¥7,008,099
西池袋駅前ビル				¥5,900	¥3,646,642	¥1,155,181	¥701,742	¥9,194,195	¥1,441,473	¥16,145,133
共用				¥5,900	¥926,340	¥125,637	¥3,300	¥5,029,090	¥323,310	¥6,413,577
室内					¥2,720,302	¥1,029,544	¥698,442	¥4,165,105	¥1,118,163	¥9,731,556
池袋ハウス				¥315,879	¥2,631,392	¥937,689	¥812,982	¥1,543,942	¥1,090,852	¥7,332,736
共用				¥269,450	¥1,944,000	¥38,880	¥482,790	¥20,790	¥152,570	¥2,908,480
室内				¥46,429	¥687,392	¥898,809	¥330,192	¥1,523,152	¥938,282	¥4,424,256
メゾン雑司ヶ谷	¥11,318,400	¥569,440	¥8,670,240	¥3,326,162	¥1,516,125	¥1,320,611	¥785,577	¥1,397,220		¥28,903,775
共用	¥9,266,400		¥1,485,540	¥3,095,388	¥62,640	¥960,660	¥81,400	¥193,050		¥15,145,078
室内	¥2,052,000	¥569,440	¥7,184,700	¥230,774	¥1,453,485	¥359,951	¥704,177	¥1,204,170		¥13,758,697
コアプラス池袋								¥6,923,215	¥5,038,552	¥11,961,767
共用								¥6,501,868	¥290,840	¥6,792,708
室内								¥421,347	¥4,747,712	¥5,169,059
総計	¥11,381,000	¥18,238,157	¥15,566,435	¥37,200,902	¥23,076,447	¥42,749,761	¥8,355,935	¥47,081,020	¥57,751,076	¥261,400,733

▣修繕履歴と工事明細との関連づけ

修繕履歴を見ると、請求のなかには原状回復工事など複数工事を一式として請求されているデータがあります。

管理会社がそのように請求項目を作成したためですが、これだけでは実際の工事内容が分かりません。

このような場合、工事明細PDFも一緒に参照したいところです。それには修繕履歴の各データに工事明細PDFを関連づけする必要があります。

まずは、修繕履歴の各項目にユニークIDを付与して工事IDとします。そのあとに工事ID名のフォルダを作成して、そのなかに対応する工事明細や図面を入れれば完成です。

この関連づけは人力でするしかありませんが、Excel上の修繕金額と同じ金額の工事明細を探すだけの単純作業ですのでアルバイトに任せることもできるはずです。

修繕履歴のなかで明細を確認したいデータがあれば、工事ごとに付与している工事IDをWindowsのファイル検索窓に入れれば瞬時に工事明細PDFが表示されます。

筆者は社内にファイルサーバーを置いて管理しているため、ファイルの検索にはWindows Search機能を使っていますが、ファイルをクラウド上に置いて検索サービスを利用しても同じです。

金融機関へのプレゼンの際に、**「創業来の修繕履歴が抜け漏れなく一覧化されていて、各請求に対応した工事明細が瞬時に検索できる体制が整っている」**としてデモを行ったところ担当者に喜んでもらえました。

修繕履歴も見せ方によっては金融機関を魅了する材料となるでしょう。

2-4 賃貸資産へのIoT導入

築古物件をオートロック化する

社内のデータ管理だけでなく、賃貸資産の付加価値向上にもITを利用している事例を紹介します。

▣インターホンの取り替えは大工事

オートロックの有無は住居物件の価値を大きく左右することはご存じの通りです。賃貸物件の検索サイトにも「オートロックあり」の検索チェック項目があるため、オートロックがないだけで検索対象から外されてしまいます。

しかし、平成初期までの物件にはオートロックが導入されていないこともよくあります。物件の付加価値として、築古物件のエントランスを改築してあとからオートロック化したいところですが、これは簡単ではありません。

オートロック対応の自動ドアを新設して、大手電機メーカーのインターホンに総入れ替えするには1,000万円以上の予算が必須でしょう。これでは採算が合いません。

また、部屋側端末の配線や設置工事のために全室内に立ち入りする必要があり、日程調整が困難です。

▣IPインターホンでオートロック化

これらの課題をまとめて解決するために、筆者はIPインターホンと無料インターネット導入サービスを併用して築古物件をオートロック化しています。材料は次の通りです。

■中国 DNAKE 製 IP インターホン エントランス側親機
➡ 8 万円
■中国 DNAKE 製 IP インターホン 室内側端末
➡ 6,000 円 / 部屋
■オートロック解錠用 125KHz RFID タグ ➡ 70 円 / 部屋
■各部屋への有線 LAN 配線工事 ➡ 50 万円
■美和ロック 自動ドア制御盤など
➡ 15 万円（BAN-DS1、U9 AUR50-2 ほか）
■特注サイズ金属ドア制作、電子錠設置
➡ 材工込み 100 万円程度

これらを組み合わせれば、たとえば賃貸物件のエントランスに金属扉を新設して30部屋にインターホン端末を配布というフルコースでも200万円以内で実施できます。

オートロックを新規導入したい現場で採用することもできますが、既存のアナログインターホンが壊れかけている現場にはさらに好適です。既存のオートロック扉に接続するだけなら100万円以下でインターホン設備の刷新ができる計算です。

部屋に立ち入りせず、インターホン端末を配布するだけで完了する点も現場の都合に即しています。

ただし、室内インターホン端末が壁に固定されていないと不便だとの声もあります。退去後の原状回復工事で壁付けにするなどは入居者サービスとして実施してもよいでしょう。

▣ 各部屋への物理配線

ほとんどの人はインターホン親機にも電子錠にも触れたことがないはずです。どのような仕組みになっているのかイメージしにくいと思いますが、実際は非常にシンプルです。

じつは、インターホン親機も子機も有線LANでつながるAndroidのビデオ電話端末に過ぎません。**図2-8**を参考に電気業者に相談してみてください。

図 2-8　インターホンの配線概念図

各居室

無料インターネット

インターホン部屋側端末（PoE）

管理機器

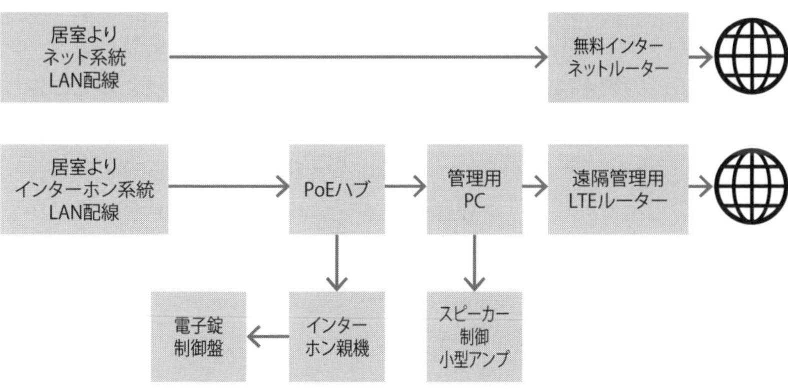

エントランスホール

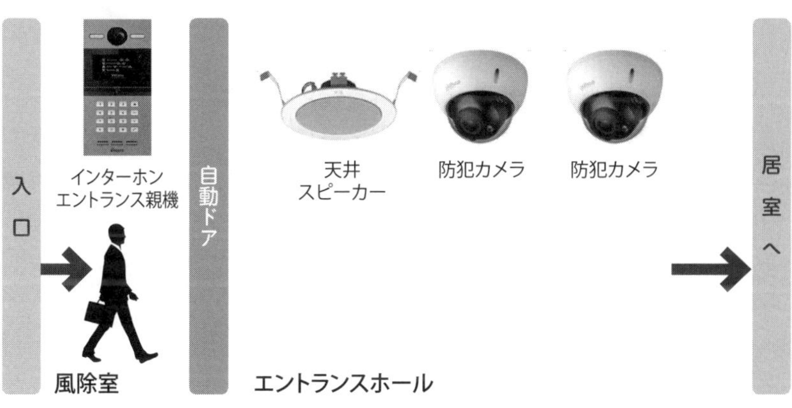

2「IT活用」編

まずは、各部屋に物理的にLAN配線を敷設して壁にLAN端子を新設することが必要です。無料インターネット導入業者ならば、そのような初期工事を低価格で施工してくれます。

工事業者に依頼して、ネット用とインターホン用として物理的に2本のLANケーブルを部屋まで敷設してもらいましょう。

ITに詳しい人なら物理配線は1本で済むことをご存じでしょう。しかし、障害発生時の無料インターネット網とインターホン網との原因切り分けを考えると、2つのネットワークは完全に切り離されているほうが得策です。

管理者変更や20年先のことまで考えると、シンプルな設計が理想です。

各部屋にインターホン用の配線を敷設できたら、共用部の電話配線盤などにPoEハブを設置して各部屋からの配線を接続します。これによりインターホンの室内端末は電源不要となり、LANケーブルの接続だけで動作します。

その後、PoEハブをエントランスのインターホン親機にもつなげればネットワークの構築は完成です。各部屋とインターホン親機でビデオ電話ができるようになりました。

VLAN（Virtual LAN）を使えば、1本のLANケーブルに無料インターネット網とインターホン網を混載できます。部屋側端末は、PoE（Power over Ethernet）ハブに有線LAN接続すれば別途電源は不要で動作します。

▣ インターホン親機と電子錠の接続

次は、インターホン親機と電子錠制御盤との連携です。

仕組みは単純です。インターホン親機にはON/OFFを切り替える原始的な物理スイッチ（A接点）が内蔵されており、その切り替えにより制御盤経由で電子錠を動かします。

インターホン部屋側端末の解錠ボタンを押すとエントランスの電子錠が解錠される仕組み

1. 各室内端末から解錠ボタンを押す
2. 有線 LAN 配線経由でインターホン親機に解錠リクエストを伝える
3. 親機の物理スイッチが閉じてスイッチ ON 状態になる
4. 親機に接続されている自動ドア制御盤が作動する
5. 自動ドア制御盤が扉の電子錠を動かして解錠する

このような仕掛けです。なお、美和ロックの自動ドア制御盤には、一定時間経過後に自動施錠、内側からは無条件解錠など、賃貸マンションのオートロック化に必要な機能は一通り内蔵されており不足はありません。設定変更も自由にできます。

扉に美和ロックの電子錠を内蔵させてインターホン親機を制御盤に接続するなどの工事は、一般的な電気業者や鍵業者に依頼すれば施工してもらえます。

中国製の安価なインターホン機器が長期安定するのか心配でしたが、筆者の複数物件において、のべ数年間動かしたところではフリーズもなく安定稼働しています。

▣IoT 機器を遠隔制御

DNAKE製のインターホン親機は、RFID無線タグでオートロックが解錠できる仕様になっています。

そのため、RFIDタグの登録と解除用に現場にPCを設置する必要があります。このPCに遠隔ログインすれば、現場に出向くことなくRFIDタグの管理をすることができるというわけです。

しかし、普通のWindows PCを設置するだけでは数年間の安定稼働は見込めないのが問題です。

そこで筆者は、「Intel Active Management Technology」という機能を

使ってWindowsがフリーズしたときにも遠隔でリセットできるように設定しました。この設定は筆者のWebサイト（https://ytamagawa.com/x86）で公開しています。

筆者は、さらにこの現場PCにエントランスの放送制御、防犯カメラ録画サーバーなどの機能を一緒に盛り込んで、1台3役で余すところなく使っています。

また、防犯カメラは長期では安定稼働しない機種が多いため、ソフトを自作して機器の故障を常時監視しています。

Column

賃貸業における規模のメリット

大規模化のメリット

● 金融機関との交渉力

大規模化の最大のメリットは、金融機関との交渉力がつくことです。「融資の仕組み」編で説明したように、融資の基本ルールを逸脱することはできませんが、小規模よりは担当者も熱心に取り組んでくれます。

また、金融機関で新しい融資メニューがリリースされた際、大規模事業者はパイプが太く、財務的にも安全な先であるため声がかかりやすいなどの特典もあります。

小規模な高収益率よりも大規模な通常収益のほうが有利な場面も多いといっていいでしょう。

● 大数の法則による安定

規模が大きく多額の利益が出ていたとしても、その収益源がすべて同じであれば過度な集中は危険と判断されるべきです。たとえば、Googleの広告収入だけ、商品は牛丼だけ、といったビジネスが極大化すれば、偏りによる環境急変リスクは想像にかたくないでしょう。

ところが、賃貸業では「同地域、住居物件のみで運営」「短プラに依存する変動金利とNOIのスプレッドが唯一の収益源」のような一点集中で100億円規模で運用しても、不分散について危険性を指摘されることはありません。

むしろ**大規模化すると大数の法則が働き、偶発的なトラブルは想定範囲内のものとなり、突発的な空室や高額修繕に対する耐性が上がります。**

小規模よりも安定するメリットもあるため、むしろ高評価となることが多いでしょう。

その結果、**賃貸業は分散を考えずに急拡大が許される特殊な業種**となっています。このように、事業評価モデルのバグのようなルールがあるならば、それを活用するべきでしょう。

● カスタマイズ対応

本書で述べているような細かいカスタマイズをするには管理会社、税理士の協力が不可欠です。

筆者の関係者も、新たな試みや精緻な管理方法に共感して協力してくれている面もありますが、大口顧客だからこそ対応してくれている面は否めません。

自社業務にほぼ専属の協力者を確保し、密で柔軟な対応を依頼できることも大規模化のメリットといえます。

外部委託とはいえ固定メンバーの現場対応チームが形成されているからこそ、1人で大きな規模を管理できるわけです。

一方で、複数の部屋をまとめてリフォームしたり、継続依頼をしたとしても、それほど個別の金額は安くなりません。

工事は労働集約的な仕事ゆえ、ボリュームディスカウントは効きにくいと考えるべきでしょう。しかし、通常の金額を支払うだけで柔軟に協力してもらえることには十分な価値があります。

大規模とは、多くの関係者に多額の利益配分をしている経済主体でもあるといえるでしょう。

● 研究開発費用の投下

大規模化の副産物として、研究開発費用を投下できることも強みです。

本編ではIoT機器の導入を紹介しましたが、これを自分で研究して実施するのはそれなりに手間暇がかかります。投資時間の回収のためには複数物件で横展開できる見通しがほしいところです。

不動産は、「それぞれ個性的で同じ物件はない」といわれますが、管理面では基本的にどの物件も同じというのが筆者の持論です。

管理テンプレートやアイデアを横展開して収益性向上に結びつけられるのも大規模化のメリットといえます。

● ストレートファイヤーの選択

保有規模が大きくなってくると、「火災保険の保険金請求額 > 保険掛金」となる「勝ち」を継続することは難しくなります。

保険の仕組みを考えれば、数十物件での加入者が大数の法則に抵抗して毎年勝ち続けるのは難しいことが分かるでしょう。

それならば、**火災以外を無保証としたストレートファイヤー契約を検討する手もあります。**ストレートファイヤー契約は汚損、破損などは保険請求できませんが、支払保険料が$\frac{1}{4}$ほどで済むためNOI上昇に寄与します。保険請求の事務手続きや状況説明のための「作文」を免れられることも利点です。

● 地域集中戦略

地元の金融機関で借りて買うことを繰り返せば、おのずと物件の地域分布は特定地域に集中するはずです。

賃貸資産の立地が距離的に近ければ、修繕や管理面では、本来なら細かすぎて受けてもらえない仕事もついでにやってもらえる利点があります。

修繕業者には、複数物件を少しずつ作業して一式作業とカウントしてもらうこともできるでしょう。

このような細かい最適化ができれば高い賃料や入居率を維持できます。

また、賃貸資産が同じ地域に集まっていると地域金融機関からの評価は高い傾向にあり、将来的に地域の大地主として認識されると最優遇条件で付き合いができるメリットもあります。

● シングルテナントビルの低リスク化

本来、シングルテナントビル（大口テナント一先のみへの一棟貸し）は、退去リスクを考慮すると分散された物件よりも割安でなければならないのが金融の理論です。

実際、月額賃料100万円を超える事務所などは、その入居有無が収益の攪乱要因となるため保有できる主体は限られます。

しかし、大規模化すればシングルテナントビルを区分マンション感覚で複数保有してリスク分散を図ることも可能です。

大規模化後の課題

大規模化のデメリットは多くありません。小規模に二〜三棟だけを管理するよりも確実に有利だといえます。

あえていうならば、規模拡大にともない近隣の金融機関はすべて取引ありとなるため新規の金融機関を増やすことができなくなります。拡大するには地元以外にも展開していくことが求められます。

管理すべき書類やアカウントが膨大になることも課題です。通帳、クレジットカード、ワンタイムパスワード、ログインIDなど、少数であれば机に保管するだけで済む書類等の一覧管理が必要になります。

住所を登録する先も増えるため、法人や代表が住所移転をするときには100枚以上の住所変更書類を提出することになるかもしれません。

持ち物が多いことは金融機関から見ても課題となります。**「物件や財務書類が多すぎて見られない」（信金）として、お断りの理由となります。**

じつは、筆者がお断りを受ける理由の多くは、大量の資料を見る工数を投下できないという金融機関側の処理能力的な問題にあります。

また、本書で取り上げるような独自のルールで最適化を進めたい場合、大手の管理会社を選ぶことはできないでしょう。社内規定により対応できない、担当者の当事者意識が希薄など、大企業的な運用では手が行き届きません。

管理人員を自社で雇用するか、私たちの意向を反映して柔軟に対応してもらえる管理会社との連携が必須といえます。

ただし、**管理できる主体が限られることは人的依存を生みます。特定の管理会社への依存の高さは事業リスク**にもなり得ます。

3

「税知識」編

賃貸業における最大の経費である税金への理解を深めましょう。賃貸業の経営者は税の専門家でなくてはなりません。
賃貸資産の運用時に必要な税の知識は、法人税、事業税、減価償却、消費税、そして規模が大きくなってきたらグループ法人税制。これだけです。
本編では、「賃貸業としてはこれだけ知っておけば十分」という税の論点をまとめます。
なお、法人税、事業税、減価償却については姉妹書『Excelでできる 不動産投資「収益計算」のすべて』で詳説しているため、本編では消費税とグループ法人税制を中心に解説します。

3-1 減価償却の要点

賃貸業で必要となる減価償却の理解から始めます。

賃貸業における減価償却は、ほとんどが建物と大規模修繕工事です。どの項目が何年で償却されて、損益へのインパクトがどれほどとなるかを把握しましょう。

賃貸業における減価償却の要点

賃貸業で必要な減価償却の知識は次の通りです。概要としてはこれだけ知っておけば十分でしょう。

1. 30万円までの支出（本社備品、CAPEXどちらも）は全額が当期の損金になる
2. 不動産売買契約に価格按分がある通り、土地と建物は別々に購入したものと考える
3. 購入時の諸費用は土地と建物に按分し、建物相当分については減価償却が必要
4. CAPEXを償却資産として計上すると建物取得価額が上がるのと同じ効果がある
5. 建物取得価額（簿価）が上がる ＝ 仕入原価が上がる ＝ 売却時の売却益が減る
6. 売却年のCAPEXは全額が当期損金になることと同じ
7. 建物やCAPEXを早期償却すれば当期の税は少なくなるが売却時の税は増える
8. 賃貸業における減価償却は税の支払時期の繰延に過ぎず、利益の増加には貢献しない

＊ CAPEX（キャペックス） = Capital Expenditure = 資本的支出。付加価値のためのリノベーション工事などの支出。原状回復と修繕を除く

減価償却の理解

減価償却を詳しく理解していきます。まずは、長期償却しなければならない資産と、当期に一括損金にできる資産の境界を知りましょう。

償却の判定は、**図3-1**のようにまとめることができます。

10～20万円の物品（物件工事やCAPEXを含む）を購入した場合、少額減価償却資産の特例と一括償却資産のどちらにも当てはまるため、どちらかを任意に選べることが特徴です。

これは、一括償却資産（1998年以降）の制度が走っている状態で、あとから少額減価償却資産の特例（2003年以降）が追加されたために金額範囲の重複が生まれているものと考えられます。

図3-1　減価償却と特例一覧

購入品の金額	名称	償却方法	金額上限	上限超過分	想定される支出例	特徴
30万円++	通常の減価償却	定率法、定額法、非償却のいずれか	なし	N/A	物件のCAPEX工事	建物は定額法、土地は非償却
10～30万円	少額資産の特例	当期一括損金	300万円/年	一括償却資産を適用	事務所内家具	中小企業の税制特例。30万円までの資産購入は当期損金
10～20万円	一括償却資産	3年間で毎年1/3ずつ損金化（均等償却）	なし	N/A	パソコンや業務ソフト	当期取得の複数のパソコンなどを1つの一括償却資産としてまとめて登録
～10万円	通常の消耗品等	当期一括損金	なし	N/A	アマゾン購入品	小口の一般消耗品など。当期損金
土地	資産計上	非償却	なし	N/A	賃貸資産、自社利用物件	付帯費用も取得価額に含める
建物	通常の減価償却	定額法償却	なし	N/A	同上	同上

※ 少額資産の特例 = 中小企業者等の少額減価償却資産の取得価額の損金算入の特例

粗くまとめるならば、**30万円未満の備品は全額を当期損金にできます。ただし、1年間の累積で300万円まで**です。

本書の読者の皆さんならばすでにご存じと思いますが、減価償却は月割り（一括償却資産のみ年割り）です。定額法は毎年定額を損金計上、定率法は規定率を掛け算して損金化します。一般的に定率法のほうが損金計上できるタイミングは早くなります。

賃貸業では、資産の内容により定額法と定率法のどちらを採用するべきかはおおよそ決まっています。

なお、一般的な減価償却の解説とは異なり、**本書では、業績の安定した賃貸業において減価償却を前倒しでとることに大きなメリットはないと結論づけています**。そのため、減価償却については深掘りせず基礎的な知識にとどめます。

建物償却と土地の非償却

税務上、賃貸資産の購入時は土地と建物を別々に購入したと考えることが必要です。

仲介手数料、登録免許税、固都税精算金などの付帯費用は、土地建物の金額割合で按分してそれぞれに分離して計上します。**土地は付帯費用も含めて非償却、建物は付帯費用も含めて定額法で償却します。**

このような処理をすることから考えれば、**税務的には、諸費用も（土地や）建物の一部と認識している**といえます。

そのため、**他書では付帯費用は建物価格に上乗せ合算して建物取得価額を算出すると説明されていることが多いと思いますが、本書では図3-2の通り土地建物に上乗せせず、それぞれ別の資産として計上しています。**

図 3-2　固定資産リスト計上例

資産種類名	償却方法	資産名称	取得年月日	耐用年数(年)	取得後経過年(目安)	残存耐用年(目安)	取得価額	期首帳簿価額	当期年間償却額	期末帳簿価額	購入後のCAPEX	摘要
建物	定額法	22601 コアプラスタワー大阪301号室(中古)	20210830	25	1	24	¥4,088,823	¥4,020,676	¥163,552	¥3,857,124	0	鉄筋鉄骨コンクリート造 大阪市東淀川区
建物	定額法	22602 コアプラスタワー大阪301号室(中古)	20210830	25	1	24	¥11,770	¥11,574	¥470	¥11,104	0	固都税精算額 大阪市東淀川区
建物	定額法	22603 コアプラスタワー大阪301号室(中古)	20210830	25	1	24	¥49,738	¥48,910	¥1,989	¥46,921	0	登録免許税 大阪市東淀川区
建物	定額法	22607 コアプラスタワー大阪301号室	20211231	25	1	24	¥52,300	¥52,300	¥2,092	¥50,208	0	不動産取得税
土地	非償却	22604 コアプラスタワー大阪301号室	20210830	-	-	-	¥2,611,177	¥2,611,177	-	¥2,611,177	0	大阪市東淀川区
土地	非償却	22605 コアプラスタワー大阪301号室	20210830	-	-	-	¥7,517	¥7,517	-	¥7,517	0	固都税精算額
土地	非償却	22606 コアプラスタワー大阪301号室	20210830	-	-	-	¥31,764	¥31,764	-	¥31,764	0	登録免許税
土地	非償却	22608 コアプラスタワー大阪301号室	20211231	-	-	-	¥16,600	¥16,600	-	¥16,600	0	不動産取得税

これは、売買契約書上の土地建物価格と資産計上される価格の不一致を防ぎ、金融機関が見たときに分かりやすくするための工夫です。「土地建物簿価と不動産売買契約の価格が一致していないが、その理由は？」（地銀）などの問い合わせを避けることができます。

また、資産管理の観点から内訳が不明なデータの入力は避けたいという理由もあります。

前述の通り、賃貸業における主要な資産である建物は定額法による償却を行います。

一部の宅配ボックスやポストなどは器具備品として定率法で償却しますが、金額が小さいので全体に与える影響は限定されるはずです。そのため、賃貸業では償却資産のほとんどが定額法になるはずです。

次に、各資産の償却年数を確認しましょう。鉄筋コンクリート 47年など融資の際に参照する法定耐用年数は既知と思いますが、税務上の中古建物償却年数はそれとは異なります。

税務上の償却年数

中古建物の減価償却年数 ＝ 法定耐用年数の残存年数＋経過年数 ×0.2

＊ 1 年未満は端数切り捨て

税務上の償却年数は、法定耐用年数よりも長くなります。また、**法定耐用年数を超過した建物でも木造 4年、鉄筋コンクリート 9年など規定の期間で減価償却していく**ことを覚えておきましょう。

▣ 土地の非償却

土地とその付帯費用は償却資産一覧に計上しますが、減価償却されることはありません。売却するまで償却資産一覧に計上した価額は変動しないことが重要です。

土地の価値は市況に応じて騰落しますが、使用によって減耗するものではないので土地は減価償却できないと理解しましょう。市況が悪化して地価が下がっても評価額を洗い替えすること（減損処理）は、ほとんどの賃貸業において発生しません。

なお、海外には地価上昇局面のニュージーランドのように、毎年不動産価格が上がる ➡ 建物は減価していない ➡ 土地だけでなく建物も減価償却できない、といった特殊なルールの国もありました。

建物CAPEXの減価償却

建物に対するCAPEXは償却対象です。税務申告を委託する税理士のポリシーにも依存しますが、賃貸資産における室内外のCAPEXは10～15年の定額法で償却することが多いと思われます。

なお、当期一括となる修繕と、償却となるCAPEXの線引きには原則が存在するものの、実務的にはその判定は税務署、税理士の各人により見解が異なるため本書では立ち入りません。

3-2 法人税等の要点

年度末には、金融機関と税務の双方を意識して試算表を作成します。

融資や売却時の税（建物簿価）を考えると、賃貸業は当期の納税が少なければいいとは限りません。それも踏まえて課税の最適化を考えましょう。

売上や経費はあとから変更できませんので、先に税率や税のルールを理解して、最適となるように売上や経費の計画を立てていくのが正しい考え方です。

なお、法人税等の込み入った分析とシミュレーションは姉妹書『Excelでできる 不動産投資「収益計算」のすべて』で解説しているため、本書では結論だけを示します。

図 3-3　法人課税所得 800 万円の税額計算例（2022 年度版）

法人の税引前利益	¥8,000,0

項目	税率
法人税　所得（800万円まで）	15.00
法人税　所得（800万円超）	23.40
復興税	0.00
法人住民税（均等割）	
[法人住民税（法人税割）の条件分岐]	
a1.法人税が1,000万円超の場合　道府県民税相当分	2.00
a2.同上 市町村民税相当分	8.40
b1.法人税が1,000万円以下の場合 道府県民税相当分	1.00
b2.同上 市町村民税相当分	6.00
[法人事業税(所得割) の条件分岐]	
a.所得2500万円以下の場合	
法人事業税(所得割) 所得（400万円以下）	3.50
法人事業税(所得割) 所得（400万円超800万円以下）	5.30
法人事業税(所得割) 所得（800万円超）	7.00
b.所得2500万円超の場合	
法人事業税(所得割) 所得（400万円以下）	3.75
法人事業税(所得割) 所得（400万円超800万円以下）	5.66
法人事業税(所得割) 所得（800万円超）	7.48
事業税（地方法人特別税）	0.00
地方法人税	10.30
特別法人事業税	37.00

※厳密には、税前利益ではなく課税所得を入力してください。
※2022年10月現在の東京都区における中小法人に対する税率（他県もほぼ同
※法人事業税(所得割)は来期の損金になります。
※住民税（均等割）は東京都豊島区に本社のみ支社なし従業員50人以下を想
※3都道府県以上に事業所がある場合、法人事業税(所得割) は一律7.0%

2022年10月現在

税標準	税額	納税種目	納税額計
¥8,000,000	¥1,200,000	法人税	¥1,200,000
¥0	¥0	復興税	¥0
¥1,200,000	¥0	住民税（法人税割）	¥84,000
	¥70,000	住民税（均等割）	¥70,000
		法人事業税(所得割)	¥352,000
¥0	¥0	事業税（地方法人特別税）	¥0
¥0	¥0	地方法人税	¥123,600
¥1,200,000	¥12,000	特別法人事業税	¥130,240
¥1,200,000	¥72,000	納税額合計	¥1,959,840
		実効税率	24.50%
¥4,000,000	¥140,000		
¥4,000,000	¥212,000		
¥0	¥0		
¥0	¥0		
¥0	¥0		
¥0	¥0		
¥352,000	¥0		
¥1,200,000	¥123,600		
¥352,000	¥130,240		

賃貸業における法人税等 10の要点

賃貸資産の運用開始後における法人税等の要点は多くありません。

賃貸業における法人税等の要点

1. 「法人税等」とは、法人所得税、法人住民税（均等割・法人税割)、地方法人税、法人事業税、特別法人事業税の総称
2. 法人住民税均等割は赤字でも定額7万円/年
3. 資本金を増やすと法人住民税均等割は増える
4. 事業税は翌期の損金になる
5. 当期損金となる事業税はP/Lには現れないため別途確認が必要
6. 課税対象は課税所得であり、税引前利益ではない
7. 課税所得は一般的に［税引前利益 － 当期に支払した事業税等］の額となる
8. 課税所得が800万円なら25%の実効税率
9. 課税所得800万円を100万円超えるごとに37万円の税支払(37%)
10. 実効税率で考えずに利益増加額に対する税額で考える

＊ 復興税、地方法人特別税は廃止されている

法人税率の計算

賃貸業の最大の経費といえる法人税等について見ていきます。

法人税等に含まれるものをまとめたのが前ページの**図3-3**のExcelシートです。利益額が決まると、それぞれが連動して自動計算される仕組みになっています。

それならば複数の税に分割せずに一本化してシンプルにできるはずですが、現在の徴税方法は多くの税に分かれていて納税窓口も別という非効率

が残っています。

本書の読者の皆さんには、各税の詳細を説明するよりも納税額の計算式を提供するのがいいでしょう。

本書の特典として、図3-3の法人税等を自動計算するExcelシートを提供しています。筆者のWebサイト（https://ytamagawa.com/x86）からダウンロードしてください。[法人の課税所得]欄に所得を入力するだけですべての値が自動計算されます。利用規約はP.6をご覧ください。

▣法人税等の実効税率

法人税等の実効税率については読解方法の解説が必要でしょう。まずは、法人と個人の税率早見表を見てください（**図3-4～図3-6**）。

次ページの図3-4の法人実効税率早見表の見どころは、**課税所得800万円までは中小企業に対する税制優遇措置により25%程度と税率が低い**ことです。

不動産賃貸業の大規模化を考えるなら、最初から法人で物件保有を検討すべきといわれる理由はこの税率設定にあります。

仮に1,500万円の利益が出たとしても800万円までの税率が低いため、全体では30.4%の税率で済みます。中小企業は優遇されているといえるでしょう。

多くの人はこのように考えるわけですが、このような利益全体に対する実効税率の考え方は間違ってはいないものの、その内訳に注目すると見え方がまったく変わります。

▣増加利益に対応する税率

再び図3-4を見てください。

800万円を超えた利益については中小企業者等の法人税の軽減税率の対象外となり、優遇がはずれるため税率が上がります。

800万円を超えて100万円の利益が出るごとに37万円（37%）もの納税が発生することになります。

このような仕組みであるため、全体の税率で考えずに次のように考えることが必要です。

図 3-4　法人実効税率早見表（2022 年度版）　2022 年 10 月現在

税引前利益	納税額合計	実効税率	追加利益100万円に対する税額	摘要
100 万円	29 万円	29.4%	29 万円	
200 万円	52 万円	25.9%	22 万円	
300 万円	74 万円	24.7%	22 万円	
400 万円	97 万円	24.1%	22 万円	税引前利益400万円
500 万円	121 万円	24.3%	25 万円	
600 万円	146 万円	24.4%	25 万円	
700 万円	171 万円	24.4%	25 万円	
800 万円	196 万円	24.5%	25 万円	税引前利益800万円
900 万円	233 万円	25.9%	37 万円	
1000 万円	270 万円	27.0%	37 万円	
1100 万円	307 万円	27.9%	37 万円	
1200 万円	344 万円	28.7%	37 万円	
1300 万円	381 万円	29.3%	37 万円	
1400 万円	418 万円	29.9%	37 万円	
1500 万円	455 万円	30.4%	37 万円	
1600 万円	492 万円	30.8%	37 万円	
1700 万円	529 万円	31.1%	37 万円	
1800 万円	566 万円	31.5%	37 万円	
1900 万円	603 万円	31.8%	37 万円	
2000 万円	640 万円	32.0%	37 万円	
2500 万円	826 万円	33.0%	37 万円	税引前利益2,500万円
3000 万円	1029 万円	34.3%	38 万円	
3500 万円	1217 万円	34.8%	38 万円	
4000 万円	1406 万円	35.1%	38 万円	
4500 万円	1594 万円	35.4%	38 万円	
4600 万円	1666 万円	36.2%	72 万円	法人税納税額1,000万円
5000 万円	1820 万円	36.4%	38 万円	
5500 万円	2013 万円	36.6%	38 万円	
6000 万円	2205 万円	36.7%	38 万円	
6500 万円	2397 万円	36.9%	38 万円	
7000 万円	2590 万円	37.0%	38 万円	
7500 万円	2782 万円	37.1%	38 万円	
8000 万円	2975 万円	37.2%	38 万円	
8500 万円	3167 万円	37.3%	38 万円	
9000 万円	3360 万円	37.3%	38 万円	
9500 万円	3552 万円	37.4%	38 万円	
10000 万円	3745 万円	37.4%	38 万円	

※ 国税庁などの発表をもとに筆者作成。1万円未満は四捨五入

図 3-5　個人実効税率早見表（2022 年度版）

2022 年 10 月現在

	不動産税引前利益（万円）								
本業年収（万円）	0	100	200	300	500	1000	1500	2000	2500
0	N/A	15.4%	13.0%	14.6%	21.0%	29.3%	35.8%	39.5%	42.7%
100	15.7%	8.7%	10.8%	12.5%	18.5%	27.2%	33.9%	37.9%	41.3%
200	17.4%	13.3%	13.8%	14.7%	19.5%	27.2%	33.5%	37.5%	40.9%
300	19.6%	16.1%	16.0%	16.8%	21.1%	28.2%	33.9%	37.7%	41.0%
400	20.6%	17.5%	17.7%	18.6%	22.4%	29.0%	34.2%	38.0%	41.1%
500	21.0%	18.7%	18.9%	20.4%	23.4%	29.9%	34.6%	38.4%	41.3%
600	22.3%	20.2%	21.0%	22.1%	24.5%	30.8%	35.0%	38.8%	41.5%
700	23.4%	21.8%	22.7%	23.6%	25.7%	31.7%	35.5%	39.2%	41.8%
800	25.0%	23.4%	24.1%	24.7%	26.7%	32.5%	36.1%	39.7%	42.1%
900	25.8%	24.3%	24.8%	25.4%	27.5%	33.1%	36.7%	40.0%	42.4%
1000	26.6%	25.2%	25.7%	26.3%	28.8%	33.8%	37.4%	40.5%	42.7%
1100	27.6%	26.3%	26.9%	27.6%	30.2%	34.6%	38.2%	41.1%	43.1%
1200	28.8%	27.5%	28.3%	29.4%	31.7%	35.5%	39.2%	41.8%	43.7%
1300	29.7%	28.6%	29.6%	30.5%	32.6%	36.2%	39.7%	42.2%	44.0%
1400	30.8%	29.8%	30.7%	31.5%	33.3%	36.9%	40.2%	42.5%	44.2%
1500	32.0%	31.0%	31.7%	32.4%	34.0%	37.6%	40.7%	42.8%	44.5%
1600	32.9%	31.8%	32.5%	33.1%	34.6%	38.2%	41.1%	43.1%	44.7%
1700	33.6%	32.6%	33.2%	33.8%	35.1%	38.8%	41.4%	43.4%	44.9%
1800	34.2%	33.2%	33.7%	34.2%	35.6%	39.2%	41.7%	43.6%	45.0%
1900	34.7%	33.7%	34.2%	34.7%	36.2%	39.6%	42.0%	43.8%	45.1%
2000	35.2%	34.2%	34.6%	35.1%	36.8%	40.0%	42.2%	43.9%	45.3%
2100	35.6%	34.6%	35.1%	35.8%	37.3%	40.3%	42.5%	44.1%	45.5%
2200	35.9%	35.1%	35.8%	36.4%	37.8%	40.6%	42.7%	44.3%	45.7%
2300	36.5%	35.8%	36.4%	36.9%	38.3%	41.0%	42.9%	44.4%	45.9%
2400	37.1%	36.4%	36.9%	37.5%	38.7%	41.2%	43.1%	44.6%	46.2%
2500	37.7%	36.9%	37.4%	37.9%	39.1%	41.5%	43.3%	44.7%	46.3%
2600	38.4%	37.7%	38.2%	38.6%	39.7%	42.0%	43.6%	45.1%	46.7%
2700	39.4%	38.6%	39.0%	39.4%	40.5%	42.6%	44.1%	45.7%	47.1%
2800	39.8%	39.0%	39.4%	39.8%	40.8%	42.8%	44.3%	45.9%	47.3%
2900	40.2%	39.4%	39.8%	40.2%	41.1%	43.0%	44.4%	46.1%	47.5%
3000	40.5%	39.8%	40.1%	40.5%	41.4%	43.2%	44.7%	46.3%	47.6%
3100	40.9%	40.1%	40.5%	40.8%	41.6%	43.4%	44.9%	46.5%	47.8%
3200	41.2%	40.5%	40.8%	41.1%	41.9%	43.5%	45.1%	46.7%	47.9%
3300	41.5%	40.8%	41.1%	41.3%	42.1%	43.7%	45.4%	46.8%	48.1%
3400	41.7%	41.1%	41.3%	41.6%	42.3%	43.9%	45.6%	47.0%	48.2%
3500	42.0%	41.3%	41.6%	41.8%	42.5%	44.1%	45.8%	47.2%	48.3%
3600	42.3%	41.6%	41.8%	42.1%	42.7%	44.4%	46.0%	47.3%	48.4%
3700	42.5%	41.8%	42.1%	42.3%	42.9%	44.6%	46.2%	47.5%	48.6%
3800	42.7%	42.1%	42.3%	42.5%	43.1%	44.8%	46.4%	47.6%	48.7%
3900	42.9%	42.3%	42.5%	42.7%	43.3%	45.1%	46.5%	47.8%	48.8%
4000	43.1%	42.5%	42.7%	42.9%	43.6%	45.3%	46.7%	47.9%	48.9%
4100	43.3%	42.7%	42.9%	43.1%	43.8%	45.5%	46.9%	48.0%	49.0%
4200	43.5%	42.9%	43.1%	43.3%	44.1%	45.7%	47.0%	48.2%	49.1%
4300	43.6%	43.1%	43.3%	43.6%	44.3%	45.9%	47.2%	48.3%	49.2%
4400	43.9%	43.3%	43.6%	43.9%	44.6%	46.1%	47.3%	48.4%	49.3%
4500	44.1%	43.6%	43.9%	44.1%	44.8%	46.3%	47.5%	48.5%	49.4%
4600	44.4%	43.9%	44.1%	44.4%	45.0%	46.4%	47.6%	48.6%	49.5%
4700	44.6%	44.1%	44.3%	44.6%	45.2%	46.6%	47.8%	48.7%	49.6%
4800	44.9%	44.3%	44.6%	44.8%	45.4%	46.8%	47.9%	48.8%	49.7%
4900	45.1%	44.6%	44.8%	45.0%	45.6%	46.9%	48.0%	48.9%	49.8%
5000	45.3%	44.8%	45.0%	45.2%	45.8%	47.1%	48.1%	49.0%	49.8%

※ 国税庁、東京都主税局、日本年金機構などの発表をもとに筆者作成

図 3-6　個人の給与収入増加分に対する税率

2022年10月現在

本業年収	全体の実効税率	概算税額	追加給与100万円に対する税額
100万円	15.7%	16万円	15.7 万円
200万円	17.4%	35万円	19.0 万円
300万円	19.6%	59万円	24.2 万円
400万円	20.6%	82万円	23.3 万円
500万円	21.0%	105万円	22.8 万円
600万円	22.3%	134万円	29.0 万円
700万円	23.4%	164万円	29.8 万円
800万円	25.0%	200万円	36.1 万円
900万円	25.8%	232万円	32.2 万円
1000万円	26.6%	266万円	34.2 万円
1100万円	27.6%	304万円	37.7 万円
1200万円	28.8%	346万円	41.9 万円
1300万円	29.7%	386万円	39.6 万円
1400万円	30.8%	432万円	46.0 万円
1500万円	32.0%	480万円	48.3 万円
1600万円	32.9%	526万円	46.0 万円
1700万円	33.6%	572万円	46.0 万円
1800万円	34.2%	616万円	43.7 万円
1900万円	34.7%	659万円	43.7 万円
2000万円	35.2%	703万円	43.7 万円
2100万円	35.6%	747万円	43.7 万円
2200万円	35.9%	790万円	43.7 万円
2300万円	36.5%	841万円	50.1 万円
2400万円	37.1%	891万円	50.8 万円
2500万円	37.7%	942万円	50.8 万円
2600万円	38.4%	1,000万円	57.4 万円
2700万円	39.4%	1,064万円	63.9 万円
2800万円	39.8%	1,114万円	50.8 万円
2900万円	40.2%	1,165万円	50.8 万円
3000万円	40.5%	1,216万円	50.8 万円
3100万円	40.9%	1,267万円	50.8 万円
3200万円	41.2%	1,318万円	50.8 万円
3300万円	41.5%	1,369万円	50.8 万円
3400万円	41.7%	1,419万円	50.8 万円
3500万円	42.0%	1,470万円	50.8 万円
3600万円	42.3%	1,521万円	50.8 万円
3700万円	42.5%	1,572万円	50.8 万円
3800万円	42.7%	1,623万円	50.8 万円
3900万円	42.9%	1,674万円	50.8 万円
4000万円	43.1%	1,724万円	50.8 万円
4100万円	43.3%	1,775万円	50.8 万円
4200万円	43.5%	1,826万円	50.8 万円
4300万円	43.6%	1,877万円	50.8 万円
4400万円	43.9%	1,930万円	52.8 万円
4500万円	44.1%	1,986万円	55.9 万円
4600万円	44.4%	2,042万円	55.9 万円
4700万円	44.6%	2,098万円	55.9 万円
4800万円	44.9%	2,154万円	55.9 万円
4900万円	45.1%	2,209万円	55.9 万円
5000万円	45.3%	2,265万円	55.9 万円

※ 扶養控除、住宅ローン控除等なしの試算。筆者作成

- 700万円から800万円に課税所得が増えると税額が25万円増える
- したがって100万円の超過利益に対する税率は25%
- 同800万円から900万円だと100万円の超過利益に対する税率は37%
- 法人も個人も考え方は同じ

このように要素を分けて考えれば同じ税額でも違う見え方になるはずです。

▣ 最適な利益額

では、課税の最適化はどのように考えるべきでしょう。

結論としては、法人の課税所得は800万円が最適といえます。実効税率は25%程度です。

仮に一法人で一物件だけを保有して、年間2,500～3,000万円の賃料収入があれば、おおよそ税引前利益は800万円前後に着地するでしょう。

それを超える利益が出る状況になれば、新しい法人を作って利益分散を図ることも可能です。

▣ 最適な役員報酬

役員報酬はどのように設定するべきでしょう。税率だけを考えれば次のような流れで決めることができます。

1. 法人課税所得の800万円超過分（税率37%）を役員報酬に割り振る
2. 役員報酬を100万円増やしたときの個人の税引後所得の増加額と、それを作るために費やす法人費用を除して実効税率を計算
   (法人費用 ＝ 役員報酬 ＋ 保険年金の会社負担分)
3. 2.の税率が37%以下になる範囲で役員報酬を積み上げていく

役員の税引後所得を作るために法人が支払った総費用を計算し、差額を税と認識しています。法人と個人を一体と考えるならば、このようにとらえるのが正しいでしょう。

図 3-7　個人年収 1,000 万円の税額計算例 (2022 年度版)

本業年収	
年収	¥10,000,000
給与所得控除	¥1,950,000
所得税基礎控除	¥480,000
所得税配偶者控除	¥380,000
扶養控除等(所得控除計)	¥380,000
住宅ローン控除等(税額控除計)	¥0
所得税社会保険控除	¥1,283,910
所得控除額合計	¥4,473,910
課税給与所得	¥5,526,090
所得税率	20%
所得税控除	¥427,500
所得税額	¥677,718
所得税実効税率	6.78%
復興税率	2.1%
復興税額	¥14,232
住民税計算用給与所得額	¥8,050,000
住民税均等割	¥5,000
住民税率	10%
住民税控除	¥1,943,910
住民税課税される金額	¥6,106,090
住民税調整控除	¥5,000
住民税額	¥610,609
住民税実効税率	6.11%
厚生年金額	¥713,700
会社が負担する年金額	¥713,700
厚生年金等級	32(最高料率)
厚生年金実効税率	7.14%
健康保険金額	¥570,210
会社が負担する健康保険額	¥570,210
健康保険等級	40
健康保険実効税率	5.70%

不動産収入
不動産投資の税引前利益
税額控除合計
合算対象給与所得
青色申告控除
所得額合計
所得税率
所得税控除
所得税額
所得税実効税率
復興税率
復興税額
住民税計算用所得額
住民税均等割
住民税率
住民税控除
住民税課税される金額
住民税調整控除
住民税額
住民税実効税率
個人事業税

※勤務先の厚生年金・社会保険
加入している場合は不動産所得
増減により保険料が変わること
ありません。

※健康保険には介護保険を含みます
※本人＝会社員、妻1収入なし、同居大学生1
※住宅ローン控除は株など証券、不動産、給与の所得合計が2,000万円以上になると受けられま
※本試算は株式など証券取引の所得はない前提です
※住民税の税率は特別区民税6%都民税4%の合計10%
※所得控除は本業給与のみから差し引かれる仕様です
※以下の控除は自身で計算して合計して結果を所得控除か税額控除に入力してください
雑損控除、医療費控除、小規模企業共済等掛金控除
生命保険料控除、地震保険料控除、寄附金控除、
障害者控除、寡婦控除、ひとり親控除、勤労学生控除、扶養控除

¥0
¥0
5,526,090
¥0
5,526,090
20%
¥427,500
¥677,718
6.78%
2.1%
¥14,232
8,050,000
¥5,000
10%
1,943,910
6,106,090
¥5,000
¥610,609
6.11%
¥0

納税額試算	
本業の給与収入のみの場合	
本業年収	¥10,000,000
所得税	¥677,718
住民税	¥610,609
復興税	¥14,232
健康保険+年金	¥1,283,910
健康保険と年金を抜いた税額合計	¥1,302,559
健保年金を含む納税額計	¥2,586,469
税(健保年金含む)引後手取り	¥7,413,531
所得税・住民税・復興税実効税率	13.03%
同＋健保年金実効税率	25.86%

不動産所得が増えた場合	
本業年収	¥10,000,000
不動産収入	¥0
収入合計	¥10,000,000
所得税	¥677,718
住民税	¥610,609
復興税	¥14,232
個人事業税	¥0
健康保険+年金	¥1,283,910
健康保険と年金を抜いた税額合計	¥1,302,559
健保年金を含む納税額計	¥2,586,469
税(健保年金含む)引後手取り	¥7,413,531
所得税・住民税・復興税実効税率	13.03%
同＋健保年金実効税率	25.86%

不動産所得が増えたことによる税負担増加額	
収入増	¥0
所得税増	¥0
住民税増	¥0
復興税増	¥0
個人事業税増	¥0
健康保険+年金増	¥0
健康保険と年金を抜いた納税額計増	¥0
健保年金を含む納税額計増	¥0
税引後手取り増	¥0
所得税・住民税・復興税実効税率増	0.0%
同＋健保年金実効税率増	0.0%
不動産所得が増えた部分の実効税	0.0%

この計算方法では役員報酬600万円程度で実効税率37%を超え、600万円以上の役員報酬を得るよりも、法人税等として納税したほうが税引後所得は増える計算になります。厚生年金保険・健康保険の会社負担が重いため、低い損益分岐点となっています。

ただし、現実的には融資審査目線で見たときのバランスや、役員報酬が少ないと役員貸付が発生するなどの問題もあるため、1,000万円程度に設定してもいいでしょう。

法人800万円、個人1,000万円と割り振れば、全体への税率は25%程度となりバランスのいい着地といえます。一法人だけ経営するのであれば1,800万円ほどの利益が出ている状態が心地いいといえます。

これまで論じてきた個人所得を計算で理解するため、本書の特典として個人所得の実効税率を計算するExcelシートを提供しています（**図3-7**）。筆者のWebサイト（https://ytamagawa.com/x86）からダウンロードしてください。

［年収］欄に個人年収を入力するだけですべての値が自動計算されます。P.6の利用規約を確認の上、ご利用ください。

▣ 減価償却の先取り

「800万円以上の利益を得れば超過分に対する税負担は重い。800万円以下では中小企業優遇枠を使いきれていない。したがって、課税所得は毎年800万円で安定が最適」――これが本書の考え方です。

賃貸業は、おおよそ毎年同じ利益が発生するビジネスモデルです。その前提から考えると、来期の損金を先取りすることにより当期で利益圧縮をすれば、来期の損金が減り、将来の税額が増えるだけのこともあります。

そのため、**長期で見れば減価償却の先取りで当期の税額を減らすことよりも、課税所得を毎年800万円にすることが納税の最適化**と考えることができます。

なお、賃貸資産の長期保有後は、購入額以下で賃貸資産を売却しても税務上の利益は多額に発生する仕組みになっています。

売却時に多額の利益と納税が発生することは不可避といえるでしょう。減価償却を先取りして簿価を下げてしまうと売却時の税負担が重くなります。

減価償却の先取りを検討するならば、売却時までの全期間について納税のシミュレーションをするべきです。

本編の税率計算では、事業税を翌期の損金とせず、全額を当期の税負担とシミュレーションしているため、OECD（経済協力開発機構）などが公表する日本の実効税率とは合いませんが、大差とはならず論旨は変わりません。

事業税調整の計算

法人事業税についても理解しましょう。法人事業税が翌年の損金になる点は重要です。試算表を見ながら考えるべきは、損金となる事業税を考慮に入れた上での最適な着地です。

事業税等の損金計上タイミングは複雑です。いつの事業年度に対応した税であるかは考慮せず、当期に実支払した額が当期の損金になります。そのため、損金算入される額はP/Lには現れません。当期の支払額を記録しておきましょう。

- 事業税等 ＝ 法人事業税額 ＋ 特別法人事業税額
- 当期の予定納税額 ＝ 前期の事業税等 × $\frac{1}{2}$
- 当期の事業税等損金算入額 ＝ 今期の事業税等実支払額 ＝（前期の事業税等 － 前期に予定納税した額）＋ 今期の予定納税額
- 当期の課税所得 ≒ 税引前利益 － 当期の事業税等損金算入額

＊法人税、消費税の予定納税は影響しない。事業税の還付はマイナス計上

税引前利益ではなく、税引前利益から事業税の当期実支払などを差し引いたあとの額（＝課税所得）が課税対象となることに注目してください。

事業税等による調整により税引前利益と課税所得がどれだけ乖離するかの確認は、(12月決算ならば) 毎年4月くらいまでにするといいでしょう。

賃貸資産を売却して利益が出た翌期などは事業税等の支払が多額となるため、何もせずとも課税所得が減少します。大きな税引前利益を計上しても低税率で済む可能性があるわけです。

課税所得を意識せず税引前800万円が最適な課税水準と理解すると、実際は課税所得の調整が入り、中小企業の優遇枠を活かせないことになってしまいます。

3-3 消費税の概要

賃貸業における消費税 18の要点

法人税等の次は消費税を理解しましょう。本編の本題となりますが、消費税は非常に複雑であるため賃貸業で必要な部分だけを効率的に学習するのがいいでしょう。

賃貸業における消費税の要点は次の通りです。これ以外の要素は筆者の会社の税務では出てきたことがありません。賃貸業で必要な知識をほぼ網羅しているといえます。

法人設立時

1. 消費税には「免税」「簡易課税」「原則課税」の３つの課税事業者ステータスがある
2. 法人設立時の資本金が999万円以下ならば第１期と２期は免税事業者になれる
3. 住居物件を購入なら免税で、店舗事務所物件なら原則課税で法人を設立
4. 支払消費税の還付計算のために個別対応方式と一括比例配分方式のいずれかを選択

物件購入時

5. 消費税の還付が受けられるのは原則課税だけ
6. 通常、店舗事務所を購入した場合、建物消費税が全額還付さ

れる

7. 建物消費税の還付を受けたら翌期、翌々期は原則課税が強制継続される
8. 住居物件の建物消費税は還付できず、消費税の全額が損金となる
9. インボイス制度により、免税事業者から購入した店舗事務所物件は消費税が還付できない

賃料請求時

10. 実態が住居利用の賃貸区画の賃料は非課税売上。それ以外は課税売上になる

修繕時

11. 住居物件への 1,000 万円以上の CAPEX は消費税が還付されない

物件売却時

12. 物件売却時は課税事業者ステータスにより建物消費税の納税額が変わる
13. 一棟物件売却の 2 期先は原則課税に変更となることが多い
14. 賃貸資産を購入後 3 年以内に売却した場合は住居物件でもほぼ全額の消費税が還付される

決算時

15. 還付されなかった消費税は雑損失または繰延消費税として損金となる
16. 課税事業者になっても再び条件を満たせば免税事業者に戻れる

17. 賃貸業では支払消費税は一部しか還付されないことが多い
18. 翌期以降に課税売上割合が著しく低下した場合、過去に還付された消費税の返納義務がある

簡潔にまとめることを優先したため厳密には正しくない説明になっている部分もあります。まとめきれていない部分は、これから詳説していきます。

本来、消費税の還付とは、消費税の実支払と実受取の差し引きを計算して過払いが出た場合に、「負け」分が国から戻ってくることを指します。

しかし、話を分かりやすくするため、**本書では、毎年消費税納付と還付が同時に発生し、「還付 > 納付」であれば税が返金されるものとして説明します。現金が戻らなくても納付する税が減ることは還付と同じ**だからです。

本書で還付として説明する内容は、一般的には控除（相殺）といわれています。この表現は厳密ではありますが、何と何を相殺するのか分からなければ理解できません。

そのため、本書ではあえて税法の用語をそのまま使わず、税務の初心者やExcelユーザーが分かりやすい表現に改めて解説します。

国家財政と消費税

はじめに、国の財政という大きな視点で消費税をとらえてみましょう。

消費税は、導入当初の「わずか3%」「零細企業には益税も」という陰の存在から税の主役となりました。

すでに2022年度の税収内訳は消費税20%、個人所得税19%、法人税12%であり、消費税は一般会計における最大の収入源となっています。

消費税については、小麦の生産者とパン製造者のそれぞれが付加価値を付け、それに対する消費税を消費者が負担する図に見覚えがあるでしょう。

この図の趣旨について財務省の税の啓発ページ（財務省 > もっと知りたい税のこと（令和4年6月発行））では、法人が消費税を負担することはな

く最終消費者が負担すると説明しています。

しかし、その**税制趣旨に反して、賃貸業では消費税の負担主体となることがほとんど**です。これは、国としては次のような方針であるためと思われます。

- 不安定な直接税よりも安定確実な消費税を国家財政の柱としたい
- 法人税を下げる財源がほしい
- 消費税の不正な還付は、ほかの税より厳重に取り締まりたい
- 賃貸業は消費税の納税が少ないから還付も少なくしたい
- 大企業が行う、消耗品や交際費など消費性の支出については消費税を払ってほしい

消費税率が上がり、概算で済ませるには大きすぎる金額になりました。賃貸業では還付されない消費税も増えたため、消費税を含めた上で精緻な収益試算をする必要があるといえます。

消費税のパススルー納税と特例

本来の消費税の設計はシンプルなはずです。

たとえば、100円 ＋ 税 ＝ 110円の消耗品を購入。同時に、100円 ＋ 税 ＝ 110円で自社商品を売り上げた。この場合、支払と受取を対等に相殺してパススルー。国への納付はゼロでいい。

預かり超過なら差額を納税、支払超過なら差額が還付され、勝ち負けは常にゼロ。したがって、法人が消費税を負担することはない。これが消費税の原則です。

本書では、このように消費税による勝ち負けが発生せず、本人負担なしとなる状況を「パススルー」と呼びます。

上記が消費税の原則ですが、小規模な賃貸業では免税事業者となったり、

簡易的な計算方法で済むことが多く、原則とはかけ離れた例外処理が多いのが特徴です。

ちなみに、2009年の全業種の統計を見ると、全法人290万社（100%）、原則課税149万社（51%）、簡易課税57万社（19%）、免税84万社（29%）となっています。

> 上記の数字は次の複数資料から筆者推計。
> - 内閣府「税制調査会（2013年1月29日まで）」
> - 会計検査院法第30条の2の規定に基づく報告書「消費税の簡易課税制度について（平成24年10月）」
>
> 個人事業主も含めると全事業者の6割は免税ですが、免税は税収の2%に過ぎず、法人の課税事業者のうち簡易課税は30%弱とされています。

じつは、原則課税事業者のなかでも、原則通りのパススルーではなく、多くの賃貸業のように支払消費税の一部しか還付されないことがあります。

そのため、消費税の設計主旨通りのパススルー処理がされている件数割合は半分以下と推測できます。

原則よりも例外に該当する者が多いのは日本の法律のよくある運用の姿ですが、消費税については例外の多さが際立つといえます。

▣ 賃貸業と消費税

賃貸業では、消費税は原則通りのシンプルな計算にはならず、法人の売上や支出状況により還付額の計算式が変わる点がポイントです。

そして、この還付額を計算するための計算式が複雑すぎて税理士も困っています。経営者も本書の深度で消費税を理解している人は少数でしょう。

しかし、賃貸業では多額の消費税を扱い、収益に与える影響が大きいため、税制理解と最適化に努めたいところです。

賃貸業の規模が大きくなれば、本編で解説する内容を理解しているか否かにより納税額が大きく変わる場面が訪れるはずです。

還付と損金計上の違い

消費税には例外処理が多いことを説明しました。賃貸業においても、消費税を払わなくていいこともあります。逆に払った分が還付されないことも多くあります。

まずは、**還付されなかった消費税は損金になる**ことを覚えておきましょう。

では、還付と損金ではどれほど違うのでしょう。

支払消費税の全額が還付される場合は、100円支払った税が100円戻ってきます。還付された消費税に税はかからず、そのままもらえます。

一方で還付されずに損金扱いとなった場合、100円の損金で減額される法人税等は30円程度です。100円還付（課税されない）と30円の支払税額減では70円もの大きな違いとなります。還付の重要性が理解できるでしょう。

再び大きな視点で税制を見れば、法人は消費税の負担主体ではないことになっていますが、**多くの賃貸業は消費税が一部しか還付されず税の負担主体になっています。そのため、負担した分は損金計上できる**と考えればいいでしょう。

ここまでが消費税の概要です。消費税の詳細に抵抗がある人は、ここまでのみでも理解することをおすすめします。

3-4 消費税の要点

ここから先はやや専門的な議論になりますが、賃貸業の経営には不可欠な知識です。

賃貸資産の運用局面で税務の知識がなければ、納税が最適化されず機会損失を生みます。税の専門的なルールにも踏み込んで学習しましょう。

なお、本編では賃貸業における必要十分で分かりやすい説明を優先するため前提条件や例外は注記せず、それらはP.201にまとめてあります。厳密さを求める場合は前提条件も一読してください。

免税事業者

まずは、消費税を払う必要があるのか否かを判定します。小規模な法人は、免税事業者として消費税を支払わなくていいことになっているためです。どのような条件に当てはまれば免税事業者となれるのかを見ていきましょう。

▣免税事業者はシンプルプラン

粗くまとめれば、**年間の課税売上**（➡P.177）**が1,000万円（税込）以下であれば免税事業者として消費税の納税は免除**となります。

免税事業者の場合、消費税の概念がないため、本体価格 ＋ 消費税額の合算額が売上となります。そのため、税率が上がれば上がるほど売上（≒利益）が増えるのが免税事業者の特徴です。いわゆる益税といわれる状況です。

免税事業者の特典は賃貸業においても有効です。主に住居物件を扱う賃貸業であれば、免税で法人を設立するのがいいでしょう。

免税事業者でスタートしたければ、資本金999万円以下で法人を設立します。

さらに、免税事業者のステータスを維持したいのであれば、年間の課税売上1,000万円（税込）以下を意識します。同1,000万円以下ならば物件を売却して会社を閉鎖するまで免税で済みます。

ただし、免税事業者の場合、消耗品などの消費税は還付されません。支払もなければ還付もないわけです。

つまり、**免税事業者は、消費税を意識することなく、税込価格が売上であり経費となるシンプルプラン**といえます。

そのため、免税事業者では、賃貸資産の購入時と保有中の消費税還付は放棄し、資産売却時の建物消費税を免税とするシナリオが最適でしょう。

なお、免税事業者の賃貸資産保有法人とは別に経理会社を設立して、保有法人から業務委託する組織形態の会社も見受けられます。

消費税の観点では、経理会社を原則課税にすれば、消耗品や交際費など日常的な支出で支払う消費税を還付できる計算です。

課税事業者と還付

事業規模が大きく、免税事業者に該当しない場合は、原則課税事業者か簡易課税事業者となります。

簡易課税は、支出を考慮せず売上だけを見て消費税の還付額を計算する一律プランです。**原則課税は、完全にパススルーで勝ち負けなしが本則ですが、実際にはそうならないことが多い複雑プラン**です（**図3-8**）。

図 3-8　課税事業者ステータス適用要件

課税事業者ステータス	課税売上の上限	還付の可否	概要
免税事業者	税込1,000万円以下	不可	受取、支払、還付の概念いずれもない
簡易課税事業者	5,000万円以下	不可	賃貸業なら課税売上にかかる消費税の60%を納税。支出は考慮しない
原則課税事業者	なし	可	支出使途や課税売上割合に応じた還付

※ 表中の課税売上とは、総売上（課税売上＋非課税売上）のことではない
※ 免税から簡易課税の場合は税込5,000万円。原則課税からの場合は同税抜

消費税の還付が受けられるのは原則課税だけです。簡易課税と免税事業者は消費税の納税が少ない代わりに還付を受けられません。つまり、支払った消費税が戻ってくることはありません。

そのため、事務所ビル購入など多額の消費税を支払う期には、原則課税で消費税の還付を受けたほうが免税よりも有利になることもあります。➡P.194

課税事業者ステータスの変更時期

原則課税、簡易課税、免税などの課税事業者ステータスは課税売上に応じて変更されます。

毎期末に課税事業者ステータス変更の判定が発生し、当期末に確定したステータスは2年後に適用される仕組みです。

粗く例を挙げるならば、第3期にはじめて課税売上が1,000万円を超えた免税事業者は、第4期は免税のままで、当期 ＋ 2期 ＝ 5期目に課税事業者に変更されます。

たとえば、複数棟の住居を保有する法人の場合、一棟目を売却すると5,000万円以上の課税売上が計上され、その2期先は原則課税にステータスが変更となることが多いはずです。そこで、2期先に別の住居物件を売却すると、本来は不要な建物消費税の納税が発生する悪手となります。

消費税のことだけを考えると一法人に対して一物件のみとするのが最適と考えられますが、財務資料の肥大化というデメリットも考えると、「住居系保有」「商業系保有」「経理会社」の三法人ほどに分離するくらいが現実的でしょう。

課税売上と非課税売上

消費税にかかわる独特なルールを1つずつ理解していきましょう。

消費税を考える際には、売上総額を、課税売上と非課税売上の2つに分けて集計します。賃貸業の場合、次のように覚えればおおよそ正しいといえます。

非課税売上	利用実態が住居である区画の賃料収入 不動産売却時の土地等
課税売上	それ以外のほぼすべて（住居仕様の区画でも事務所利用や民泊は課税） 不動産売却時の建物等

利用実態とは、法人が借主でも実態が住居であれば非課税売上、内装が住居仕様でも事務所として利用ならば課税売上、駐車場は借主が個人でも課税売上という意味合いです。

課税売上と非課税売上は、どのようなときに意識するべきでしょうか。

たとえば、免税事業者の判定では、年間の課税売上1,000万円（税込）以下という規定がありますが、ほかに多額の非課税売上があっても問題なく免税事業者になれます。

住居物件だけを保有している法人であれば、売上のほとんどは住居賃料（非課税売上）です。課税売上は少ないはずですので、規模が大きくても免税事業者となるはずです。

これだけでも2つの売上を区分けする理由が理解できたと思います。

個別対応方式と一括比例配分方式［原則課税事業者のみに適用］

まずは原則課税の仕組みを理解しましょう。

多くの賃貸業では、原則課税事業者として、「1,000円税別の購買をして100円の消費税を納め」、「1,000円税別を売り上げて100円の消費税を受け取った」場合でも、同額の消費税を相殺して税負担なしのパススルーとはならないことを知る必要があります。

原則課税では、受取消費税の全額を納税するところまではシンプルです。しかし、**支払消費税の還付計算には複雑な条件があり、賃貸業では全額還付されることは多くありません。**

消費税還付の計算方式を具体的に読み解いていきます。

原則課税事業者の場合、還付額の計算には、個別対応方式と一括比例配分方式の２つの計算方式があり、有利な方式を選択できます。**多くの場合、個別対応方式が有利であるため、本書ではその前提で説明します。**

▣ 個別対応方式

粗くまとめれば、**個別対応方式は、支払った消費税が課税売上を作るためのものならば全額還付され、非課税売上のためならば還付されません。**

本社経費など売上との紐付けを特定できないものは課税売上割合に応じて還付されます（図3-9）。課税売上割合については後述します。

図 3-9　個別対応方式の要素

使途フラグ	支出内容	還付有無
1. 課税売上対応	店舗事務所の修繕や商品仕入など	全額還付
2. 非課税売上対応	住居の原状回復など	全額不還付
3. 共通対応	消耗品や交際費など本社経費	課税売上割合に応じて還付

個別対応方式では、すべての支出について、何のための支出であるかを人手で認識して会計ソフトに入力する必要があります。

具体的には、住居区画（非課税売上）に対する支出なのか、事務所区画など（課税売上）に対する支出なのか、本社経費など全体的な支出（共通）なのか。3フラグのいずれかを付与していきます。

▣ 一括比例配分方式

一括比例配分方式は、使途詳細は考慮せず、一律で課税売上割合に応じて還付されます。そのため、同方式では使途フラグの入力は必要ありません。

> 一括比例配分方式でも還付されない例外的な支出もあります。その点について後述します。

課税売上割合と還付率［原則課税事業者のみに適用］

次に、原則課税事業者には課税売上割合という概念があることを理解しましょう。

本社経費など**個別対応方式の共通対応に分類される消費税は、課税売上割合が95%未満だと支払消費税の一部しか還付されません。**

その場合、課税売上割合に応じた支払消費税の還付率となります。課税売上割合は次のように計算します。

課税売上割合の計算式

■課税売上割合 $= \dfrac{\text{当期の課税売上（税抜）}}{\text{当期の総売上（税抜）}}$

■還付される消費税額 ＝ 実支払消費税額 × 課税売上割合

＊ 当期の課税売上割合は当期売上により決定されるため期末にならないと確定しない

通常、賃貸業の場合、非課税売上となる住居の賃料収入が多いため、課税売上割合は95%よりも大幅に低いはずです。

そのため、受取消費税は全額を納税しますが、**消耗品や交際費など本社経費（共通対応）の還付は、課税売上割合に応じて支払消費税の一部のみ**となります。

ただし、前述のように、**店舗事務所の建物取得や修繕（課税売上対応）は、課税売上割合によらず全額が還付されます。また、住居への支出（非課税売上対応）は還付されません。**

つまり、上記の「還付される消費税額」の計算式は、個別対応方式で共通対応と設定した支出に限り適用されます。

課税売上割合を上げるには、同じ法人で売上が大きな他業を並行して営むことが挙げられます。薄利の事業でも税務上の扱いは変わらないため他業での売上増加は容易ですが、消費税のためだけに別事業を起こす例は聞きません。

不還付損の計上〔原則課税と簡易課税事業者のみに適用〕

ここまでは消費税の還付計算について説明してきました。じつは、賃貸業で重要なのはここからです。

消費税については還付に焦点を当てた解説が多く、還付されなかった消費税がその後どう処理されるかは人々の興味の対象外となっているように思えます。

ここまでの説明の通り、賃貸業では還付されない消費税が多く発生します。おそらく、納める消費税は受取の全額100円のままですが、還付されるのは支払消費税100円のうち40円ほどにしかなりません。残り60円の不還付分がどうなっているのかも追いましょう。

じつは、原則課税と簡易課税においては還付されなかった分は損金となるため、残り60円は損金計上することになっています。そして、損金計上には2種類の方法があります。この点についてはP.186で詳説します。

消費税の還付計算例

これまでの前提知識をもとに消費税の計算をしてみましょう。課税事業者ステータスとシナリオ別に計算します（**図3-10**）。

100円の支払、100円の受取という単純なブレイクイーブンのシナリオでも、多くの場合に消費税の納税が発生することが税制の複雑さを象徴しています。

支払消費税は、課税事業者ステータスと購入内容により還付に掛け目が入ります。その結果、多くの賃貸業では全額が戻ることはなく税負担が発生します。

その条件分岐は複雑ですが、一言でいえば、課税売上割合が高いほうが消費税の還付額は増えます。ただし、実支払消費税額を超えて還付されることはありません。それぞれ見ていきましょう。

図3-10　消費税の基本的な考え方と計算例

シナリオ1（ブレイクイーブン）

売上1,000円の消費税として100円を受取、経費1,000円の消費税として100円を支払

主体	法人1	法人2	法人3	法人4	法人5
消費税ステータス	免税	簡易課税	原則課税	原則課税	原則課税
経理方法	税込	税抜	税抜	税抜	税抜
課税売上割合	N/A	N/A	30%	95%	30%
仕入税額控除の方法	N/A	みなし仕入率40%	一括比例配分方式	一括比例配分方式	個別対応方式
(a) 実受取	100円	100円	100円	100円	100円
(b) 実支払	100円	100円	100円	100円	100円
(c) パススルー基準額（=a−b）	0円	0円	0円	0円	0円
(d) 税計算上の受取	1,100円の売上−1,100円の損金＝損益0	実受取と同じ100円	実受取と同じ100円	実受取と同じ100円	実受取と同じ100円
(e) 税計算上の支払		実受取100円×みなし仕入率40%＝40円	実支払100円×課税売上割合30%＝30円	実支払と同じ100円	［本社経費（共通）税50円×30%＝15円］＋［事務所ビル修繕（課税）税50円］＝65円
(f) 受払差額（＝d−e）	N/A	100円−40円＝60円	100円−30円＝70円	100円−100円＝0円	100円−65円＝35円
(g) 納税または還付	納税、還付ともになし	60円納税	70円納税	0円	35円納税
(h) 基準額との差額	N/A	0−60＝−60	0−70＝−70	0−0＝0	0−35＝−35
(i) 税務上の損益	N/A	60円の損失計上	70円の損失計上	0円	35円の損失計上

シナリオ2（還付）

売上1,000円に対して100円を受取、経費4,000円に対して400円を支払

主体	法人1	法人2	法人3	法人4	法人5
消費税ステータス	免税	簡易課税	原則課税	原則課税	原則課税
経理方法	税込	税抜	税抜	税抜	税抜
課税売上割合	N/A	N/A	30%	95%	30%
仕入税額控除の方法	N/A	みなし仕入率40%	一括比例配分方式	一括比例配分方式	個別対応方式
(a) 実受取	100円	100円	100円	100円	100円
(b) 実支払	400円	400円	400円	400円	400円
(c) パススルー基準額（=a−b）	−300円	−300円	−300円	−300円	−300円

(d) 税計算上の受取	4,400円の売上 －1,100円の経費 ＝3,300円の利益	100円	100円	100円	100円
(e) 税計算上の支払		実受取100円×みなし仕入率40%＝40円	実支払400円×課税売上割合30%＝120円のみなし支払	実支払と同じ400円	[本社経費(共通)税200円×30%＝60円]＋[事務所ビル修繕(課税)税200円×100%]＝260円
(f) 受払差額(＝d－e)	N/A	100円－40円＝ 60円	100円－120円＝ －20円	100円－400円＝ －300円	100円－260円＝ －160円
(g) 納税または還付	納税、還付ともになし	60円納税	20円還付	300円還付	160円還付
(h) 基準額との差額	N/A	－300－60＝－360	－300＋20＝280	－300＋300＝0	－300＋160＝－140
(i) 税務上の損益	0円	360円の 損失計上	280円の 損失計上	0円	140円の 損失計上

シナリオ3(売上＞経費)		
売上3,000円に対して300円を受取、経費1,000円に対して100円を支払		
主体	法人4	法人2
消費税ステータス	原則課税	簡易課税
経理方法	税抜	税抜
課税売上割合	95%	N/A
仕入税額控除の方法	一括比例 配分方式	みなし仕入率 40%
(a) 実受取	300円	300円
(b) 実支払	100円	100円
(c) パススルー基準額(＝a－b)	200円(受取超過)	200円(受取超過)
(d) 税計算上の受取	実受取と同じ 300円	実受取と同じ 300円
(e) 税計算上の支払	実支払と同じ 100円	実受取300円×みなし仕入率40%＝120円
(f) 受払差額(＝d－e)	300円－100円＝ 200円	300円－120円＝ 180円
(g) 納税または還付	200円納税	180円納税
(h) 基準額との差額	200－200＝0	200－180＝20
(i) 税務上の損益	0円	20円の利益計上

▣原則課税（一括比例配分方式 – 法人4）の場合

図3-10の「シナリオ1（ブレイクイーブン）」から説明します。

原則課税では、受取消費税は無条件に全額を納税します。一方、支払消費税は法人の条件に応じて還付率が変わる点が特徴です。

賃貸業では多くありませんが、「法人4」のように課税売上割合が95%以上となる場合、支払消費税の全額が還付されます。その場合、「(c) パススルー基準額」が納税額となり税負担はありません。

ここで納税が発生した場合でも、預かり超過となった分を納税しているだけですので本人負担はありません。

以降を読み進めるに際して、[基準額 ＝ 受取を全額納税 ＋ 支払を全額還付 ＝ 税負担なし] と覚えてください。

なお、原則課税では、払った分以上に還付される益税はないため、基準額を超えて「勝ち」となることはあり得ません。

したがって、原則課税における基準額は、支払消費税が掛け目なしに全額還付されて税負担なしとなる、最優遇の納税額です。

▣原則課税（一括比例配分方式 – 法人3）の場合

さて、実際は多くの賃貸業では課税売上割合は95%に満たないはずです。たとえば、「シナリオ1の法人3」は課税売上割合を30%と想定しています。

「法人3」では、課税売上割合が低いため、[(e) 税計算上の支払] には掛け目が入り、還付率が低くなります。その結果、[(b) 実支払] 100円に対して [(e) 税計算上の支払] 30円となり、[(f) 受払差額] として70円の納税が発生しています。

これは、基準額（「シナリオ1」では0円）と比べて70円の「負け」となるため、それを損金にできます。[(i) 税務上の損益] で70円の損金が発生していることを確認してください。

▣原則課税（個別対応方式）の場合

個別対応方式の場合、課税売上対応の支出は100%還付、非課税売上対応の支出は不還付（0%）、それ以外の共通対応は一括比例配分方式と同じく、課税売上割合に応じた還付となります。支出は使途別に掛け目が入るといえます。
「シナリオ1の法人5」では、これらを合計した［(e) 税計算上の支払］65円となり、［(f) 受払差額］は35円です。［(c) パススルー基準額］0円と比較して35円の「負け」となるため、35円を損金にできるのは一括比例配分方式と同じです。

▣ 簡易課税の場合

簡易課税事業者の計算は複雑です。簡易課税は、支払った経費は一切考慮しません。その代わりに、みなし仕入率という概念を用います。

これは文章で説明するよりも、図3-10の各シナリオの「法人2」の計算式をトレースするのが分かりやすいでしょう。

まずは、原則課税の全額還付で納税した場合の［(c) パススルー基準額］を計算します。B/S上では仮受消費税等と仮払消費税等の差額がそれに当たり、多くの場合、仮払消費税が超過となるため納税が発生します。

この基準額は、原則通り消費税を納めた場合の「定価」と考えてください。

簡易課税は優遇措置ですので、多くの場合で「定価」以下の有利な納税額で済むはずです。そこで、「定価」よりも有利に済んだ差額 = 事業者の利益と考えます。

簡易課税では、支払と受取を相殺してパススルーとした基準額よりも有利な納税額（勝ち）となれば、その差額は利益として課税されます。逆に、不利な納税額（負け）ならば損金を計上できます。計算例は、「シナリオ2」と「シナリオ3」を参照してください。

なお、「シナリオ2（還付）」のように事務所ビル購入などで多額の還付が発生する状況で簡易課税を選択すると、還付を得られず損金となりますので、多くの場合に悪手となります。

簡易課税の場合の消費税にかかわる損益計算

- 納税する消費税 ＝ 税抜課税売上額 × 消費税率 ×（1 － 不動産業のみなし仕入率 40%）＝ 税抜課税売上額 × 10% × 60%
- 基準額 ＝ 全額納付かつ全額還付した場合の納税額 ＝ 仮受消費税等 － 仮払消費税等
- if 基準額 ＞ 納税する消費税 then 雑収入（消費税）＝ 基準額 － 納税する消費税 ➡ 勝ち
- if 納税する消費税 ＞ 基準額 then 雑損失（消費税）＝ 納税する消費税 － 基準額 ➡ 負け

＊ 住居賃料など非課税売上に対して納税する消費税は発生しない。税抜経理を採用の場合

ここまでは、小規模な小売商店のように不動産を保有しないシンプルな法人をモデルとした基本的な計算例でした。ここから不動産要素を追加していきます。

雑損失と繰延消費税［原則課税と簡易課税事業者のみに適用］

賃貸業における消費税は、還付されずに損金化される額が多額となることが多くあります。そのため、不還付消費税の損金化については深く理解しておきたいところです。

図 3-11 雑損失と繰延消費税の損金計上時期

勘定科目	該当費用	当期	2期目	3期目	4期目	5期目	6期目	合計
繰延消費税	単一の購買において20万円以上の消費税不還付が発生した場合	10%	20%	20%	20%	20%	10%	100%
雑損失（消費税）	同少額の場合	100%	0%	0%	0%	0%	0%	100%

※ %は各期の損金算入率

これまでは不還付消費税 = 損金として説明してきましたが、実際には損金化処理には**図3-11**に示した2つのパターンがあります。

■ **雑損失となる不還付消費税**

消耗品などの購買により発生した少額の不還付消費税は、雑損失として当期一括損金となります。

■ **繰延消費税となる不還付消費税**

住居建物の購入などで20万円以上の高額な不還付消費税が発生した場合、図3-11の通り繰延消費税として6年償却となります。

繰延消費税と雑損失の判定においては、購入対象の物品や工事が当期損金となるか償却資産となるかの影響は受けません。

なお、これまでの説明通り、免税事業者には不還付の概念がないため雑損失、繰延消費税ともに発生しません。

不還付消費税フローチャート

消費税の不還付処理は、税法の言葉を並べて説明すると非常に複雑です。Excel上に計算式として再現したほうが理解しやすいでしょう。ここまでの説明を次ページの**図3-12**にまとめました。

■ **原則課税の個別対応方式のみに適用**

店舗事務所ビルを購入する可能性があるならば個別対応方式が無難です。店舗事務所ビルは課税売上対応のため、課税売上割合にかかわらず通常は建物消費税が100%還付されます。

■ **原則課税の一括比例配分方式のみに適用**

一括比例配分方式では、図3-12の1.～5.に対して一律の還付率となるため、個別対応方式では不還付となる住居区画の修繕が還付される一方、事務所ビルの購入や修繕では一部しか還付されません。一括比例配分方式でも繰延消費税は発生します。

図 3-12　個別対応方式を採用した際の不還付消費税計上方法

フラグ種別	1. 課税売上対応	2. 共通対応（少額）	3. 共通対応（高額）	4. 非課税売上対応（少額）	5. 非課税売上対応（高額）	（6. 特例に該当する支出）	（7. 非課税支出）
支出の特徴	事務所建物購入、店舗修繕など課税売上に対応する支出	消耗品など共通対応のうち還付されない消費税が20万円未満	共用廊下の修繕など同20万円以上	住居小修繕など非課税売上に対応するおおよそ199万円以下の支出	住居の大規模修繕など同200万円以上	住居物件購入や同1,000万円以上のCAPEXなど特例的に認められない支出	人件費など消費税を払っていない支出
金額判定	金額に依存しない	支出額×税率×（1－課税売上割合）≦19万円	支出額×税率×（1－課税売上割合）≧20万円	不還付消費税20万円未満	不還付消費税20万円以上	金額に依存しない	金額に依存しない
還付率	100%	課税売上割合	課税売上割合	0%	0%	0%	0%
不還付消費税の損金への算入率	0%	（1－課税売上割合）×100%	（1－課税売上割合）×100%	100%	100%	100%	0%
還付も損金化もされない割合	0%	0%	0%	0%	0%	0%	100%
損金計上時期	なし	当期一括	6年償却	当期一括	6年償却	6年償却	なし
計上勘定科目	なし	雑損失	繰延消費税	雑損失	繰延消費税	繰延消費税	なし

賃貸資産購入と消費税還付

賃貸業で最も消費税を意識するのは賃貸資産の購入時でしょう。

建物消費税還付の処理についてシナリオ別に**図3-13**にまとめました。各要素のルールについて説明します。

図 3-13　賃貸資産購入時の建物消費税の還付シナリオ分析

法人	法人の状況			購入対象			
主体	課税事業者ステータス	税方式	課税売上割合	住居建物	店舗事務所ビル	住居事務所混合ビル	摘要
法人1	免税	N/A	N/A	N/A	N/A	N/A	-
法人2	簡易課税						還付は支出に依存しない
法人3	原則課税（非全額還付）	一括比例配分方式	30%	不還付（還付率0%）	建物消費税×課税売上割合30%(a)	(a)×事務所面積 / 建物全体面積	通常、還付後は原則課税が強制適用となる
法人4	原則課税（全額還付）	一括比例配分方式	95%	不還付（還付率0%）	建物消費税の全額還付(b)	(b)×事務所面積 / 建物全体面積	
法人5	原則課税	個別対応方式	0～100%	不還付（還付率0%）	建物消費税の全額還付(c)	(c)×事務所面積 / 建物全体面積	

▣ 店舗事務所建物の還付 [原則課税事業者のみに適用]

新設法人において小規模な賃貸資産を一棟のみ保有する場合、免税や簡易課税が選択できる可能性があります。

ただし、店舗事務所物件であれば購入時の建物消費税の還付を考えて、あえて原則課税で法人を設立したほうが有利なことが多いでしょう。

さらに、購入後に原則課税で事務所物件の大規模修繕を行えば（課税売上に対応した支出のため）消費税が全額還付されます。

大規模修繕は減価償却が必要な償却資産ですが、償却有無にかかわらず消費税は全額、当期に還付できます。小規模物件ならば、支出が落ち着いたころに免税事業者や簡易課税に変更する税務戦略もあるでしょう。

▣ 居住用賃貸建物の不還付 [原則課税事業者のみに適用]

居住用賃貸建物（一棟マンション、社宅、戸建てなどのいわゆるレジ物件）は、店舗事務所建物とはルールが異なります。

一言でいえば、**住居物件は購入時の消費税還付ができません。**不自然に住居物件の消費税を還付するスキームが広まったため無条件で禁止されたと考えられます。

この規定のため、**住居物件を保有する賃貸業の場合、購入時は支払った建物消費税が還付されず、売却時には受け取った建物消費税のすべてを納税しなければならない**二重課税状態になることもあり得ます。

なお、一括比例配分方式では支出内容にかかわらず課税売上割合に応じて還付を計算することになっていますが、居住用賃貸建物の不還付が優先され、先に還付対象分母から住居建物を除外した上で還付額を計算することになります。

つまり、**一括比例配分方式を選択しても住居建物の消費税は還付されません。**個別対応方式の場合は、居住用賃貸建物の購入は非課税売上対応と考えれば分かりやすいでしょう。

このように近年の税制改正では、ハッカーの攻撃に対して小刻みにセキュリティアップデートを適用するような防衛的な改正が頻繁に入っており、それにより消費税はさらに複雑化しています。

資産取得による原則課税継続の縛り［原則課税事業者のみに適用］

賃貸資産などの取得により**建物消費税還付を受けた期の期首から3年間（＝決算期変更では不可避）は、強制的に原則課税継続となる**ことを覚えておきましょう。

厳密には1,000万円以上（税抜）の建物を購入（土地価格は除く）、または建物CAPEXを支払った場合に原則課税が強制されます。ただし、この規定は当期が原則課税事業者以外ならば影響はありません。

規定の主旨としては、原則課税事業者として多額の還付を受けてそのあとすぐに免税事業者に戻ることを禁止しているものと考えられます。

居住用物件購入や同1,000万円以上のCAPEXでは還付はありませんが、高額資産取得の縛りだけは発生するため注意が必要です。

なお、1,000万円以上の工事でもCAPEXではなく修繕と認識される場合は3年縛りとはなりません。ただし、そこまで高額な修繕は多くありません。1,000万円以上の工事を実施する際には注意が必要です。

住居用建物への高額なCAPEX［原則課税事業者のみに適用］

個別対応方式、一括比例配分方式ともに、**住居用建物の保有期間中に1,000万円以上のCAPEX工事を実施した場合、新規の住居建物取得と同じ扱いで消費税は全額が不還付**となります（支払った消費税はすべて繰延消費税となる）。

住居用建物へのCAPEXでも、999万円以下かつ共通対応（個別対応方式）の支出、または一括比例配分方式であれば課税売上割合に応じて還付されます（**図3-14**）。

この規定では修繕は対象外で、CAPEXのみが不還付となっています。また、対象は住居だけで店舗事務所は影響を受けません。

図 3-14　賃貸資産の修繕と CAPEX 工事における消費税還付シナリオ分析

法人	法人の状況			修繕対象			
主体	課税事業者ステータス	税方式	課税売上割合	住居系999万円以下	住居系1,000万円以上	店舗事務所系（金額にかかわらず）	摘要
法人1	免税	N/A	N/A	N/A	N/A	N/A	-
法人2	簡易課税						還付は支出に依存しない
法人3	原則課税（非全額還付）	一括比例配分方式	30%	工事消費税×30%	不還付	工事消費税×30%	-
法人4	原則課税（全額還付）	一括比例配分方式	95%	工事消費税の全額還付	不還付	工事消費税の全額還付	-
法人5	原則課税	個別対応方式	0～100%	不還付	不還付	工事消費税の全額還付	-

※ 1,000万円以上でもCAPEXに該当せず修繕であれば999万円以下と同じ扱い

住居物件の3年以内売却［原則課税事業者のみに適用］

税法改正により2020年10月以降は、住居建物の取得では消費税還付が

できなくなりました。

それにより原則課税では、住居建物の購入時は消費税を納税し、売却時にも納税する状態となりました。多くの賃貸業において消費税負担額が急増したといえます。

賃貸業は長期的に安定収益を上げれば回収できますが、建売や短期転売業者にもこのルールが適用されると、巨額な消費税負担により業態自体が成立しません。

そこで、不還付特例のなかに「居住用賃貸建物の取得等に係る消費税額の調整」という還付特例が作られています。

粗くまとめれば、**原則課税では購入した住居物件を3年以内に売却すれば、購入期に不還付となった消費税のほぼ全額が売却期に還付されます。**売却理由や売却額は任意です。この規定は長期の賃貸業にも適用されます。

消費税の観点からは、住居物件のロスカットは3年以内にするのが適切といえるでしょう。

この特例には多くの付帯条件が規定されています。しかし、賃貸資産の長期保有を前提とした本書においては例外ケースになりますので深入りはしません。詳しくは専門家に確認してください。

課税売上割合が著しく変動したときの調整〔原則課税事業者のみに適用〕

原則課税では、課税売上割合に応じて消費税が還付されることになります。それに従えば、利益をともなわない売上を恣意的に作り、一時的に課税売上を増やす抜け道が存在することになります。

そこで、そのようなハッカー対策として「課税売上割合が著しく変動したときの調整」が規定されています。

当期の消費税還付を受けるために他業売上を形式的に増やして、**課税売上割合を増やすことにより多額の消費税還付を受け、その翌年以降はノーマルな（低い）課税売上割合に戻ることを排除するためのルール**です。

この規定に抵触した場合は過去に還付を受けた消費税を返納することになります。

具体的な判定基準や金額計算は非常に複雑であるため説明は専門家に譲

りますが、このようなルールが存在することだけは知っておくべきです。

インボイス制度

インボイス制度は、人数ベースでは大多数が消費税を支払っていないことに対する是正措置として導入されました。

個人事業主も含めると6割が免税事業者（➡P.173）と推計されているためです。小規模事業者の聖域といえる免税事業者の特典は縮小の方向にあります。

インボイス制度の賃貸業への影響は大きく2つあります。

▣賃料の請求時

物件保有法人が免税事業者の場合、その物件に入居する店舗、事務所系テナントは賃料にかかる消費税の還付ができなくなります。

そのため、店舗事務所テナントからはインボイスの登録番号が入った請求書を出してほしいと要求が出ることが予想されます。

免税事業者は登録番号を入れられないため、免税を維持したければテナントとの交渉が必要です。

なお、簡易課税なら原則課税と同様にインボイス対応の請求書が発行できます。

▣賃貸資産の売買時

インボイスの登録番号は賃貸資産の売却時にも影響を与えます。免税事業者の売主から購入した建物は、買主の消費税還付ができなくなるためです。

しかし、住居物件であればそもそも建物消費税の還付が受けられません。免税事業者＋住居物件保有の組み合わせでは最初から最後まで問題にならない可能性もあります。

インボイス制度導入にともなって、自社の課税事業者ステータスと非住居テナントへの請求書発行実務は検討する必要があるでしょう。インボイス制度は2023年10月から段階的に始まります。

3-5 賃貸資産の売買時における税

減価償却、法人税等、消費税の３つを理解すると、ようやく売買時の利益計算をすることができます。

購入と売却のそれぞれについて、過程をExcelで確認しながら計算してみましょう。

賃貸資産購入時の消費税計算

まずは、賃貸資産購入時の消費税還付を具体的に計算してみます。住居系建物では還付がありませんので事務所ビルを前提とします。

ここまで学んだ原則論と計算例を当てはめれば不動産の売買も同じです。まずは**図3-15**のように、すべての諸経費と消費税を土地と建物に按分します。

図 3-15　事務所ビル購入時の経理例

（金額単位は万円）

購入資産	本体	税	総計	内訳	本体	税	総計
事務所ビル	10,000	400	10,400	土地	6,000	0	6,000
				建物	4,000	400	4,400
仲介手数料	200	20	220	土地	120	12	132
				建物	80	8	88
登録免許税（非課税）	100	0	100	土地	60	0	60
				建物	40	0	40
固都税精算額	100	4	104	土地	60	0	60
				建物	40	4	44
	10,400	424	10,824		10,400	424	10,824

※ 土地にかかわる固都税精算額は非課税。土地と建物按分 60% 対 40%

税抜経理 （金額単位は万円）

内訳		土地建物と税		土地建物合計	
土地本体	6,000	諸経費含む土地本体	6,240	土地建物本体	10,400
土地諸経費本体	240				
土地税	0	諸経費含む土地税	12		
土地諸経費税	12				
建物本体	4,000	諸経費含む建物本体	4,160	土地建物税	424
建物諸経費本体	160				
建物税	400	諸経費含む建物税	412		
建物諸経費税	12				
	10,824		10,824		10,824

税込経理

内訳		土地建物簿価		土地建物合計	
土地税込	6,000	土地税込	6,252	土地建物税込	10,824
土地諸経費税込	252				
建物税込	4,400	建物税込	4,572		
建物諸経費税込	172				
	10,824		10,824		10,824

※ 税抜経理は主に原則課税、簡易課税の仕訳。税込経理は主に免税事業者の仕訳

以下は課税事業者ステータスごとの還付計算です。

▣ 免税事業者のみに適用

免税事業者では、税込総額［＝土地建物本体 ＋ 諸経費本体 ＋ 税］で土地建物簿価を計上します。消費税は意識せず、税込総額が売上であり経費となる原則に変わりありません。

▣ 簡易課税事業者のみに適用

簡易課税は計算が複雑です。これまで説明してきた通り、まずは課税売上額のみに依存して消費税の還付額が決まります。

その後、実支払消費税から還付額を差し引いた額が自動的に不還付額（＝損金）の総額として決まります。

したがって、[簡易課税の損金算入額合計 ＝ 当期の実支払消費税 −（当期の課税売上 × みなし仕入率40%)] となります。

図3-16では、「法人2（簡易課税)」の還付はゼロとなっています。これは、売上がゼロの前提、もしくは既存の購買に対して本件の不動産購入が追加されたととらえる場合の計算です。

本書では、簡易課税では課税売上に対する還付は全額が益税となり、その一方、不動産購入時の消費税を含め支出に対する消費税は全額不還付（損金計上）ととらえています。収益計算上はそれが分かりやすいでしょう。

しかし、実際には図3-16の計算式の通り、課税売上に応じて雑損失（消費税）と繰延消費税が変わることも知っておきましょう。

たとえば、図3-16の「法人2」は次のような状況とします。

- 当期は60万円の受取消費税があり、その40%（みなし仕入率）である24万円が還付される
- 支出は、本件不動産の購入による支払消費税424万円以外に何もない

この場合、支払消費税の総額は424万円ですが、うち24万円は還付されるため、先に不還付の総額が400万円 $\left(\frac{400}{424} \fallingdotseq 94.34\%\right)$ と決まります。それを当期の支出に按分します。

- 建物消費税 ➡ 412万円 × 94.34% ≒ 389万円（高額のため繰延消費税）
- 土地消費税 ➡ 12万円 × 94.34% ≒ 11万円（少額のため雑損失）

按分率の掛け目により、繰延消費税と雑損失のしきい値（20万円）を超えて勘定科目が変わることもあります。

図 3-16　事務所建物購入時の消費税還付シナリオ分析

法人					
主体	法人1	法人2	法人3	法人4	法人5
法人の状況					
課税事業者ステータス	免税	簡易課税	原則課税（非全額還付）	原則課税（全額還付）	原則課税
計算方式	N/A	N/A	一括比例配分方式	一括比例配分方式	個別対応方式
課税売上割合	N/A	N/A	30%	95%	0〜100%
取得簿価					
土地	6,000	6,000			
土地諸費用	252	240			
建物	4,400	4,000			
建物諸費用	172	160			
合計	10,824	10,400			
建物消費税					
実支払消費税	412	412	412	412	412
還付消費税	0	0	412×30% ＝124	412×100% ＝412	412×100% ＝412
不還付消費税(a)	0	412	412－124 ＝288	0	0
土地消費税					
実支払消費税	12	12	12	12	12
還付消費税	0	0	12×30%＝4	12	12
不還付消費税(a)	0	12	8	0	0
損金					
雑損失(消費税)	N/A	12	8	0	0
繰延消費税		412	288	0	0
合計(＝a)		424	296	0	0

※ 金額単位は万円

多くの賃貸業では、ここまで厳密な計算は不要だと思いますが、原則論としてはこのような複雑な計算をたどることになります。

分からなくなったときには、**パススルー基準値との「勝ち」「負け」差額が損益となる原則**を思い出してください。

なお、簡易課税と原則課税は本体価格のみ（税抜）を簿価として計上します（税抜経理のため）。

▣ 原則課税事業者のみに適用

図3-16から、原則課税の個別対応方式では、課税売上割合にかかわらず店舗事務所ビルの消費税は全額が還付されることが分かります。

一方、一括比例配分方式では、課税売上割合に影響されて建物消費税の30%だけしか還付されず、残りが繰延消費税に計上されていることを確認してください。

なお、土地に按分される消費税も、事務所ビル購入（課税売上を作るための支出）であれば全額が還付されます。

賃貸資産売却時の利益計算

賃貸資産売却時の利益計算は、金額が大きいにもかかわらず、その複雑さゆえに理解している人は少数派です。

Excelの計算例を見ながら理解していきましょう（**図3-17**）。P.194で購入した資産を、購入時と同価格で売却した場合とします。

前提条件として、保有期間中に一定の減価償却をして建物の簿価が下がっている点を確認してください。

▣ 税務上利益は簿価との差額

税務上の利益は、[売却価格 − 購入価格] ではない点が重要です。賃貸資産の税務上の簿価合計が仕入原価相当となります。そのため、購入時以下の売却価格でも、減価償却で建物簿価が減っていると利益が生じます。

なお、売却にかかった仲介手数料や司法書士費用は売却期の損金となります。また、売却期に実施したCAPEXも売却により全額が当期損金となります。

図 3-17　賃貸資産売却時の消費税支払シナリオ分析

法人					
主体	法人1	法人2	法人3	法人4	法人5
法人の状況					
課税事業者ステータス	免税	簡易課税	原則課税	原則課税	原則課税
税方式	N/A	N/A	一括比例配分方式	一括比例配分方式	個別対応方式
課税売上割合	N/A	N/A	30%	95%	0〜100%
簿価					
取得簿価合計	10,824	10,400			
減価償却	-2,224	-2,000			
売却時簿価	8,600	8,400			
売却					
土地価格	6,000	6,000			
建物価格	4,000	4,000			
建物消費税	400	400			
売却諸経費	-300	-300			
売却諸経費税	-30	-30			
上記合計	10,070	10,070			
税務上利益計算式	＝10,070－8,600	＝(6,000＋4,000－300)－8,400			
税務上利益	1,470	1,300			
消費税					
受取消費税	400	400	400	400	400
納税額計算	0	＝400×(1－みなし仕入率40%)＝240	400	400	400

※ 土地と建物の按分は 60% 対 40%とする。金額単位は万円

3 「税知識」編

免税事業者は、建物消費税も簿価に含めるため、当初簿価も減価償却も多くなります。そのため、図3-17では免税事業者だけ簿価が高くなっています。

また、免税事業者は売却時の消費税は利益となるため、原則課税と比べて利益額は多くなりました。

ここまでは基本的な法人税の計算です。売却時の利益計算は、さらに消費税を含めて考えなければいけません。

▣売却時の消費税

売却時の消費税の納税額は、課税事業者ステータスごとに大差がつきます。図3-17では、免税事業者は納税なし、原則課税は400万円の納税、簡易課税は240万円の納税となっています。

粗くまとめれば、**免税事業者では受取消費税は売上計上（全額が利益）、原則課税では受取消費税の全額を納税（利益なし）、簡易課税では受取消費税の6割を納税（4割は利益）**と覚えておけばいいでしょう。

ただし、免税と簡易課税ではこれらのすべてが利益と認識すべきではありません。本来は受けられるはずの還付を受けられないためです。

たとえば、売却諸経費にかかわる税30万円について免税や簡易課税では還付を受けられません。そう考えると、免税事業者でも取引先に消費税を請求していい理由が理解できるでしょう。

▣土地建物比率調整の試算

売却時に土地建物の按分を調整して、売買物件の建物消費税が100万円増えたとすると、収益にはどのようなインパクトがあるでしょう。実務的にはよくある計算です。

免税の場合、建物消費税増加の影響は受けずに納税はゼロのままです。土地建物価格の内訳を気にする必要はないといえます。

簡易課税では、[受取消費税100万円増 ×（1 － みなし仕入率40%）＝ 60万円] の税額増。原則課税では、そのまま100万円の税額増となります。

消費税の納税は損金になりませんので、これらの支払は純損失です。そのため、同額の売上（税引前）を増やしてもまだ損失を補うことはできません。できるならば建物比率は小さくするのがいいことが分かるでしょう。

なお、簡易課税では原則課税に比べて40万円の税額差益が発生しているため、40万円の雑収入（利益として課税）もあわせて発生する計算です。

税計算の前提条件と細則

賃貸業で理解すべき税は、おおよそここまでの説明の通りです。

すでに十分に複雑な内容ですが、じつは本編の税金解説は一般的な中小賃貸業法人を想定して、詳細な条件分岐を除外したものとなっています。

たとえば、「法人形態は株式会社」「専業の賃貸業」「事業期間は常に12カ月」「青色申告」「売上は5億円以下」「免税事業者は税込経理」「簡易課税と原則課税は税抜経理」などの想定です。

ほとんどの読者に当てはまるであろう状況を前提条件としていますが、特殊な経営状況にある場合は本編の説明が当てはまらないこともあります。その場合は個別の状況をもとに専門家にご確認ください。

なお、本書の解説はすべて法人前提であり個人事業主とは異なります。

以下は、消費税に関する非常に細かな補足です。ここまでの解説のなかで不十分と思われる箇所がなければ読み飛ばしても差しつかえありません。

- 免税事業者の判定については、役員報酬＋従業員給与の支払合計が毎月167万円以上など事業規模が大きい場合は免税にならないなど、さらに詳細な判定条件や例外がある
- 原則課税、簡易課税、免税事業者のステータス変更には税務署への届出が必要。自動的に有利なステータスが適用されるわけではない
- 本来、繰延消費税の償却期間は60カ月（5年）償却と規定されている。しかし、多くの場合において購買は期中に発生し、60カ月の経過には6事業年度を要するため、本書では6年償却と解説している
- インボイス制度は段階導入予定だが、本書では2029年以降に予定され

ている完全導入後の状況のみを解説している

- 繰延消費税は税抜経理の場合に限り適用される勘定科目。簡易課税でも税込経理を採用している場合、雑損失（消費税）は発生するが、繰延消費税は発生しない
- 税込経理の場合、建物等にかかわる不還付消費税は免税事業者と同じように建物等の本体価格に上乗せされ減価償却される。多くの場合、繰延消費税として60カ月で償却したほうが早期償却できるといえる
- 本書では、免税事業者か課税事業者かを意味する用語として「課税事業者ステータス」を用いている。また、原則課税事業者が消費税を全額還付されることを「パススルー」と表現している。ともに本書独自の用語であり一般用語ではない

以下はP.209以降の「試算表作成」編に対応します。

- 試算表上の法人税等の合計額は、[当期中間納税納付済み額 ＋ 法人決算のあとに支払う税額] とおおよそ一致としているが、源泉徴収等される額の影響で完全には一致しない➡P.223
- 本書では、課税事業者は税抜経理としているが、簡易課税は税込経理で作成することもある。決算書を税込、税抜のどちらで作成するかは任意選択
- 「簡易課税以外では［雑収入（消費税)］を使うことはありません」としているが、厳密には、簡易課税かつ税抜経理の場合のみ［雑収入（消費税)］の勘定科目を使う➡P.219

3-6 グループ法人税制の要点

賃貸業におけるグループ法人税制

グループ法人税制は、複数の法人で複数棟を管理する規模になれば理解が必要です。その規定を一言でまとめれば次のようになります。

A. グループ法人に保有不動産を売却して利益が出ても課税されない

B. 法人間の資金移動（貸借）は、実送金で返金せずとも帳簿上だけで精算できる

＊ Aの不動産売却益の非課税については売買時の簿価1,000万円以上など諸条件あり。Bは全子会社の株主が法人であることが適用のための要件

上記A（損益相殺）は何ら申告などをせずとも、１人の社長が２つ以上の法人を設立した時点で強制適用となります。

これは、グループ法人に含み損のある不動産を売却して損金計上することを禁止するための規定という側面があると考えればいいでしょう。Aの逆も成立し、グループ法人に不動産を売却して利益が出ても課税されません。

B（法人間送金）は、各子会社の株主が法人でなければ適用されません。つまり、社長個人が株主の場合は利用できません。Bを活用したければ別の法人（いわゆるHD ＝ 持株会社）を作り、HDに各子会社の全株式を持たせることが必要です。なお、HDの株主は社長個人としても問題ありません。

グループ内での物件売買

通常の不動産売買では、簿価を超える部分は売却益となり課税対象です。ただし、**グループ法人間の不動産売買であれば、グループ法人税制の規定により利益に課税されることはありません。**

どのような場合にこれを活用できるでしょうか。「融資の仕組み」編では数々の金融機関のルールを解説し、後日の融資額の増額は困難と説明しましたが、残債が少ない場合などは例外です。

「現在の融資に追加して融資額を増やすことはできないが、グループ内とはいえ売買が発生するならば新規の扱いで融資を出せる」というシナリオはあり得るでしょう。

そのようなときはグループ法人税制の規定を適用して、売却益に課税されることを避けられます。ただし、グループ法人間の形式的な不動産売買であっても登録免許税、消費税は満額課税されます。

▣売却時の課税

グループ法人税制を適用して融資を付け替えた数年後、グループ内の売却法人Aから不動産を高額で購入した購入法人Bが、第三者に不動産を売却する際には注意が必要です。

購入法人Bは高額で資産を購入しているがゆえに売却益が出ない計算となりますが、ここには複雑な調整が入ります。

グループ法人税制による土地売買の計算例

1. 売却法人Aは簿価1億円の土地を購入法人Bに2億円で売却して売却益発生（無税）
2. 後日、購入法人Bは土地を第三者に4億円で売却
3. 購入法人Bの課税利益は4億円 － 2億円 ＝ 2億円で、調整なし
4. ただし、2.の時点で1.の無税が有税に変わり、売却法人A

に２億円 － １億円 ＝ １億円の課税利益が発生

この結果、実質的に、グループ内の形式的な売買による簿価上昇は相殺されることが理解できるでしょう。

しかし、購入法人Ｂの売買をトリガーとして売却法人Ａの利益が大きく動くのでは管理が煩雑です。

そこで、賃貸資産を別子会社に売却して空になった売却法人Ａを購入法人Ｂと合併させれば、すべての複雑な調整は相殺され、税のことを考えずに保有と第三者への売却をすることができます。

もっとも、融資のための不自然な組織変更であることは否定できません。事前に金融機関や専門家に確認することが必要になります。

▣減価償却にメリットはない

グループ法人税制では、市場価格と乖離して任意の価格でグループ内売買をすることができるため、購入法人Ｂは高額で取得することにより減価償却を多くとることができてしまいます。

もちろん、それによる損益が発生しない制度設計になっているのはいうまでもありません。

購入法人Ｂでは過剰に減価償却がとれた分、つまり売却法人Ａで今まで通常通りに減価償却していた額からの増額差分を売却法人Ａでは利益計上しなければいけません。そのため、グループ全体で見れば損得なしとなります。

なお、このような複雑な調整も売却法人Ａを購入法人Ｂと合併した場合は相殺され、グループ間売買がなかった場合と同じ利益額に着地することになります。

グループ子会社間での資金移動

グループ法人税制を適用した子会社間では、グループ内送金は貸借ではなく寄付（送る側）と贈与（受ける側）と扱うことができ、その受贈益が非課税になります。

ここでのメリットは、グループ法人間での資金移動は寄付と認識されるため貸借が発生しないことです。貸借が発生しないので精算の必要もなく、貸付利息も発生しません。

複数法人を経営する賃貸業では、「法人Aの売却益を法人Bに送金して自己資金に充当する」など全法人一体として経営しなければ資金繰りが困難ですので、法人間を自由に資金移動できることには意味があります。

グループ法人間で送金することが寄付と認識されることには違和感があると思います。ここでは、「寄付」という単語の持つ公益増進などのイメージから離れて、単純に**グループ法人間送金の精算が不要になる**と考えるのがいいでしょう。

なお、通常はグループ間送金には受贈益、寄付金の勘定科目が使われますが、このままだと金融機関からの問い合わせが相次ぐため、本書では「HD受贈益」「HD寄付金」の科目を作成しています。

また、前述の通り、寄付と贈与の無税を適用するにはHDを作成してホールディングス制にする必要があります。

グループ法人税制のデメリット

複数法人で経営する賃貸業にはメリットがあるグループ法人税制ですが、反面でデメリットもあり、次のような論点には注意が必要です。

ホールディングス制

- 無税でグループ間送金をするには持株会社（HD）を設立して株式の移動手続きをする必要がある
- HDは利益を生む仕事をしないにもかかわらず税理士費用や法人住民税均等割7万円がかかる
- 単純なグループ間の資金移動でも会計上は寄付金であるので、寄付をしすぎて赤字や債務超過になることがあり得る
- したがって、単純な資金移動によりP/Lの税引前利益額やB/S

の純資産額が変動し、真の利益や資産が分かりにくくなる（各社の税引前利益と税額がリンクしなくなる）

- ■グループ子会社から持株会社（HD）への送金は配当とみなされ課税される可能性がある。一度、社長を経由してHDに資金移動するなど工夫が必要
- ■金融機関側でも分かる人が少ないので解説資料を添付することが必須。「HD寄付金」「HD受贈益」は説明なしだと金融機関から必ず問い合わせが来る

グループ法人税制全般

- ■税の減額や繰延効果はない
- ■グループ内における形式的な不動産売買でも登録免許税、消費税は課税される

グループ法人税制は、このような問題も理解した上でうまく活用したい制度です。

4

「試算表作成」編

ここから先が本書の実践編です。
融資、税務など資産運用に必要な基礎知識を習得できたら、金融機関に提出するための試算表を作成します。
自分で資料を作るうちに、今まで気づかなかった自社の財務や物件ポートフォリオの特性に気づくこともあるでしょう。ぜひご自身の手でデータを作ってみてください。
財務の上級者は、試算表を賃貸業仕様にカスタマイズして最適化しましょう。分かりやすくなるだけでなく、税務資料に管理会計機能を付与することができます。
初心者は、賃貸業に特有の勘定科目を理解するところから始めてください。

4-1 損益計算書の作成

税務会計と管理会計を統合する

税理士作成の資料は、税務申告上で必要十分とされるテンプレートに沿って作られるため、必ずしも賃貸業には適合しません。

そのため、自分の会社の税務資料であるにもかかわらず、内容の分からない数値が出てくることもあるでしょう。

筆者の経験では、内訳の分かりにくい勘定科目について金融機関から問い合わせが入ることもありました。

たとえば、「多額の雑損失が計上されているが、これは何か？」というようなものです。雑損失が発生していた記憶もないので元帳をたどると消費税の調整額でした。雑損失という単語のイメージと中身が異なるため筆者も金融機関も理解していなかったのです。

そこで、筆者は勘定科目をカスタマイズすることを考えつきました。

真の雑損失である「雑損失」と、消費税に関する「雑損失（消費税）」に分ければ問い合わせが来ないのではないかと思ったわけです。

実際、勘定科目をカスタマイズしてからは試算表の数値についての問い合わせはなくなりました。

勘定科目のカスタマイズには金融機関が経営実態を把握しやすくする効果があるといえるでしょう。

勘定科目を変更するのにはほかにも理由があります。一言でいえば、財務状況を適切な切り口で集計して把握するためです。

たとえば、決算書だけでは賃料収入の内訳は把握できません。そのため、経営者自身も賃料内訳を知るために総勘定元帳までさかのぼらなければいけません。管理面や利便性を考えると試算表だけで内訳を確認したいところです。

さらに、粒度が高すぎる項目をまとめることも効率的です。

たとえば、賃貸業では「外注費」と「支払報酬」の区別は重要ではないものの通常は別になっているはずです。

これらは統合し、会社維持に必要な「外注費（一般）」と、賃貸資産の維持に必要な「外注費（不動産）」で勘定科目を分けるのがいいでしょう。

このように不要な勘定科目を削除して必要な科目を作ることにより、**税理士が作成する試算表に管理会計の機能を持たせることができます。**

自らが経営実態を理解するためにも税務会計と管理会計を統合するのは都合がいいでしょう。

これを実現するには賃貸業に適した勘定科目を考案する必要があります。また、委託先の税理士や経理担当者にも主旨を説明して理解してもらう必要があるでしょう。

経理の業務フローが大きく変わるため手間がかかりますが、本編を最後まで読み進めてもらえば実施する価値を理解できるはずです。

4

「試算表作成」編

▣「財務資料Excelシート」の活用法

本書では、賃貸業に最適な勘定科目一覧を特典としています。筆者のWebサイト（https://ytamagawa.com/x86）から「財務資料Excelシート」をダウンロードして「C 直近決算シート」をご覧ください。

筆者が長年かけて調整した、賃貸業に最適といえる勘定科目設計です。P.6の利用規約に基づきご利用ください。

この特典を勘定科目設計の完成形として採用し、まったく同じルールで試算表を作成するならば、**税理士に本書の仕様で試算表の作成を依頼し、また資料読解マニュアルとして本書を金融機関の担当者に提供すると便利**でしょう。

賃貸業はどの法人でも業務内容はほぼ同じであり、経営者と金融機関にとって必要な情報も同じであるため業務フローは同業間で共有できます。

図 4-1　筆者常用の連結試算表（損益計算書）

2022年6月末現在　連結P/L

勘定科目	連結	単純計	コアプラス 東京（株）	コアプラス 名古屋（株）	コアプラス 大阪（株）	コアプラス ホールディングス（株）
501［売上高］						
502 賃料・共益費収入	¥551,335,733	¥551,335,733	¥168,052,626	¥27,347,048	¥21,794,277	¥0
503 その他賃貸収入	¥2,975,659	¥2,975,659	¥1,301,740	¥0	¥0	¥0
504 礼金・更新・違約金	¥12,047,492	¥12,047,492	¥2,277,485	¥856,000	¥353,000	¥0
505 原状回復入居者負担金	¥5,836,037	¥5,836,037	¥1,215,008	¥756,113	¥143,000	¥0
506 不動産賃貸を除く他業収入	¥402,125	¥402,125	¥402,125	¥0	¥0	¥0
507 保有不動産売却	¥197,003,705	¥197,003,705	¥133,661,579	¥0	¥0	¥0
514 その他売上高	¥0	¥0	¥0	¥0	¥0	¥0
515 グループ間取引売上	¥0	¥27,472,500	¥20,790,000	¥0	¥0	¥6,682,500
516 売上高合計	¥769,600,751	¥797,073,251	¥327,700,563	¥28,959,161	¥22,290,277	¥6,682,500
517［売上原価］						
518 期首商品棚卸高	¥0	¥0	¥0	¥0	¥0	¥0
519 当期商品仕入高	¥0	¥0	¥0	¥0	¥0	¥0
520 合計	¥0	¥0	¥0	¥0	¥0	¥0
521 期末商品棚卸高	¥0	¥0	¥0	¥0	¥0	¥0
522 売上原価	¥0	¥0	¥0	¥0	¥0	¥0
523 売上総損益金額	¥769,600,751	¥797,073,251	¥327,700,563	¥28,959,161	¥22,290,277	¥6,682,500
536［販売管理費］						
537 役員報酬	¥8,962,200	¥8,962,200	¥8,962,200	¥0	¥0	¥0
538 給料手当	¥1,670,500	¥1,670,500	¥1,670,500	¥0	¥0	¥0
539 法定福利費	¥1,165,885	¥1,165,885	¥1,165,885	¥0	¥0	¥0
540 福利厚生費	¥379,010	¥379,010	¥379,010	¥0	¥0	¥0
541 PM管理手数料	¥26,683,083	¥26,683,083	¥8,251,043	¥1,305,543	¥1,040,454	¥0
542 BM建物管理料	¥24,766,976	¥24,766,976	¥9,796,586	¥1,354,650	¥652,410	¥0
543 物件公共料金	¥10,670,814	¥10,670,814	¥3,736,213	¥408,885	¥159,558	¥0
544 AD広告宣伝費	¥4,168,450	¥4,168,450	¥940,750	¥396,000	¥231,000	¥0
545 その他賃貸経費	¥0	¥0	¥0	¥0	¥0	¥0
546 修繕・原状回復費	¥69,224,744	¥69,224,744	¥30,365,994	¥3,575,814	¥3,040,531	¥0
548 外注費（不動産）	¥20,877,246	¥20,877,246	¥14,366,122	¥0	¥0	¥0
549 外注費（一般）	¥10,710,601	¥10,710,601	¥10,710,601	¥0	¥0	¥0
550 グループ内業務委託費	¥0	¥27,472,500	¥445,500	¥1,930,500	¥1,930,500	¥0
551 広告宣伝費	¥1,051,925	¥1,051,925	¥1,051,925	¥0	¥0	¥0
552 交際費	¥3,114,160	¥3,114,160	¥3,114,160	¥0	¥0	¥0
553 会議費	¥933,700	¥933,700	¥933,700	¥0	¥0	¥0
554 旅費交通費	¥2,929,616	¥2,929,616	¥2,924,616	¥0	¥0	¥0
555 通信費	¥797,832	¥797,832	¥797,832	¥0	¥0	¥0
556 消耗品費	¥9,252,559	¥9,252,559	¥9,252,559	¥0	¥0	¥0
557 事務用品費	¥0	¥0	¥0	¥0	¥0	¥0
558 水道光熱費	¥788,524	¥788,524	¥759,866	¥0	¥0	¥0
560 支払手数料	¥1,001,505	¥1,001,505	¥698,187	¥6,325	¥11,275	¥9,900
561 融資アップフロント等	¥2,971,201	¥2,971,201	¥358,701	¥0	¥0	¥0

565 租税公課(その他)	¥2,492,484	¥2,492,484	¥2,423,688	¥0	¥0	¥10,000
567 減価償却費	¥142,036,220	¥142,036,220	¥56,112,914	¥4,817,160	¥3,459,000	¥0
568 長期前払費用償却	¥1,568,336	¥1,568,336	¥1,238,702	¥0	¥0	¥0
569 繰延消費税償却(消費税)	¥10,200,837	¥10,200,837	¥10,200,837	¥0	¥0	¥0
570 繰延資産償却(販)	¥0	¥0	¥0	¥0	¥0	¥0
571 荷造運賃	¥565,745	¥565,745	¥565,745	¥0	¥0	¥0
572 新聞図書費	¥1,987,424	¥1,987,424	¥1,987,424	¥0	¥0	¥0
574 リース料	¥0	¥0	¥0	¥0	¥0	¥0
575 寄付金	¥0	¥0	¥0	¥0	¥0	¥0
576 貸倒損失(販)	¥0	¥0	¥0	¥0	¥0	¥0
577 雑費	¥0	¥0	¥0	¥0	¥0	¥0
578 販売管理費計	¥389,188,277	¥416,660,777	¥191,158,850	¥15,101,757	¥11,522,338	¥19,900
579 営業損益金額	¥380,412,474	¥380,412,474	¥136,541,713	¥13,857,404	¥10,767,939	¥6,662,600
599［営業外収益］						
600 受取利息	¥10,158	¥10,158	¥6,925	¥34	¥78	¥127
601 受取配当金	¥1,133,000	¥1,133,000	¥945,400	¥1,500	¥10,500	¥0
602 雑収入(一般)	¥3,400,000	¥3,400,000	¥2,400,000	¥0	¥0	¥0
603 雑収入(税金還付)	¥0	¥0	¥0	¥0	¥0	¥0
604 雑収入(消費税)	¥5,185,670	¥5,185,670	¥4,868,989	¥0	¥0	¥0
605 受取和解金	¥0	¥0	¥0	¥0	¥0	¥0
606 政府補助金等収入	¥0	¥0	¥0	¥0	¥0	¥0
607 保険金収入	¥1,104,546	¥1,104,546	¥793,200	¥129,240	¥0	¥0
608 営業外収益合計	¥10,833,374	¥10,833,374	¥9,014,514	¥130,774	¥10,578	¥127
619［営業外費用］						
620 支払利息	¥117,515,883	¥117,515,883	¥48,646,618	¥2,204,823	¥3,190,933	¥942,568
621 雑損失(一般)	¥200,000	¥200,000	¥200,000	¥0	¥0	¥0
622 雑損失(消費税)	¥26,873,913	¥26,873,913	¥24,962,066	¥0	¥641,722	¥0
623 営業外費用合計	¥144,589,796	¥144,589,796	¥73,808,684	¥2,204,823	¥3,832,655	¥942,568
624 経常損益金額	¥246,656,052	¥246,656,052	¥71,747,543	¥11,783,355	¥6,945,862	¥5,720,159
637［特別利益］						
638 前期損益修正益	¥0	¥0	¥0	¥0	¥0	¥0
639 固定資産売却益	¥0	¥0	¥0	¥0	¥0	¥0
640 HD受贈益	¥0	¥0	¥0	¥0	¥0	¥0
641 特別利益合計	¥0	¥0	¥0	¥0	¥0	¥0
651［特別損失］						
652 投資有価証券売却損	¥0	¥0	¥0	¥0	¥0	¥0
653 HD寄付金	¥0	¥0	¥0	¥0	¥0	¥0
654 特別損失合計	¥0	¥0	¥0	¥0	¥0	¥0
664［当期純損益］						
665 税引前当期純損益金額	¥246,656,052	¥246,656,052	¥71,747,543	¥11,783,355	¥6,945,862	¥5,720,159
666 法人税等	¥232,860	¥232,860	¥194,091	¥310	¥2,154	¥19
667 法人税等調整額	¥0	¥0	¥0	¥0	¥0	¥0
668 当期純損益金額	¥246,423,192	¥246,423,192	¥71,553,452	¥11,783,045	¥6,943,708	¥5,720,140

※ 数値はサンプル。表示されている4社の合計と単純計、連結計は一致しない

初心者は勘定科目のカスタマイズにまでは至らないかもしれません。それでも本編を最後まで読む意味はあります。

初心者には別の課題があるからです。おそらく、P/L（損益計算書）やB/S（貸借対照表）の項目のなかで完全には理解できていない勘定科目があるでしょう。

本編の解説は、賃貸業において必要な知識に限定しているため、一般的な経理解説書よりは理解しやすいはずです。この機会に試算表の読み方をマスターしましょう。

損益計算書の勘定科目

以降は、ダウンロードした「財務資料Excelシート」と照らし合わせながら読み進めてください。

P/Lから見ていきます。

結論としては、前ページの**図4-1**のような勘定科目にカスタマイズして法人ごとに集計します。グループ全社の合計も記載するため、本書では「連結試算表」と呼びます。

なお、[501] から始まる科目コードは、Excel上で小さい順に並び替えると意図通りの並び順で表示されるようになっています。並び替え以外の目的では使っていない管理用コードです。

売上を細分化して実態把握

売上の内容把握から始めましょう。売上は次のように分割して試算表上で表示しています。

勘定科目		内容
502	賃料・共益費収入	毎月かつ定額で入金する賃料
503	その他賃貸収入	不定期、不定額で入金する自販機収入など。また、光熱費立替など
504	礼金・更新・違約金	入退去にかかわる礼金、更新料、違約金
505	原状回復入居者負担金	原状回復費用の入居者負担金
506	不動産賃貸を除く他業収入	書籍印税など不動産賃貸以外の収入
507	保有不動産売却	不動産売却益
515	グループ間取引売上	複数法人を経営し、取引した際のグループ法人の売上

一見すれば賃貸業に特有の要素にカスタマイズしてあることが分かります。

個別の勘定科目を見ていきましょう。まずは試算表の中身を熟知することが重要です。

▣賃料・共益費収入

毎月入金される通常の賃料収入を計上します。賃料・共益費収入は毎月一定となるイメージです。

金融機関もそのように期待しているため、大きく売上が増減すると経営状況の問い合わせ対象となるはずです。

なお、**賃料滞納で未回収が発生している状況でも本来入金されるべき賃料を計上します。**

▣ 礼金・更新・違約金

礼金・更新・違約金は例外的な収入のように見えますが、賃貸業の業務フローを考えると定期的に収入するものといえます。

そのため、**礼金・更新・違約金の収入は実質的に賃料である**と考えます。これらをきちんと課金できる競争力があるのかを数値で確認します。

なお、このような分類の仕方は一例に過ぎません。管理会社から発行されるPMレポートの分類方法が適切ならばそれに従っても構いません。PMレポートと異なる仕訳にすると、対応づけと再集計の手間が発生するためです。

▣ 原状回復入居者負担金

賃貸業では、**原状回復の際に入居者負担となる費用は売上計上**となります。

入退去の際の入出金は相殺が多く、実入金、PMレポート、会計データの各一致を確認するのは苦労しますが、入退去の明細はきちんと確認しておきたいところです。

▣ 不動産賃貸を除く他業収入

賃貸業の売上のほとんどは賃料収入です。それに加えて、コンサルティング、仲介など他業を営んでいる法人もあるでしょう。

他業売上もすべてまとめて売上として計上されていると、賃料収入の総額を把握するのも一苦労です。それを避けるため**賃貸業と他業で売上の勘定科目を分離しています。**

▣ 保有不動産売却

賃貸業では、保有不動産の売却益は特別な指定がなければ特別利益に計上されます。

ただし、**保有不動産の売却益を売上計上しても差しつかえはない**でしょう。金融機関の審査上も売上に入れたほうが加点となることがあります。

それならば不動産売却益は経常利益に計上して、保有不動産売却損は特別損失として経常利益の減少を避けたいところですが、誠実な債務者という側面を考えると恣意的な仕訳は避けて一貫性を維持する必要があります。

なお、**保有不動産売却益を売上計上する場合は、売買総額ではなく税務上の利益額のみを計上する**のが妥当といえます。通常は特別利益に入れる科目のためです。

▣ グループ間取引売上

賃貸資産が増えて複数の法人を経営するフェーズでは、グループ間取引を独立した勘定科目にすることは必須ともいえます。

グループ間取引の売上は実態のある売上ではありませんから、実態把握には除外する必要があるためです。図4-1上の単純計では合算されていますが、連結計ではゼロとなっていることを確認してください。

▣ 月別売上の把握

月別の売上が必要となるのは、信用保証協会などへの融資申込時などが考えられます。

機会は多くないため、都度、会計ソフトを自分で操作して出力しても間に合います。その際は売上が税込なのか税抜なのかを注記すべきです。

雑収入の内訳理解

ここからは、やや複雑な勘定科目が出てきます。

まずは雑収入を分解して把握しましょう。**雑収入は売上とはやや意味合いが異なるため、会計上は本業以外の一時的な収入として扱われ、売上にカウントされない**ことが特徴です。

雑収入について何となくは理解していても、その内容にまで踏み込んでいる経営者は多くないでしょう。

雑収入の構成要素は分かりにくいため、本書では雑収入としてひとまとめにせず、その内容ごとに分離して勘定科目を作成します。

勘定科目	内容
602　雑収入（一般）	複数年契約の解約による返金、和解金受取など本業売上とは異なる収入
603　雑収入（税金還付）	源泉税、所得税、消費税などの税金還付（不課税）
604　雑収入（消費税）	簡易課税の場合のみ使用。原則課税の基準額と比較して有利となった額
606　政府補助金等収入	政府補助金、利子補給など
607　保険金収入	火災保険の損害保険金収入など

▣定期的に発生する雑収入の独立

雑収入は、「その他収入」といえる勘定科目です。**対金融機関で考えると、内容が不明瞭という点で、大きな金額を計上することは避けるべき**です。

不動産賃貸業において雑収入として計上されるのは、火災保険の保険請求、政府補助金、複数年契約の保険の途中解約による払戻金、和解金、従業員から受け取る社宅家賃など候補が決まっています。

そのため、そのなかでも定期的に発生する収入は独立した勘定科目を作って計上すると分かりやすくなります。

つまり、「その他」の傾向を把握して、できる限り「その他」にひとまとめにせず可視化する考え方です。

これは管理会計の役割も果たします。たとえば、保険金収入は独立した勘定科目で集計すれば火災保険で年間いくらの保険金請求ができたか分かります。そして、そこから保険の掛金に対していかほど回収できたかを計算できます。

個別の科目を確認していきましょう。

▣雑収入（一般）

［雑収入（一般）］は、文字通りの雑多な収入です。長期契約の解約による

返金など、売上とは性質の異なる雑多な入金が該当します。**その多くは課税対象**です。

複数年度を前払いした火災保険の早期解約による返金などは、多額の雑収入として計上されることもあるので確認が必要です。

▣ 雑収入（税金還付）

［雑収入（税金還付）］は、主に法人税等や消費税の還付金が計上されます。

たとえば、「前期に多額の利益が発生したため当期に多額の中間納付を支払ったものの、当期は赤字で納税なし」といったシナリオにおいては多額の法人税還付が発生します。

税の還付金は、ほかの雑収入とは違い不課税（課税されない）である点が重要です。

つまり、税金還付は［雑収入（一般）］とはまったく性質が異なる収入です。そのため［雑収入（税金還付）］として独立させて不課税の還付金を入れる専用の科目とします。

したがって、不課税となる消費税の還付金収入は、［雑収入（消費税）］ではなく［雑収入（税金還付）］に計上します。

▣ 雑収入（消費税）

［雑収入（消費税）］には、消費税の簡易課税事業者において「基準額 > 消費税の納税額」となった場合の「勝ち」差額が入ります。

基準額とは、原則課税で全額還付（税負担なしのパススルー）となった場合の納税額です。➡P.182

免税事業者では消費税を考慮せず、原則課税では「勝ち」差額の発生はあり得ないため、簡易課税以外では［雑収入（消費税）］を使うことはありません。

販売管理費の勘定科目

ここまでで収入を細分化して把握することができました。

次は経費を管理していきましょう。販売管理費のうち賃貸業に特有の項目を列挙します。こちらも見覚えのある用語が多いでしょう。

勘定科目		内容
541	PM 管理手数料	管理会社への管理手数料
542	BM 建物管理料	物件の日常清掃やエレベーターメンテナンスなど
543	物件公共料金	物件の公共料金。自社で使用した光熱費は別項目で計上
544	AD 広告宣伝費	賃貸仲介手数料や AD 広告宣伝費
545	その他賃貸経費	ほかのどれにも当てはまらない賃貸経費
546	修繕・原状回復費	共用部の修繕や室内の原状回復費
548	外注費（不動産）	境界確定、登記、鑑定など不動産由来の費用
549	外注費（一般）	税理士費用、印刷費、Web 制作など
550	グループ内業務委託費	グループ内企業に支払った業務委託費
558	水道光熱費	賃貸資産ではない自社などで使用した光熱費
560	支払手数料	金融機関の振込手数料やネットバンキング利用料
561	融資アップフロント等	融資実行時と解約時の手数料
563	保険料	火災保険などの保険料
564	租税公課（固都税）	各物件の固定資産税と都市計画税
565	租税公課（その他）	不動産取得税など。法人税等は含まない

567	減価償却費	主に建物の減価償却費
568	長期前払費用償却	長期一括で支払った火災保険、融資保証料等の当期損金分など
569	繰延消費税償却（消費税）	長期償却する不還付消費税のうち当期損金分
574	リース料	給湯器などのリース費用

▣ 減価償却費

本書をここまで読み進めてきた読者の皆さんには、減価償却とは何かをあらためて説明する必要はないでしょう。

B/Sの［建物］［附属設備］［構築物］［工具器具備品］［一括償却資産］が減価償却の対象資産です。

▣ 長期前払費用償却

［長期前払費用償却］は、翌期以降の経費を先払いした場合に計上する勘定科目です。

たとえば、火災保険、融資保証料などは10年分を一括で支払うなどの契約になっています。しかし、当期に経費計上できるのは当期の利用に相当する金額のみです（10年契約の初年度分であれば総額の$\frac{1}{10}$など）。

そのため、**前払いした費用は全額をいったんB/Sの［長期前払費用］に計上し、［長期前払費用償却］で損金化した額が［長期前払費用］から差し引かれる**仕組みです。

したがって、［翌期長期前払費用 ＝ 当期長期前払費用 − 当期長期前払費用償却］となります。考え方としては減価償却と同じです。

▣ 繰延消費税償却（消費税）

通常は意識することのない項目ですが、賃貸業では繰延消費税が税引前利益に大きく影響するため必ずおさえておきたい勘定科目です。

多くの場合、賃貸業では支払った消費税の満額が還付されることはありません。不還付となった消費税は損金となります。➡P.186

少額な不還付は［雑損失（消費税）］に入りますが、建物取得時などに発生した高額な不還付消費税は［繰延消費税（消費税）］に計上して6年間で償却していきます（➡P.201）。そのうち当期の償却分が［繰延消費税償却（消費税）］です。

通常、繰延消費税償却は［長期前払費用償却］に入る内容ですが、長期前払費用の言葉のイメージと消費税がリンクせず分かりにくいため勘定科目を独立させています。

2020年の税法改正により**住居系賃貸業では還付されない消費税が増えたため、［繰延消費税償却（消費税）］の金額は増加傾向であり、内容の理解が必要**です。

営業外費用と雑損失

営業外費用も見ていきましょう。このなかでは雑損失が重要です。雑損失もひとまとめにせず内容ごとに細分化して独立した勘定科目を作ります。

勘定科目		内容
620	支払利息	金融機関からの借入金に対する利息
621	雑損失（一般）	本業とは無関係かつ一時的な損失
622	雑損失（消費税）	少額な購買にかかわる不還付消費税額
666	法人税等	当期の事業所得に対する納税額。消費税、固都税を除く

▣支払利息

賃貸業において支払利息が本業の営業にかかわる費用であることは間違いありません。そのため、営業外費用に計上するのは違和感がありますが、会計規則上は営業外費用として表示することになっています。

どこに表示しても実務に影響はないので規定通り営業外費用としています。

▣雑損失（一般）

賃貸業で雑損失が発生することは多くありません。経理間違いの修正による調整などは雑損失に入ります。雑損失が多額だと金融機関からその内訳を尋ねられるため、多用すべき勘定科目ではありません。

▣雑損失（消費税）

［雑損失（消費税）］は、還付されない消費税のうち当期一括で損金計上できる金額です。➡P.186

雑損失としてすべてまとめると多額の損失が発生したように見えるため、［雑損失（一般）］とは区別して［雑損失（消費税）］を独立させています。

なお、原則課税では、期末に課税売上割合を確定させなければ不還付消費税額も確定しません。

そのため、単一の購入にかかわる不還付消費税が20万円以上となり繰延消費税となるか、それ未満で雑損失であるかが確定できないという実務上の問題があります。

その対応として、経理実務では、期中の試算表はすべて［雑損失（消費税）］で損金計上し、期末に課税売上割合が確定してから［繰延消費税（消費税）］とすべき費用をまとめて抽出して［雑損失（消費税）］から移動することもあります。

そのような処理をしている場合、**期中試算表の段階では［雑損失（消費税）］が過大に計上されて、利益が少なく見えていることがあるため注意が必要**です。

▣法人税等

決算月の試算表に出てくる法人税等の合計額は、［当期中間納税納付済み額 ＋ 法人決算後2カ月以内に支払う税額］とおおよそ一致します。自社の納税履歴と試算表を照らし合わせて確認しましょう。

なお、法人税等に固都税、消費税は含まれません。

損益計算書の仕上げポイント

試算表を作成したら経営者はP/Lの内容を精査する必要があります。賃貸業において意識するべきは次のような点です。

▣ 税引前利益と課税所得の違い

課税対象は、税引前利益ではなく課税所得であることは重要です。多くの場合、[課税所得 ≒ 税引前利益 − 当期に支払った事業税等] となります。P/Lの仕上げとして課税所得を確認しましょう。

▣ 法人税の軽減税率を活用

中小賃貸業では、年間課税対象800万円の着地が長年続くことが税の最適化方法の1つです。➡P.158

賃貸業では、賃料収入、賃貸経費、減価償却だけでなく、**[雑損失(消費税)] [繰延消費税償却(消費税)] も税引前利益に大きく影響します。**これらの消費税に起因する損失が多額になるのは賃貸業特有の現象ともいえます。

これらは実際に支払う経費ではなく、会計上の損失であるため意識する経営者は少ないでしょう。意図しない大きな損金が計上され、利益を押し下げることもあるため注意が必要です。

▣ 黒字化の見通し

特殊要因で赤字となった場合でも、通常の年は黒字になることを金融機関に説明しましょう。賃貸資産を連続で取得して赤字になったり、売却損が出たなどは注釈を付けることが必要でしょう。

黒字にならなければ経費を減らす必要があります。当期一括損金ではなく長期償却にできる経費がないかを確認します。中小賃貸業の経理実務では、当期損金を減らすことについてはそこまで神経質ではありません。

ただし、債務者としての側面を考えると、会計には一定のルールと連続性が必要であることはいうまでもありません。

▣ 賃貸売上と経費の照合

賃貸経費は管理会社発行の年間レポートと照合します。[PM管理手数料][BM建物管理料][物件公共料金][AD広告宣伝費]などは管理会社からのレポートと照合すればすぐに整合性を確認できます。

しかし、税理士や管理会社の入出金管理やレポートが間違っているのは珍しいことではありません。数値だけを信用せずに、最後は経営者の肌感覚との乖離がないかを確認することが必要です。内部者の不正対策にもつながるはずです。

▣ 売上は税込と税抜を意識する

賃貸業が拡大すれば複数法人を経営することもあるでしょう。その際には連結試算表を作成して、複数法人の売上を合算して把握する必要があります。

複数法人の財務諸表を合算する際には、税込と税抜を考えないで単純に合計することはできません。どちらかに統一する必要があることを覚えておきましょう。

中小賃貸業であれば、免税事業者として消費税も含めて収支と考えることが多いでしょう。そのため税込表記で統一するのが実態をとらえているといえます。

本書の連結試算表でも、課税事業者と免税事業者ともに税込表記に統一しています。法人の経営状況に合わせて税込または税抜表記のどちらかを選択してください。

なお、課税事業者の決算書は通常は税抜表記で作成するため、連結試算表を税込表記で作成すると決算書の数値と一致しません。この点は金融機関に説明すべきでしょう。

▣ 課税売上割合の確認

原則課税の場合、課税売上割合は消費税の還付率に影響を与えます。簡易課税や免税の場合でも、課税売上の金額により消費税の課税事業者ステータスに変更が発生するため常に気にしておきたい値です。

試算表からは課税売上割合を確認することはできません。会計ソフトの操作により課税売上割合を確認します。

▣交際費の確認

交際費は賃貸業に限った話ではないため詳細は他書に譲ります。

税の規定として、交際費のすべてが経費化されるとは限らない点に注意が必要です。多額の交際費があれば金融機関からも問い合わせが入る可能性があります。

NOIの計算

試算表が完成したら、税務資料では計算されない投資や融資に特有の指標を計算しましょう。最低でもNOI（Net Operating Income）が計算できる試算表ができている必要があります。

NOIは、賃貸業の収益性を論じる際には必ず計算が必要な指標です。一言でいえば、賃貸資産から上がる粗利益といえます（**図4-2**）。

図4-2　NOIを構成する勘定科目

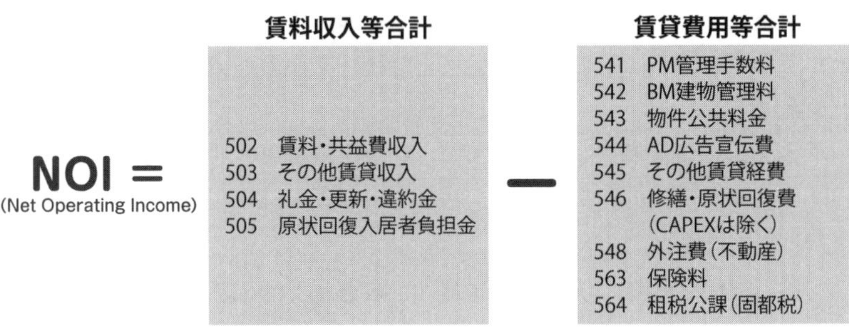

企業価値評価で使われるEBITDA（Earnings Before Interest Taxes Depreciation and Amortization）と計算式がほぼ同じであり、同じ意味合いです。

賃貸業の実質的な年間利益は、［NOI −（借入金利 ＋ 税金）］となります。物件時価が変わらなければ、この分だけ純資産が増える計算です。

なお、NOIは税引前が前提のため減価償却を無視します。

NOI計算上のポイントは、**修繕・原状回復工事費のうちCAPEX（≒減**

価償却に計上される付加価値工事）は、NOI計算上の経費からは除外されることです。CAPEXは建物の増築と同じ扱いと考えるためです。

そのため、NOIは入居率だけでなく運用者の修繕ポリシーにも影響を受けます。

修繕やCAPEXをどれだけ投下するか。賃貸資産の工事を修繕とするかCAPEXと認識するか。これらは運用方法に依存します。したがって、他人が算出したNOIは内訳をよく確認する必要があるといえます。

スプレッドの計算

NOIは物件の実力を評価するためには有用ですが、賃貸業で最重要といえる借入事情が考慮されていません。そのため、「その物件をこの融資との組み合わせで保有したときにどれだけの利益が生まれるか」という評価はできません。

そこで、有効な収益指標となるのがスプレッドです。

スプレッドによる収益性の比較

■保有シナリオA ➡ [純利回り10% ＝ NOI 100, 支払利息30]
＝ 100 － 30 ＝ スプレッド70（7%）

■保有シナリオB ➡ [純利回り9% ＝ NOI 90, 支払利息10]
＝ 90 － 10 ＝ スプレッド80（8%）

＊ 賃貸資産の価格を1,000とする

たとえば、シナリオAはBよりもNOIが多く出る高収益物件ですが、融資も考慮するとBが有利です。

スプレッドは、REIT（不動産投資信託）ではFFO（Funds From Operation）として重視されている収益指標です。

［FFO ＝ 当期純利益 － 不動産売却損益 ＋ 減価償却費］で計算されます。粗くまとめれば、[NOI － 支払金利］といえます。

賃貸業においてスプレッドという用語や概念は一般的ではありませんが、筆者は収益試算をする際には最も重視しています。
たとえば、100億円の総保有に対して平均スプレッド2%であれば年間2億円の利益という考え方をします。

余談ですが、海外のファンドが不動産利回りの国際比較をするときには、国ごとに国債利回りと不動産NOI利回りのスプレッドを論じることがよくあります。
金利がゼロで、文字通り「リスクなくしてリターンなし」の日本円とは異なり、国や通貨によっては無リスクの預金利子が10%を超えることもあります。この状況下では利回り10%の投資対象に魅力はないといえます。
このように、**本来は預金や国債のような無リスク利回り（リスクフリーレート）と比較しなければ投資対象の利回りが魅力的であるかは分かりません。**
日本の賃貸業がリスクフリーレートやスプレッドに疎いのは、日本の無リスク金利がゼロであることに慣れすぎているからかもしれません。

DSCRの計算

試算表からDSCR（Debt Service Coverage Ratio）も計算できるようにしましょう。DSCRの計算には、NOI、支払利息と元金返済額合計（➡P.262）が必要です。
それぞれを参照して、［年間NOI /（年間元金 ＋ 年間利息）］で計算します。通常、NOIや元金返済額合計は税理士作成の資料には出ていませんので自ら計算する必要があります。
NOIや返済額は、期中に物件売買、借入、返済があると大きく変わるため、DSCRの計算を求めている金融機関に計算ルールを確認する必要があります。
なお、DSCRは賃貸業の最大の経費である税を考慮しません。そのため、実務上は有用性を欠き、筆者は経営の参考に利用したことはありません。
しかし、コベナンツ付き融資（➡P.80）の際にはトリガー条項を構成する要素となることもあるため理解が必要です。

4-2 貸借対照表の作成

貸借対照表の勘定科目

P/Lが完成したらB/Sも作っていきましょう。B/Sは比較的カスタマイズする部分は少なく、会計ソフトの標準出力と大きく変わりません（**図4-3**）。

預金と借入金

預金、信金出資金、借入金など、金融機関との取引に関係する項目をまとめます。

勘定科目		内容
103	普通預金	試算表作成時の普通預金残高
104	定期預金	同定期預金
105	定期積金	同定期積金
106	通知預金	同通知預金
210	出資金	主に信金信組への出資金
303	長期借入金（不動産購入）	銀行借入残高のうち不動産購入名目
304	長期借入金（運転資金）	同運転資金
305	長期借入金（修繕資金）	同修繕資金
306	長期借入金（その他）	同他業借入などのその他

図 4-3　筆者常用の連結試算表（貸借対照表）

2022年6月末現在　連結B/S

勘定科目	連結	単純計	コアプラス 東京（株）	コアプラス 名古屋（株）	コアプラス 大阪（株）	コアプラス ホールディングス（株）
101［現金・預金］						
102 現金	¥18,638,093	¥18,638,093	¥1,038,693	¥1,100,000	¥1,100,000	¥1,100,000
103 普通預金	¥727,888,479	¥727,888,479	¥412,288,719	¥3,468,706	¥6,309,888	¥7,983,089
104 定期預金	¥42,000,678	¥42,000,678	¥42,000,678	¥0	¥0	¥0
105 定期積金	¥3,230,000	¥3,230,000	¥1,730,000	¥0	¥0	¥0
106 通知預金	¥0	¥0	¥0	¥0	¥0	¥0
107 現金・預金合計	¥791,757,250	¥791,757,250	¥457,058,090	¥4,568,706	¥7,409,888	¥9,083,089
118［売上債権］						
119 売掛金	¥0	¥0	¥0	¥0	¥0	¥0
120 売上債権合計	¥0	¥0	¥0	¥0	¥0	¥0
131［有価証券］						
132 有価証券合計	¥0	¥0	¥0	¥0	¥0	¥0
139［棚卸資産］						
140 商品	¥0	¥0	¥0	¥0	¥0	¥0
141 棚卸資産合計	¥0	¥0	¥0	¥0	¥0	¥0
148［他流動資産］						
149 前渡金	¥0	¥0	¥0	¥0	¥0	¥0
150 立替金	¥0	¥0	¥0	¥0	¥0	¥0
151 前払費用	¥69,772	¥69,772	¥0	¥0	¥0	¥0
152 繰延税金資産（流）	¥0	¥0	¥0	¥0	¥0	¥0
153 短期貸付金	¥0	¥0	¥0	¥0	¥0	¥0
154 役員貸付金	¥0	¥0	¥0	¥0	¥0	¥0
155 未収入金（グループ間取引）	¥0	¥164,487,702	¥20,790,000	¥9,006,214	¥2,538,134	¥4,020,800
156 未収入金（税金還付）	¥0	¥0	¥0	¥0	¥0	¥0
157 未収入金（一般）	¥0	¥0	¥0	¥0	¥0	¥0
158 仮払金（一般）	¥0	¥0	¥0	¥0	¥0	¥0
159 仮払金（グループ内送金）	¥0	¥0	¥0	¥0	¥0	¥0
160 仮払消費税等	¥-11,614,281	¥-11,614,281	¥-10,003,950	¥0	¥-642,322	¥0
161 他流動資産合計	¥-11,544,509	¥152,943,193	¥10,786,050	¥9,006,214	¥1,895,812	¥4,020,800
162 流動資産合計	¥780,212,741	¥944,700,443	¥467,844,140	¥13,574,920	¥9,305,700	¥13,103,889
172［有形固定資産］						
173 建物	¥2,682,422,859	¥2,682,422,859	¥905,099,958	¥137,747,816	¥67,831,518	¥0
174 附属設備	¥138,202,673	¥138,202,673	¥35,956,082	¥0	¥2,011,572	¥0
175 構築物	¥4,112,530	¥4,112,530	¥1,795,877	¥0	¥0	¥0
176 工具器具備品	¥6,517,181	¥6,517,181	¥4,203,883	¥267,597	¥359,040	¥0
177 一括償却資産	¥106,565	¥106,565	¥106,565	¥0	¥0	¥0
178 減価償却累計額	¥0	¥0	¥0	¥0	¥0	¥0
179 土地	¥6,319,150,249	¥6,319,150,249	¥2,193,005,368	¥262,709,157	¥286,363,375	¥0
180 建設仮勘定	¥4,179,000	¥4,179,000	¥0	¥0	¥0	¥0
181 有形固定資産計	¥9,154,691,057	¥9,154,691,057	¥3,140,167,733	¥400,724,570	¥356,565,505	¥0

208 [投資その他の資産]						
209 投資有価証券	¥0	¥0	¥0	¥0	¥0	¥0
210 出資金	¥41,910,000	¥41,910,000	¥32,710,000	¥50,000	¥350,000	¥0
211 差入保証金	¥600,000	¥600,000	¥600,000	¥0	¥0	¥0
212 長期前払費用(一般)	¥4,640,679	¥4,640,679	¥2,715,316	¥0	¥0	¥0
213 繰延消費税(消費税)	¥46,062,602	¥46,062,602	¥46,062,602	¥0	¥0	¥0
214 保険積立金	¥7,486,800	¥7,486,800	¥7,486,800	¥0	¥0	¥0
216 関係会社株式	¥0	¥90,000,000	¥0	¥0	¥0	¥90,000,000
217 投資その他の資産合計	¥100,700,081	¥190,700,081	¥89,574,718	¥50,000	¥350,000	¥90,000,000
218 固定資産合計	¥9,255,391,138	¥9,345,391,138	¥3,229,742,451	¥400,774,570	¥356,915,505	¥90,000,000
228 [繰延資産]						
229 開業費	¥0	¥0	¥0	¥0	¥0	¥0
230 創立費	¥0	¥0	¥0	¥0	¥0	¥0
231 繰延資産合計	¥0	¥0	¥0	¥0	¥0	¥0
246 資産合計	¥10,035,603,879	¥10,290,091,581	¥3,697,586,591	¥414,349,490	¥366,221,205	¥103,103,889
259 [仕入債務]						
260 仕入債務合計	¥0	¥0	¥0	¥0	¥0	¥0
273 [他流動負債]						
274 役員借入金	¥157,951,858	¥157,951,858	¥78,179,293	¥760,000	¥820,000	¥28,948,254
275 短期借入金	¥0	¥0	¥0	¥0	¥0	¥0
276 前受収益	¥0	¥0	¥0	¥0	¥0	¥0
277 未払金(グループ間取引)	¥0	¥164,487,702	¥137,460,702	¥1,930,500	¥1,930,500	¥0
278 未払金(給与)	¥145,968	¥145,968	¥145,968	¥0	¥0	¥0
279 未払金(一般)	¥2,037,107	¥2,037,107	¥2,035,732	¥0	¥0	¥0
280 未払費用	¥0	¥0	¥0	¥0	¥0	¥0
281 未払法人税等	¥-62,071,900	¥-62,071,900	¥-33,811,200	¥-1,141,000	¥-1,074,500	¥-1,137,500
282 未払消費税等	¥24,045,300	¥24,045,300	¥21,647,600	¥0	¥547,600	¥0
283 前受金	¥131,978	¥131,978	¥131,978	¥0	¥0	¥0
284 預り金(一般)	¥0	¥0	¥0	¥0	¥0	¥0
285 預り金(年金保険源泉税)	¥510,209	¥510,209	¥510,107	¥0	¥0	¥0
286 仮受金(賃料回収)	¥29,084,703	¥29,084,703	¥29,084,703	¥0	¥0	¥0
287 仮受金(グループ内送金)	¥0	¥0	¥0	¥0	¥0	¥0
288 仮受金(一般)	¥0	¥0	¥0	¥0	¥0	¥0
289 預り保証金	¥74,706,885	¥74,706,885	¥13,159,652	¥3,075,000	¥3,821,800	¥0
290 仮受消費税等	¥-29,065,138	¥-29,065,138	¥-25,068,373	¥0	¥-913,000	¥0
291 他流動負債合計	¥197,476,970	¥361,964,672	¥223,476,162	¥4,624,500	¥5,132,400	¥27,810,754
292 流動負債合計	¥197,476,970	¥361,964,672	¥223,476,162	¥4,624,500	¥5,132,400	¥27,810,754
302 [固定負債]						
303 長期借入金(不動産購入)	¥8,063,398,235	¥8,063,398,235	¥2,754,121,577	¥289,146,337	¥313,706,389	¥0
304 長期借入金(運転資金)	¥364,355,133	¥364,355,133	¥218,221,684	¥0	¥0	¥32,502,449
305 長期借入金(修繕資金)	¥187,445,651	¥187,445,651	¥127,245,743	¥0	¥0	¥0
306 長期借入金(その他)	¥0	¥0	¥0	¥0	¥0	¥0
307 長期未払金(一般)	¥0	¥0	¥0	¥0	¥0	¥0
308 預り敷金	¥0	¥0	¥0	¥0	¥0	¥0

図 4-3　筆者常用の連結試算表（貸借対照表）

勘定科目	連結	単純計	コアプラス 東京(株)	コアプラス 名古屋(株)	コアプラス 大阪(株)	コアプラス ホールディングス(株)
310 固定負債合計	¥8,615,199,019	¥8,615,199,019	¥3,099,589,004	¥289,146,337	¥313,706,389	¥32,502,449
311 負債合計	¥8,812,675,989	¥8,977,163,691	¥3,323,065,166	¥293,770,837	¥318,838,789	¥60,313,203
322［資本金］						
323 資本金	¥10,000,000	¥100,000,000	¥10,000,000	¥3,000,000	¥5,000,000	¥10,000,000
324 資本金合計	¥10,000,000	¥100,000,000	¥10,000,000	¥3,000,000	¥5,000,000	¥10,000,000
336［新株式申込証拠金］						
337 新株式申込証拠金合計	¥0	¥0	¥0	¥0	¥0	¥0
348［資本剰余金］						
349 資本準備金合計	¥0	¥0	¥0	¥0	¥0	¥0
350 その他資本剰余金	¥26,000,000	¥26,000,000	¥0	¥0	¥0	¥26,000,000
351 その他資本剰余金合計	¥26,000,000	¥26,000,000	¥0	¥0	¥0	¥26,000,000
352 資本剰余金合計	¥26,000,000	¥26,000,000	¥0	¥0	¥0	¥26,000,000
362［利益剰余金］						
363 利益準備金合計	¥0	¥0	¥0	¥0	¥0	¥0
364 任意積立金合計	¥0	¥0	¥0	¥0	¥0	¥0
365 繰越利益	¥940,504,698	¥940,504,698	¥292,967,973	¥105,795,608	¥35,438,708	¥1,070,546
366 当期純損益金額	¥246,423,192	¥246,423,192	¥71,553,452	¥11,783,045	¥6,943,708	¥5,720,140
367 繰越利益剰余金合計	¥1,186,927,890	¥1,186,927,890	¥364,521,425	¥117,578,653	¥42,382,416	¥6,790,686
368 その他利益剰余金合計	¥1,186,927,890	¥1,186,927,890	¥364,521,425	¥117,578,653	¥42,382,416	¥6,790,686
369 利益剰余金合計	¥1,186,927,890	¥1,186,927,890	¥364,521,425	¥117,578,653	¥42,382,416	¥6,790,686
380［自己株式］						
381 自己株式合計	¥0	¥0	¥0	¥0	¥0	¥0
393［自己株式申込証拠金］						
394 自己株式申込証拠金合計	¥0	¥0	¥0	¥0	¥0	¥0
395 株主資本合計	¥1,222,927,890	¥1,312,927,890	¥374,521,425	¥120,578,653	¥47,382,416	¥42,790,686
406［評価・換算差額等］						
407 評価・換算差額等合計	¥0	¥0	¥0	¥0	¥0	¥0
417［新株予約権］						
418 新株予約権合計	¥0	¥0	¥0	¥0	¥0	¥0
419 純資産合計	¥1,222,927,890	¥1,312,927,890	¥374,521,425	¥120,578,653	¥47,382,416	¥42,790,686
420 負債・純資産合計	¥10,035,603,879	¥10,290,091,581	¥3,697,586,591	¥414,349,490	¥366,221,205	¥103,103,889

※ 数値はサンプル。表示されている4社の合計と単純計、連結計は一致しない

▣預金各種

まずは分かりやすいところから見ていきましょう。

預金は種別ごとに分類します。定期預金、定期積金、通知預金は各証券などの証憑とB/S上の数値を一致させる必要があります。その際、試算表の集計値と肌感覚に差異がないかをあわせて確認しましょう。

▣出資金

賃貸業の法人がスタートアップ企業などに出資を行うことは少ないでしょう。**出資金のほとんどは信金信組への出資金となる**はずです。

手元の出資証券（電子化されていて出資証券不発行のこともある）の額面と出資金の合計が一致するかを確認します。

▣借入金

同様に、借入金も財務資料と会計資料の残高を一致させる必要があります。

長期借入金は不動産購入、運転資金、修繕資金、その他に勘定科目を分離していますが、合計値だけ財務資料と合わせれば分離は必須ではありません。財務資料を見れば内訳が分かるためです。

他業のための借入は［長期借入金（その他)］に計上します。

償却資産と繰延消費税

ここから先はやや難易度が上がります。減価償却の対象となる資産と繰延消費税の償却を理解しましょう。

償却対象となる資産は、次のうち土地を除く勘定科目のものです。土地に減価償却がないことはこれまでの説明の通りです。

勘定科目		内容
173	建物	賃貸資産の建物と、建物に按分される諸経費など
174	附属設備	共用部や室内のCAPEXなど
175	構築物	賃貸資産の道路舗装など
176	工具器具備品	宅配ロッカー設置など
177	一括償却資産	本社で使用するサーバー機器など
179	土地	賃貸資産の土地と、土地に按分される諸経費など
213	繰延消費税（消費税）	不還付となった消費税の償却残額

▣ 償却資産の簿価

［建物］［附属設備］［構築物］［工具器具備品］は、「財務資料Excelシート」の「6 減価償却シート」上では「建物等」とまとめられる科目群です。それぞれ資産の現在価格が記されており、その価額は簿価と呼ばれます。

一般的に、建物等簿価は減価償却によって年々減少します。ただし、CAPEXの投下で増加するため、賃貸資産の購入時よりも売却時の簿価が高くなることもあり得ます。

▣ 繰延消費税（消費税）

［繰延消費税（消費税）］は、消費税の不還付分のうち今後に損金化できる不還付消費税相当額の積み上がり残高です。繰延消費税償却は、資産の減価償却と同じ考え方です。6年間で償却（損金化）していきます。

そのうちの当期償却額が［繰延消費税償却（消費税）］です。［来期繰延消費税 = 当期繰延消費税 − 当期繰延消費税償却］となります。

一棟住居物件購入直後などは、［繰延消費税（消費税）］に大きな額が積み上がっており、何もせずとも税引前利益の下押し要因となります。思わぬ赤字化に注意したいところです。

なお、［繰延消費税（消費税）］［繰延消費税償却（消費税）］は税抜経理を

採用している場合のみ使用する勘定科目です。➡P.202

未収入金と未払金

勘定科目の設計に際しては、金融機関の確認対象となる項目を意識します。

未収入金は「どのような収入が未収入なのか。賃料滞納が発生しているのか？」、未払金は「どの費用が未払いなのか。将来的に支払負担が発生するのか？」などの問い合わせが予想できるはずです。

これらに即答できるように勘定科目を細分化し、総勘定元帳をすぐに参照できる体制を作りましょう。

勘定科目		内容
155	未収入金（グループ間取引）	賃料回収代行法人に回収賃料が滞留している場合など
156	未収入金（税金還付）	翌期に還付される予定の法人税等、消費税、源泉所得税など
157	未収入金（一般）	賃料滞納など売掛金の未入金が発生している場合
277	未払金（グループ間取引）	グループ間の業務委託費債務のうち未送金のものなど
278	未払金（給与）	主に直近月の従業員給与
279	未払金（一般）	直近月の法人クレジットカード利用など

グループ法人間で取引する場合、グループ法人に対する売掛金は、銀行振込で精算せず帳簿上だけの取引となることもあります。

その場合、未払金と未収入金が積み上がりますが、グループ間の貸借の計上ですので実態としては何もないのと同じです。

それを分かりやすく表現するために、**未収入金と未払金ともに対外取引**

とグループ間取引で勘定科目を分離します。

具体的には、[未収入金（一般)] [未払金（一般)] [未収入金（グループ間取引)] [未払金（グループ間取引)] の４科目を作成しています。

▣ 未収入金（一般）

賃料は滞納などで回収できない場合でも売上計上（課税）となり、B/S上は［未収入金（一般)］に入ります。最後まで回収できなければ貸倒処理をして［未収入金（一般)］を消します。

▣ 未収入金（税金還付）

法人税等、消費税、源泉所得税などを払いすぎた場合は戻ってきます。決算で還付が決まってから実際に返金されるまでの間は、返金予定額が［未収入金（税金還付)］に計上されます。

▣ 未払金（給与）

従業員全員の月末までの給与を月末同日に支払完了しない限り、必ず月をまたいで給与の未払金が発生します。これは正常な処理ですので給与の未払金計上に問題はありません。

金融機関も未払金の意味合いを理解していますので、経営状態が悪く給与が支払えないと誤解されることはありません。

▣ 未払金（一般）

主に試算表作成時点までに利用したクレジットカード請求などが含まれます。試算表作成の締め日が当月末であれば、当月末締めの外注先からの請求書、不動産取得税などが計上されます。

したがって、支払期日を超えていなくても請求書を受領して当月末を超えた時点で［未払金（一般)］が発生します。

そのため、経営者の感覚では未払いの外注費はないはずでも、会計上は直近の被請求書が未払金に計上されることがあります。

消費税と法人税等

勘定科目		内容
160	仮払消費税等	当期に支払った消費税の累計額
290	仮受消費税等	当期に受け取った消費税の累計額
281	未払法人税等	［決算で確定した法人税等額 － 中間納税納付済み額］が支払完了時まで計上される
282	未払消費税等	期末に納付が確定した消費税額が支払完了時まで計上される

通常、これらは税理士が作成する会計上の数値であり、経営者はあまり気にしない勘定科目でしょう。

しかし、近年の賃貸業では消費税の理解が不可欠です。内容を把握していきましょう。

▣仮払消費税と仮受消費税

当期の実受取、実支払消費税の累計額を試算表上で確認しましょう。実受取は［仮受消費税等］、実支払は［仮払消費税等］です。

原則課税において全額還付（パススルー）の場合は、この差額が納税額または実際の還付額となります。

パススルー以外の課税方法の場合は、この差額が「勝ち」「負け」計算のための「基準額」となります。➡P.181

▣未払法人税等

すべての税金を期限内に支払っている場合でも、会計規則上、決算期を迎えれば必ず［未払法人税等］が発生します。納税証明書の税金未払いとは意味合いが異なり、健全なものですので気にする必要はありません。

仮払金と仮受金

勘定科目		内容
158	仮払金（一般）	未確定や不明な支出を一時的に計上する
159	仮払金（グループ内送金）	グループ法人間において資金繰りのために送金した額
286	仮受金（賃料回収）	物件保有法人に帰属すべき賃料を賃料回収法人で代理回収した場合
287	仮受金（グループ内送金）	グループ法人間において資金繰りのための送金を受領した額
288	仮受金（一般）	賃貸業で発生することは少ない

賃貸業において［仮受金（一般）］が発生することは多くありません。仮受金に大きな金額が計上されているのは類似業種比較で見て違和感があります。

そのため、**グループ他社のために賃料を受け取るなど管理会社機能を持たせる場合は、［仮受金（賃料回収）］の勘定科目を作る**のが分かりやすいはずです。

グループ内での資金繰りのための送金は、［仮払金（グループ内送金）］と［仮受金（グループ内送金）］を使います。

預り金

預り金は次の3つに分けています。

勘定科目		内容
284	預り金（一般）	賃貸業で発生することは少ない
285	預り金（年金保険源泉税）	給与や支払から天引きした源泉徴収、年金保険など
289	預り保証金	敷金の預かりなど

▣ 預り金（一般）

賃貸業では［預り金（一般）］が発生することは多くありません。

賃料の長期先払いは、預り金ではなく前受金に入れるのが一般的です。

▣ 預り金（年金保険源泉税）

通常、預り金には、給与から天引きした健康保険、介護保険、厚生年金、源泉所得税などが自動的に積み上がります。

それらは［預り金（一般）］とは意味合いが異なる資金ですので、［預り金（年金保険源泉税）］の勘定科目を独立させてそれに入れると分かりやすいでしょう。

なお、個人への業務委託、士業への支払、売主が外国籍の場合の不動産売買代金支払でも源泉徴収が発生することがあります。

▣ 預り保証金

敷金と保証金の預かりは、［預り保証金］に計上され大きな金額になります。［預り保証金］は、物件の新規購入時、税理士変更時などに計上間違いが発生しやすいため定期的にPMレポートとの照合が必要です。

解散価値の算定においても、物件売却価格から［預り保証金］を差し引く必要があるため把握が必要になります。

貸借対照表の仕上げポイント

B/S仕上げのチェックポイントを順に確認していきましょう。

▣ 債務超過の防止

B/Sで最初に確認すべきは各社が債務超過になっていないことです。形式的なものだとしても債務超過の法人には融資できないためです。

資本金100万円など少額資金で設立した法人の第1期などは、すぐに債務超過になるので注意が必要です。

債務超過防止の観点から少額の資本金での法人設立は避けたいところです。資本金999万円までは税制上の不利益はないため、ある程度の資本金額で設立するべきでしょう。

▣ 役員への流出に注意

役員貸付金は会社から社長への流出であり、役員借入金はその逆で流入です。

勘定科目	内容
154　役員貸付金	法人から社長など役員への資金流出
274　役員借入金	役員からの資金流入

役員から会社に資金を貸し付けている場合、融資審査上は、それも会社の資本金相当として計算されることもありプラスです。役員から会社への貸付は、税務上も無利子にすることが可能です。

逆に、会社から役員への流出は問題となる可能性が高いといえます。特に公的融資の審査では、法人に融資した資金が社長の交遊費に消えることを警戒されます。少額でも社長への流出が認められる場合、融資不可の事由となることがあります。

役員借入金を超えて法人から社長へ送金すると役員貸付金が発生することになるため注意が必要です。

ただし、役員借入金が積み上がっている場合は、法人から社長の個人口座への送金は借入金の返済とみなされます。その場合に限り役員報酬の額を超えて社長に送金することは容認されているといえます。

このような仕組みのため、（役員が社長のみであれば）B/Sに役員貸付金と役員借入金の両方が現れることはなく、双方を相殺して多い科目のみが残ります。役員貸付金が発生しないように管理しましょう。

▣複雑な取引をしない

賃貸業の決算書では、航空機のオペレーティングリース、複雑な節税保険、貴金属の取引などは珍しくありません。

しかし、それらが常識だと思っているのは投資家だけかもしれません。金融機関にとっては、はじめて見る資産であり理解できないこともあります。

複雑な資産の保有が多いと、「説明資料を読んだがよく分からない。複雑すぎて財務の実態がつかめない。理解できない会社には貸せない」となるのが融資現場の実情です。

融資を受けやすい財務体質という点では、ほかでは見かけないような珍しい節税や投資をすることは避けるべきでしょう。

海外資産や遠方資産も、調査不可という理由で資産価値はゼロとみなされることがあります。それにもかかわらず、その資産を購入するに際して受けた融資は負債計上となり財務悪化の要因ともなり得ます。

なお、筆者が節税をうたう数多くの商品を調べたところ、「適法」「金融機関に開示しても差しつかえない」「購入者の利益になる」という３条件を満たす節税商品はありませんでした。

法人税等と消費税においては、富裕層における租税回避の封じ込め政策はうまく機能しているといえるでしょう。

▣ グループ会社間での貸借精算［非ホールディングス制のグループ法人のみに適用］

融資審査を考えると、グループ法人間の貸借は期末までに精算するのがきれいです。

単純な資金繰りなどの理由で法人間で送金した場合は貸借と認識され、期末に残高があればB/Sに計上が必要です。

また、貸借が発生した場合、実質的支配者や株主が同一のグループ法人間でも利息が発生するためP/Lにも影響します。

利息を受け取った法人は利益計上する必要があります。支払う側の法人は利息を損金計上できるため、全体で見れば損益は発生しませんが、経理処理が煩雑になります。

さらに、利息の支払を忘れていると利息相当分に課税される可能性もあり、実態は何も変わらないのに税支払が発生します。

融資面でも経理面でも、法人間の貸借は最小限にとどめたいところです。

▣ グループ会社間での貸借精算［ホールディングス制のグループ法人のみに適用］

ホールディングス制（グループ法人税制）を採用していれば、グループ間の送金は贈与と認識されるため、貸借は計上されず精算の必要はありません。

ただし、多額の贈与をすると、それにより会計上は当期赤字や債務超過となることがあるためバランスを保つ必要があります。

▣ 決算書と財務資料の整合性確認

決算書と財務資料は同じ経済活動を集計しているため、同一の集計結果が得られなければ正しくありません。

特に確認したいのは預金口座有無と融資残高です。すべては融資のための資料ですので、借入金の計上漏れは致命的です。また、公的融資などでは、残高1円の預金口座の開示忘れでも否決理由とされることがあります。

定期預金、定期積金、信金出資金が手元の集計と合っているかも確認します。これらは現金で支払うこともあるため、預金移動をともなわずに作成される可能性があります。見落としリスクが高い取引といえます。

4-3 グループ間取引の計上

本節は、複数法人を経営している中大規模の賃貸業向けの論点となります。これから賃貸業を始める方は読み飛ばしても構いません。

グループ間取引の計上方法

融資のために複数の法人を作ったり、物件ごとに口座を作成するため、資金が分散してしまうのが賃貸業の悩みです。

それを解消するためにグループ子会社の法人Aで全物件の賃料を回収して、そのあとに各物件保有法人（B、C、D……）に必要な金額のみを振り分ける運用法もあります。

ただし、法人A、Bともに賃料入金処理をする必要があり、経理処理は煩雑です。試算表上は次のように表現されます。

賃料回収法人A

借方	貸方
現金・預金	未払金（グループ間取引）

物件保有法人B

借方	貸方
未収入金（グループ間取引）	賃料・共益費収入

4 「試算表作成」編

これらの2仕訳は必ずセットで発生します。そのため、手作業で会計ソフトに入力せず、管理会社の入金レポートから自動的に仕訳データが出力される仕組みを作るのが効率的です。➡P.126

もちろん、少額であれば管理会社の口座にまとめて入金して、各物件保有法人に振り分けるところまでを一括して管理会社に委託しても構いません。

ただし、管理会社入金では、無意識のうちに管理会社のクレジットリスクや出金拒絶リスクを負っていることを認識する必要があります。

管理会社の賃料回収口座が分別管理や倒産隔離されていることはまれです。大きな金額を扱うようになれば留意したい点です。

グループ間の業務委託費などは、毎月の実送金を省略して期中は精算せず、期末に一括精算としたり、ホールディングス制を採用しているのであれば実送金なしで精算することもあります。

そのような場合、次のような経理処理になります。

期中

法人A（業務委託する法人）	➡	未払金（グループ間取引）
法人B（される法人）	➡	未収入金（グループ間取引）

期末

法人A（業務委託する法人）	➡	HD受贈益
法人B（される法人）	➡	HD寄付金

この処理により、期中のグループ間の未払金、未収入金は［HD寄付金］［HD受贈益］と相殺され、期末には［未払金（グループ間取引）］［未収入金（グループ間取引）］ともにゼロで着地します。法人Bは未収入金（グループ間取引）という未回収の債権を、法人Aに対して寄付することにより放

棄していると考えれば理解できるでしょう。

グループ連結の試算表

連結試算表では、各子会社単体だけでなく、グループ法人各社計を1つの法人と見立てた試算表を作ります。

各社を合算する際には、単純計と連結計の2つを作ります。

単純計は、文字通りすべての数値を単純に足し合わせた値です。

連結計は、グループ間売上、グループ内業務委託費、関係会社株式をゼロとして合算します。グループ間の売上などは実態としてはないものと同じであるためです。

本編の連結処理は会計規則上の正式な連結財務諸表ではないものの、融資審査上は十分な情報量があります。

4-4 試算表作成のタイミング

決算期はいつにすべきか

金融機関は、事業規模が小さいうちは個人と法人を一体で見ます。そのため、個人でも不動産を保有するならば法人の決算期は12月にして全事業を同じ計算期間とするべきです。

法人と個人の決算期がすべて揃っていないと、12月末に作成した試算表をもとに収益を補正するなどの作業が発生します。試算表で対応してもらえるなら問題ありませんが、「決算期が揃っていないと見られない」(地銀)となり融資に支障をきたすこともあります。

3カ月ごとに作成する

融資の際には試算表の提出が必要となります。多くの場合、3カ月以内の締め日であれば直近の試算表として扱ってもらえるはずです。

いつでも融資申込ができる体制を整えておきましょう。物件の取得や売却など大きな動きがあったときにも随時、試算表を作成します。

▣11月末時点の試算表

12月末決算であれば11月末時点でおおよそ当期の着地が判明します。年度内の最後の調整を施していきましょう。

資金移動が必須となる貸借精算などは、期末に駆け込みでも実施する必要があります。主に確認すべきは役員との貸借でしょう。法人から社長に資金流出の場合は必ず精算しなければいけません。

非ホールディングス制のグループ法人であれば、法人間の貸借もできる限り精算します。

4-5 個人資産の開示

個人での資産保有や確定申告も金融機関への提出が必須です。財産目録を作っておくのがいいでしょう。

個人の収入

個人の収入は、経営する賃貸業の法人からの役員報酬、個人で保有する賃貸資産からの収入、株式や債券の配当や売却益などが考えられます。

役員報酬は少なすぎず多すぎない設定にするべきですが、社長への資金流出が疑われない限りは融資審査に大きな影響はありません。

融資実務においては、[法人の税引前利益 ＋ 役員報酬] が実質的な利益とみなされることが多いためです。

これは、金融機関からは賃貸資産保有法人は社長の個人的な資産管理法人と認識され、また社長自身も連帯保証人として一体とみなされているためです。

法人で留保するか個人で貯蓄するかに大差はないとの考え方です。

では、役員報酬はいくらに設定すべきでしょうか。

税率だけを見れば600万円程度が低税率（➡P.166）ですが、各種給付金の支給条件などから考えると、年間給与800万円以下では少なく、1,200万円以上ならば生活に十分、3,000万円を超えると極めて高給という社会通念上のしきい値設定があるといえます。参考にして設定しましょう。

住宅ローン控除の所得制限は2,000～3,000万円。児童手当の所得制限は年収1,200万円（令和4年度)。「令和2年分　民間給与実態統計調査　第21表　給与階級別の給与所得者数、給与総額及び税額」では、給与額800万円をしきい値として2群に分けています。

個人の資産

賃貸業の場合、社長の最大の資産は、経営する法人の持株、法人への貸付金、個人保有の不動産になるでしょう。

個人の資産有無が融資審査の焦点になることは多くありません。法人の資産が十分である限り個人資産への言及は少ないはずです。

ただし、**資産評価は法人と個人で一体とみなされることが多いため、個人資産があれば追加余力として計上できる可能性があります。**相続や他業で保有する資産があれば開示しましょう。

個人資産の持ち方について注意すべき点は多くありませんが、

- 株式や海外への巨額な投資は不安要素。融資金が株への投機に使われる心配が生じる
- 個人借入が多く、金融機関が指定信用情報機関に照会すると膨大な借入履歴が出力される

といった状況は避けたいところです。

株主が代表者のみであれば、代表から法人への貸付は融資審査上、問題になることはありません。ただし、外部の株主を入れたり、会社を第三者に譲渡するなどの場合は譲渡前に法人への貸付を解消すべきです。

賃貸業がある程度の規模に達したら、法人と個人はゆるやかに分離していくのがきれいでしょう。個人で保有するのは自宅だけにとどめ、賃貸資産は法人保有に一本化するのがシンプルです。

なお、賃貸業においては、代表の連帯保証は実質的に必須のため、倒産隔離的な守備を考えるならば親族名義で財産を保有するなどが必要です。

ただし、その形式上の名義変更がもとで親族間での係争となることもあるようですので注意が必要です。

5

「財務資料作成」編

試算表の書式が決まれば、賃貸業に特有の開示資料を作り込んでいきましょう。
自分で作る時間のない方はダウンロード特典をご利用ください。本編で解説している内容の通りに作成された財務資料Excelを今日から実務で使えます。
金融機関には、過不足のない財務資料を開示するのはもちろんのこと、精緻な財務資料を通じて管理能力や人柄を伝えましょう。
筆者は、本編の財務資料Excelを作り込むことにより全国の金融機関から信頼を獲得してきた側面があります。
財務資料Excelは、いってみれば競争力の根幹をなす心臓部です。

5-1 財務資料の全体像

特典・財務資料Excelのダウンロード

はじめに、本書の特典である「財務資料Excelシート」を筆者のWebサイト（https://ytamagawa.com/x86）からダウンロードしてください。利用規約はP.6をご覧ください。

本編では、この財務資料Excelの構造、使い方を解説します。

財務資料Excelのデータは、印刷して金融機関に提出することを前提にレイアウトされています。システムの初期設定ではA3カラープリンタに最適化されて作られています。

本編の図および「財務資料Excelシート」に入っている数値は、複数法人で複数物件を保有する賃貸業をモデルとした架空のデータです。

財務資料の全体像とリレーション

まずはP.252の**図5-1**を参考に、作成する資料の全体像を把握しましょう。大まかには次のような流れをたどります。

1. 賃料、借入、減価償却など個別要素のリストデータ（一覧表）を作成
2. リストデータは時系列で記録を蓄積
3. リストデータから集計表を作成

4. 想定税率、想定入居率など収益試算の条件を設定
5. 各集計表の収入と支出を参照して各物件の収益試算を作成
6. 各物件の収益試算をもとに法人全体の利益、解散価値を予測

このような階層構造になっているため、参照元データに1つでもエラーがあると、その先にあるすべての集計値が正しく計算されません。

作成するデータが、どの集計値を作る元データとなっているのか。次はどこで使われるのかを意識しながら作りましょう。

リストデータだけ作成すれば、各集計表をはじめ収益試算表、利益予測、解散価値が自動計算される仕組みです。

それでは、財務資料の作成を進めていきましょう。

なお、本編はすでにExcelに慣れ親しんでいる方を想定して書かれています。

そのため、Excelの使い方の説明は省き、資産管理と財務資料Excelに特有な部分だけを抜き出して解説しています。

Excelでのデータ処理手法については、P.369以降の「Excel データ分析」編を参照してください。

▣ 提出資料のすべて

筆者の経験上、金融機関への一次提出資料は、本編の財務資料ExcelとP.364の「よくある質問」解説資料だけで十分です。

そこに、決算書、法人や不動産にかかわる公的書類などの証憑を追加すれば完成です。

人によっては、「ここまで精細な資料を作る必要があるのか」と思うでしょう。そこは目的意識の違いです。本書は必要十分なレベルを到達点にしていません。

「顧客の求めているものを出してはだめ。顧客が想像できなかったようなものを創る」（プロカメラマン）という、金融機関に驚かれ、金融機関を魅了するような開示を目指して作られています。

図 5-1　財務資料の全体像

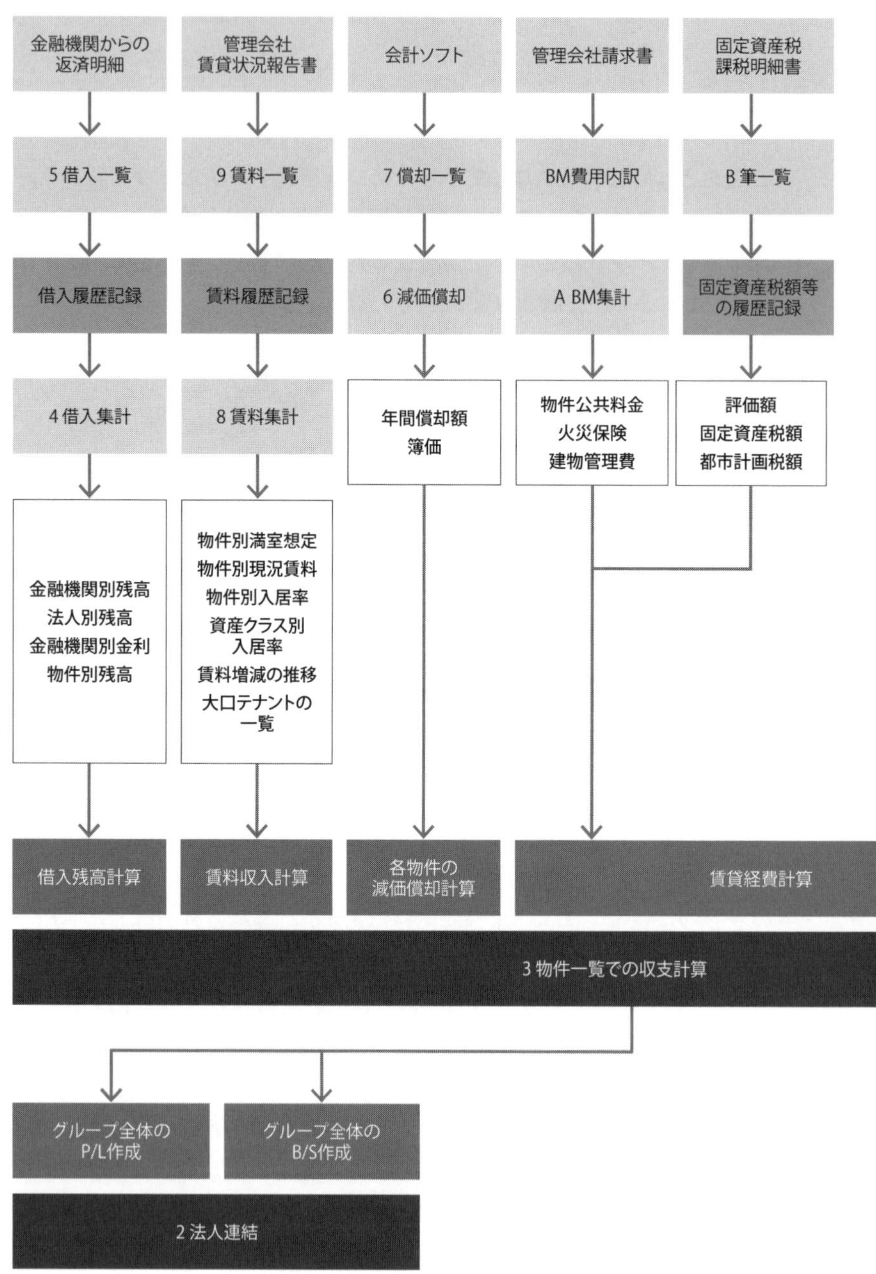

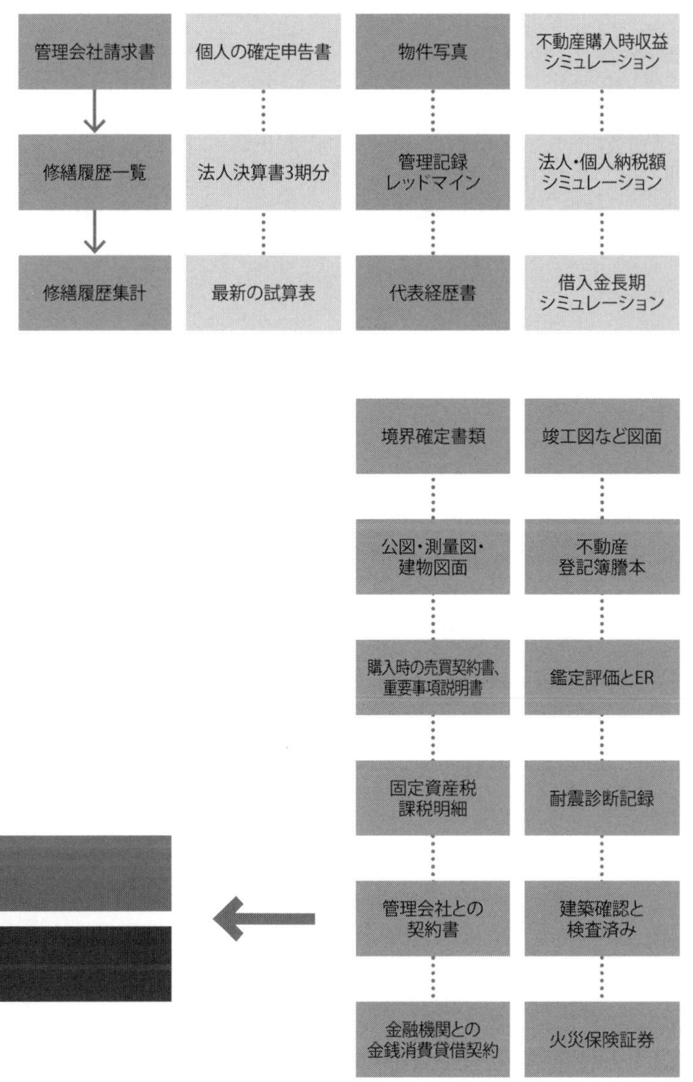

管理会社請求書
修繕履歴一覧
修繕履歴集計
個人の確定申告書
法人決算書3期分
最新の試算表
物件写真
管理記録
レッドマイン
代表経歴書
不動産購入時収益
シミュレーション
法人・個人納税額
シミュレーション
借入金長期
シミュレーション
境界確定書類
公図・測量図・
建物図面
購入時の売買契約書、
重要事項説明書
固定資産税
課税明細
管理会社との
契約書
金融機関との
金銭消費貸借契約
竣工図など図面
不動産
登記簿謄本
鑑定評価とER
耐震診断記録
建築確認と
検査済み
火災保険証券

本編では数多くの計算式を解説しますが、読者の皆さんに理解してもらいやすくするために、**すべての経費項目はプラス計上の前提としています。** たとえば、売上（300）－ 経費（200）＝ 利益（100）のような解説になっています。

実際の財務資料Excelは、会社から見て支出となる要素はマイナスで表示される仕様ですので、経費は（－200）と表記されます。そのため計算式は、売上（300）＋ 経費（－200）＝ 利益（100）となることに注意してください。

5-2 グループ概要の説明

法人と関係個人の一覧

資料の冒頭は、登場人物の紹介から始めましょう。[1 法人概要シート > グループ法人と個人] の表です（**図5-2**)。グループ概要として、どのような子会社や親族が関与しているかなど関係者の一覧を伝えます。

金融機関から見て、全体像がひと目で分かることが重要です。担当者の心理として、内容の分かりにくい法人への融資推進はしにくいためです。

各要素を見ていきましょう。

▣個人と法人の一覧

個人名については差しつかえがない範囲で、相続や財産分与に関係する人員は一通り列挙するのがいいでしょう。

社長が高齢の場合、誰があとを継ぐのかなど、相続プランが融資の可否や融資期間に影響することがあります。

法人は以降に解説する要素を入力してください。

▣住所

融資の契約書類では印鑑証明とまったく同じ住所表記を求められることが多いので、データもそれと同じ表記にします。

▣代表名～決算期

代表名、役割、設立日/生年月日、資本金、決算期は、サンプルデータを参考にしながら備忘録として自由に入力してください。

金融機関への開示に必要な内容です。

図 5-2　グループ法人概要

本資料作成日:　2022年11月5日

法人ID	会社名/氏名	住所	代表名	役割	設立日/生年月日	資本金	決算期	前回決算の事業年度	株主	法人番号	令和4年消費税区分	インボイス登録番号
グループ法人と個人												
301	玉川陽介	東京都豊島区目白1丁目5番1号	-	代表	1978年1月1日	-	-	-	-	-	免税	-
302	玉川花子	東京都豊島区目白1丁目5番1号	-	妻(相続人)	1980年2月2日	-	-	-	-	-	免税	-
303	玉川太郎	東京都豊島区目白1丁目5番1号	-	子(相続人)	2022年5月5日	-	-	-	-	-	-	-
304	鈴木次郎	沖縄県国頭郡恩納村名嘉真1967-1	-	養子(相続人)	1990年6月6日	-	-	-	-	-	-	-
401	コアプラス東京株式会社	東京都豊島区西池袋3丁目7番6号	玉川陽介	賃料回収等	2010年1月2日	1000万円	12末	13期	コアプラスHD 100%	1234567890123	原則	1234567890123
402	コアプラス名古屋株式会社	東京都豊島区西池袋3丁目7番6号	玉川陽介	資産保有	2002年2月3日	300万円	12末	20期	コアプラスHD 100%	2469135780246	免税	-
404	コアプラス大阪株式会社	大阪市東淀川区西淡路1丁目1-9	玉川陽介	大阪での資産保有	2013年3月4日	500万円	12末	10期	コアプラスHD 100%	4938271560492	簡易	4938271560492
405	コアプラス仙台株式会社	東京都豊島区西池袋3丁目7番6号	玉川陽介	資産保有	2013年4月5日	500万円	12末	9期	コアプラスHD 100%	9876543120984	免税	-
406	コアプラス札幌株式会社	東京都豊島区西池袋3丁目7番6号	玉川陽介	資産保有	2014年5月6日	1000万円	12末	8期	コアプラスHD 100%	1975308624196	免税	-
407	コアプラス福岡株式会社	東京都豊島区西池袋3丁目7番6号	玉川陽介	資産保有	2015年6月7日	1000万円	12末	7期	コアプラスHD 100%	3950617248392	簡易	3950617248392
408	コアプラス京都株式会社	東京都豊島区西池袋3丁目7番6号	玉川陽介	資産保有	2015年7月8日	100万円	12末	7期	コアプラスHD 100%	7901234496784	簡易	7901234496784
409	コアプラス四国株式会社	東京都豊島区西池袋3丁目7番6号	玉川陽介	資産保有	2015年8月9日	100万円	12末	7期	コアプラスHD 100%	1580246899356	免税	-
410	コアプラス沖縄株式会社	東京都豊島区西池袋3丁目7番6号	玉川陽介	資産保有	2016年9月10日	100万円	12末	6期	コアプラスHD 100%	3160493798712	免税	-
411	コアプラスホールディングス株	東京都豊島区西池袋3丁目7番6号	玉川陽介	持株会社	2019年5月2日	1000万円	12末	3期	玉川陽介 100%	1580241299356	免税	-
解散												
403	有限会社コアプラス2号	N/A	玉川陽介	すでに解散	2012年9月1日	500万円	12末	-	玉川陽介 100%	2345678902345	-	-

▣ 前回決算の事業年度

前期の決算が創業から何期目であったかを示します。1年未満で決算を区切ることもあるため、創業からの年数と事業年度は一致しないこともあります。

税務の現場では「第X期決算について」という指定をすることもあるのでカウントします。

▣ 株主

相続などで必要に迫られない限りは、株主は社長だけにするのがシンプルです。

金融機関には、経営する法人は個人的な資産管理法人という位置づけで説明します。株主に多くの人が入っている場合、確認や説明に工数がかかるためです。

▣ 消費税区分

金融機関と消費税の話題になることは多くありませんが、税理士とのミーティングでは課税事業者ステータスが免税なのか課税なのかは論点となるため一覧化しておきましょう。

課税事業者ステータスの確認は、賃貸資産の売却を検討する際にも必要です。決算期をまたいで課税と免税が変わる局面においては、1日の決済日の違いで数百万円の利益の違いになることもあります。

▣ インボイス登録番号

2023年以降はインボイス登録番号を入力することが必要です。

▣ 解散した会社も書く

すでに解散した法人も漏れなく記載します。単一の資料上で創業から現在までを漏れなくトレースできることは、データの完全性としても開示の透明性としても重要です。

「このような細かいところにも気を配って開示資料を設計している法人なら内部管理も適正であろう」と、前向きな推測をしてもらえるようにしましょう。

▣入力方法

システム上は［1 法人概要シート］は、ほかの計算のどこからも参照されていません。そのため、自由に入力して備忘録として使うことができます。あるいはシートごと削除しても問題は発生しません。

ただし、対金融機関では関係する個人と法人の紹介は必須であり、書類への記入を求められることが多い項目のため、一覧として作っておくと便利なのは間違いありません。

▣法人ID

会社名/氏名は、［1 法人概要シート］には直接入力せず、［settingsシート > 名称マスタ］の3桁のIDを入力してください。

IDから法人名などを自動表示させるには、先に名称マスタを作成する必要があります。➡P.324

他シートでIDから法人名や金融機関名を自動表示させる箇所も同様です。

▣本資料作成日

本資料作成日は直接入力せず、［settingsシート > 基本設定1 > E3 > 入力値］欄に入力してください。

ほかのシートでも資料作成日付などは［settingsシート］を参照しており、直接入力することはありません。

5-3 グループ連結の財務諸表

グループ連結財務諸表の要点

財務資料Excelは多くのシートに分割されており、シートごとに役割が異なります。

［2 法人連結シート］は、複雑な財務資料を個別に読む前に全体像を把握するためのページです。要素は粗くまとめて、簡単に事業の全容を伝えます。いわゆる「at a glance（ひと目で分かるまとめ）」のページです。

グループ連結の財務諸表は、B/S（貸借対照表）、P/L（損益計算書）とC/F（キャッシュフロー）の各表を作成します。

社長個人と全法人を合算して、仮想的に１つのエンティティ（事業主体）としている点が特徴的です。本書では、このような合算を「グループ連結」と呼びます。

新規取引の金融機関に対しては、グループ全体で見て、どれだけの資産と借入があるのか。また、どれだけ利益が出ているのかを最初に説明すべきでしょう。

グループ連結の簡略化したB/S、P/L、C/Fを作っていますが、賃貸業の場合、利益よりも資産規模や純資産から見られることが多いためB/Sを先に配置しています。

経営者は、どの数値データが資料のどこにあるかだけでも覚えておきましょう。まずは、自身が財務資料に対する理解を深めることが大切です。

さて、B/S（貸借対照表）、P/L（損益計算書）とC/F（キャッシュフロー）の各表を見ると、同じ項目が何度も出てきて冗長であることに気づくでしょう。これは、計算の流れを視覚的に把握しやすくするための仕掛けです。

多様な参照先が交錯するよりも、「1行目と2行目を足すと3行目の数値になる」という説明にしたほうが伝わりやすいためです。

[2 法人連結シート] は、ひと目で分かることが目的のページであり、プレゼン資料として画面に映すことも多いため、効率性よりも分かりやすさを優先しています。

なお、[2 法人連結シート] は、すべてのシートへの入力を完成すると自動的に生成される総集編といえるページです。ユーザーが入力する項目はありません。

グループ連結B/S

まずは、B/Sを見ていきましょう。[1.グループ全体B/S] です (**図5-3**)。

図 5-3　1.グループ全体 B/S

2022年11月現在

ID	資産の概要	合計額	参照先	解説
B1	不動産時価	¥6,684,000,000	asset	市場で売却可能な時価
B2	法人現預金等	¥791,757,250	C直近決算	[107 現金・預金合計]
B3	法人株式・債券等証券投資	¥10,000,000	settings	法人による証券投資
B4	信用金庫等出資金	¥41,910,000	C直近決算	[210 出資金]
B5	個人預金等	¥30,000,000	settings	代表個人で保有する現預金
B6	個人株式・債券等証券投資	¥15,000,000	settings	代表個人で保有する有価証券合計
B7	その他資産	¥5,000,000	settings	太陽光、海外不動産、経営する他事業等
B8	資産合計	¥7,577,667,250	自動計算	資産合計額
ID	**負債の概要**	**合計額**	**参照先**	**解説**
B9	借入金	¥-4,447,492,417	4借入集計	個人法人の全借入
B10	敷金預かり債務	¥-74,706,885	C直近決算	[289 預り保証金]
B11	負債合計	¥-4,522,199,302	自動計算	負債合計額
ID	**純資産の概要**	**合計額**	**参照先**	**解説**
B12	現金同等物	¥893,667,250	自動計算	＝B8資産合計－B1不動産時価
B13	不動産解散価値(時価評価)	¥2,161,800,698	自動計算	＝B1不動産時価－(B9借入金＋B10敷金預かり債務)
B14	純資産合計	¥3,055,467,948	自動計算	＝資産合計－負債合計

ここまで読み進めてきた読者の皆さんなら、個別の要素についての詳説は不要でしょう。図5-3内に、それぞれの項目について解説と計算方法を

つけています。

重要な点のみ、いくつか解説を加えていきます。

▣NAVとNLVの重要性

融資審査では税引前利益やキャッシュフロー（CF）に論点が行きがちですが、じつは賃貸業が賃貸資産運用中にCFから得られる利益は多くありません。利益の大半は物件売却時に確定するはずです。

そのため筆者は、賃貸業においては各賃貸資産の解散価値（NAV／Net Asset Value）こそが最重要と考えます。また、すべての資産を売却して今年中に法人を解散した場合、税引後に手元に残る金額（NLV／Net Liquidation Value）を常に計算しましょう。

まずは、経営者が［2 法人連結シート］を見ながら、自社の純資産と解散価値を把握することが必要です。

本書のB/Sはあえて税引前で計算してありますが、**真の解散価値という点では、［B14 純資産合計］からさらに不動産の譲渡益課税を引くべき**です。賃貸資産売却時の譲渡益課税は、［3 物件一覧シート］で計算しています。

本書を参考にして財務資料を自作する場合は、予想される譲渡益課税を負債の部にマイナス計上して税引後のB/Sを作成してもいいでしょう。

▣土地の含み益を時価評価

解散価値の考え方では、賃貸業の純資産のほとんどは土地となるはずです。それにもかかわらず、このような未実現利益や含み益は評価されにくいのが融資審査の特徴です。

しかし、担当レベルでは資産の裏づけとして理解してもらえるでしょう。解散価値があるならば訴求したいところです。

そのため、B/S上では、あえて金融機関の評価方法とは異なることを承知の上で、時価で不動産価格を計上しています。

グループ連結P/L

続いてP/Lを見ていきましょう。［2.グループ全体P/L］です（**図5-4**）。

図 5-4　2. グループ全体 P/L

2023年1〜12月予測

ID	賃料収入と賃貸経費	重要指標	年額	月額	参照先	解説
P1	満室想定賃料		42,779万円	3,565万円	asset	非賃貸除く満室想定
P2	空室損率		4.5%	-	asset	＝1－［想定入居率］
P3	賃貸経費		-13,959万円	-1,163万円	asset	［賃貸経費合計（空室損含む）］
P4	経費率	◆	33%	-	自動計算	＝P3賃貸経費/P1満室想定賃料
P5	NOI	◆	28,820万円	2,402万円	asset	＝P1満室想定賃料－P3賃貸経費
P6	賃貸資産当初購入価格		523,910万円		asset	売却済みを除く保有中物件合計
P7	NOI%	◆	5.50%	-	自動計算	＝P5NOI/P6賃貸資産当初購入価格
ID	**賃貸部門のみ借入**		**年額**	**月額**	**参照先**	**解説**
P8	賃貸部門金利（不動産購入・修繕等）		-5,748万円	-479万円	pivot	「使途＝賃貸部門」の借入金の金利合計
P9	賃貸部門借入残高		432,555万円		pivot	同残高
P10	賃貸部門加重平均借入金利		1.33%	-	自動計算	＝P8賃貸部門金利（物件購入・修繕等）/P9賃貸部門借入残高
ID	**賃貸部門のみ税引前利益**		**年額**	**月額**	**参照先**	**解説**
P11	NOI	◆	28,820万円	2,402万円	2法人連結	再掲
P12	賃貸部門金利（不動産購入・修繕等）		-5,748万円	-479万円	2法人連結	再掲
P13	金利差引後利益（スプレッド）	◆	23,072万円	1,923万円	自動計算	＝P11NOI－P12賃貸部門金利（物件購入・修繕等）
P14	減価償却		-8,745万円	-729万円	pivot	来期1年の減価償却費
P15	賃貸部門税引前利益		14,327万円	1,194万円	自動計算	＝P13金利差引後利益（スプレッド）－P14減価償却
P16	想定税率		30%	-	settings	E21賃料収入への仮想的な税率
P17	想定税額		-4,298万円	-	自動計算	＝P15賃貸部門税引前利益×P16想定税率
P18	想定税引後利益		10,029万円	-	自動計算	＝P15賃貸部門税引前利益－P17想定税額
ID	**グループ運営経費を含めた決算書上の利益**		**年額**	**月額**	**参照先**	**解説**
P19	賃貸部門税引前利益		14,327万円	1,194万円	2法人連結	再掲
P20	会社経費		-300万円	-25万円	settings	E35会社経費/年
P21	役員報酬・人件費		-300万円	-25万円	settings	E36役員報酬・人件費/年
P22	間接部門金利（運転資金等）		-304万円	-25万円	pivot	「使途＝間接部門」の借入金の金利合計
P23	税引前利益	◆	13,423万円	1,119万円	自動計算	＝P19賃貸部門税引前利益－（P20＋P21＋P22）
P24	想定税率		35%	-	settings	E22想定税率
P25	税額		-4,698万円	-	自動計算	＝P23税引前利益×P24想定税率
P26	税引後利益		8,725万円	-	自動計算	＝P23税引前利益－P25税額

賃貸業の実力値は、決算書だけを見てもよく分からないことは経営者も金融機関も同じです。そのため、財務資料Excelの連結P/Lには賃貸業を理解するための指標を盛り込んでいます。

賃貸資産の収益性が高くても、役員報酬や交際費が過大で利益が出ないこともあります。

また、期中に物件を取得、売却すれば利益は大きく変わります。売却益が加算されたり、年の途中から賃料収入が増減するためです。

知りたいのは、現在の賃貸資産ポートフォリオを動かさずにこれから1年間保有した場合の税引前利益とCFでしょう。

この計算をするためには賃貸業のノイズとなる要素を排除しなければいけません。それには、P/Lを賃貸部門とそれ以外で切り分けて試算する必要があります。

賃貸部門だけを抽出するには、他業、物件売買損益、本社維持経費、人件費などの間接費用が一切かからないと想定して「賃貸部門だけの利益」を計算します。

さらに、賃貸収益を補正するための計算が必要です。賃貸部門の収入と支出を年換算して、来期1年間のノーマルな予想税引前利益を試算します。

［2.グループ全体P/L］では、これらの部門切り分け、収益補正と年換算を行い、来期1年の予測値を作成しています。

▣NOIとスプレッドの計算

［2.グループ全体P/L］では、その計算過程で収益指標もあわせて計算しています。

P/LにNOI（Net Operating Income）とスプレッドの計算が含まれていることを確認してください。すでに説明した通り、NOIとスプレッドは重要な指標です。

- ■NOIの計算方法 ＝ 満室想定賃料 / 年（非賃貸除く）－ 賃貸経費合計（空室損含む）
- ■金利差引後利益（スプレッド）＝ NOI － 賃貸部門支払金利

5 「財務資料作成」編

■賃貸部門のみの税引前利益 ＝ スプレッド － 減価償却費
■会社経費等 ＝ 会社経費 ＋ 役員報酬・人件費 ＋ 間接部門金利
■グループ全体の税引前利益 ＝ 賃貸部門の税引前利益 － 会社経費等

＊間接部門で大きな償却資産を保有なら賃貸部門と間接部門の償却を分離してもよい

NOIは賃貸資産から得られる粗利です（図5-4の［P5 NOI］）。

そこから図5-4［P8 賃貸部門金利（不動産購入・修繕等）］を差し引けば、実質利益といえる［P13 金利差引後利益（スプレッド）］が求められます。

スプレッドを計算すれば、賃貸部門で年間に増加する資産が分かります。ここから［P14 減価償却］を引けば［P15 賃貸部門税引前利益］です。

そのあとに［P20 会社経費］［P21 役員報酬・人件費］［P22 間接部門金利（運転資金等）］を差し引いて法人全体の利益である［P23 税引前利益］を計算しています。

グループ連結C/F

［3.グループ全体C/F］では、賃貸資産からのキャッシュフロー（CF）を計算します（**図5-5**）。

賃貸資産のC/Fは税理士作成の資料だけでは分からないので自分で求める必要があります。次のように計算します。

■金利差引後利益（スプレッド）＝ NOI － 賃貸部門支払金利
■賃貸部門税引前 C/F ＝ スプレッド － 賃貸部門元金返済額
■賃貸部門税引後 C/F ＝ 賃貸部門税引前 C/F － 賃貸部門想定税額
■グループ全体税引前 C/F ＝ スプレッド －（賃貸部門元金返済 ＋ 間接部門元金返済 ＋ 間接部門経費）
■グループ全体税引後 C/F ＝ グループ全体税引前 C/F － 税額

C/Fも、P/Lと同様に賃貸部門と間接部門を分離して計算し、最後にグループ全体のC/Fとして合算しています。

図 5-5　3. グループ全体 C/F

2023年1〜12月予測

ID	賃貸部門のみC/F	重要指標	年額	月額	参照先	解説
C1	金利差引後利益（スプレッド）		23,072万円	1,923万円	2法人連結	再掲
C2	賃貸部門元金返済		-15,141万円	-1,262万円	pivot	「使途＝賃貸部門」の借入金の元金返済計
C3	賃貸部門税引前CF		7,931万円	661万円	自動計算	＝C1金利差引後利益（スプレッド）－C2賃貸部門元金返済
C4	想定税額		-4,298万円	-	2法人連結	再掲
C5	想定税引後CF	◆	3,633万円	303万円	自動計算	賃貸部門のみの税引後CF
ID	**グループ全体C/F**	**重要指標**	**年額**	**月額**	**参照先**	**解説**
C6	間接部門元金返済（運転資金等）		-304万円	-25万円	pivot	「使途＝間接部門」の借入金の元金返済計
C7	運転経費差引後税引前CF		6,722万円	-	2法人連結	P23税引前利益－（C2＋C6）＋P14減価償却
C8	税額		-4,698万円	-	2法人連結	再掲
C9	税引後CF	◆	2,024万円	169万円	自動計算	＝C7運転経費差引後税引前CF－C8税額

▣ キャッシュフローの可視化

長期保有の賃貸業においては、借入金の元金返済負担が大きく、手元に残る現金は少ないはずです。税務上は大きな利益が出ていても、そのほとんどが元金返済で消えていることを確認しましょう。

そこでさらに**短期の運転資金を借りると、計算上のCFが極端に悪化して見える**ことがあります。

そのような要因を排除して純粋に賃貸業のCFを見る意味でも、賃貸収支と会社経費を分離して考えることが必要です。

賃貸部門だけのCFを計算して黒字になっていれば、仮に会社経費での流出により全体ではCF赤字でも長期的な運用を継続できる見通しがつきます。金融機関に対しても事業実態としては黒字であることを説明できます。

5-4 借入一覧と集計

借入一覧

金融機関との取引に際して既存借入が適切に管理されていることは必須条件です。月々の返済額合計、元金償還額など、必要となる要素はあらかじめ計算しておきましょう。

返済明細を見ながら、**図5-6**の［5 借入一覧シート］に返済要素をリスト形式で入力してください。このリストは、多くの計算過程で参照される借入金データとなります。

個別の要素は次のように定義しています。

▣1. 融資ID

借入を識別するためのユニークな連番を付与して［1.融資ID］とします。システムの初期設定では、801 ～ 970を［1.融資ID］として設定できます。

返済明細をスキャンしてPDF化する場合は、融資IDをファイル名に付けると借入一覧とリンクして分かりやすくなります。

［1.融資ID］と［settingsシート > 名称マスタID］は重複しないほうが管理しやすいため、801からの付番を推奨します。ただし、2つのIDは独立しているため、借入件数が多い場合は、［1.融資ID］を1からの連番にしても問題は発生しません。

図 5-6　借入一覧

1.融資ID	2.状況	3.金融機関ID	4.金融機関名	5.支店名	6.借入主体会社ID	7.借入主体	8.使途ID	9.使途	10.対象物件ID	11.対象物件	12.担保物件ID	13.担保物件	14.当初借入額	26.残債当初比	27.融資残存年	28.保証会社	29.融資メモ
801	返済中	502	首里信金	大阪支店	402	コアプラス名古屋株式会社	601	不動産購入	102	池袋ハウス	102	池袋ハウス	¥550,000,000	89%	25年		
802	返済中	503	名護信金	沖縄支店	404	コアプラス大阪株式会社	601	不動産購入	104	コアプラス池袋	104	コアプラス池袋	¥85,000,000	69%	16年		
803	返済中	504	読谷信金	池袋支店	405	コアプラス仙台株式会社	601	不動産購入	105	目白アパート	105	目白アパート	¥265,000,000	71%	16年		
804	返済中	505	宜野湾信組	目白支店	404	コアプラス大阪株式会社	601	不動産購入	104	コアプラス池袋	104	コアプラス池袋	¥17,000,000	70%	16年		
805	返済中	506	恩納銀行	高田馬場支店	406	コアプラス札幌株式会社	601	不動産購入	106	東池袋ハイツ	106	東池袋ハイツ	¥376,000,000	77%	21年		
806	返済中	507	嘉手納銀行	東京支店	401	コアプラス東京株式会社	601	不動産購入	101	西池袋駅前ビル	101	西池袋駅前ビル	¥226,000,000	74%	17年		
807	返済中	508	奄美信金	大阪支店	404	コアプラス大阪株式会社	601	不動産購入	103	カーサ目白台ハウス	103	カーサ目白台ハウス	¥413,500,000	79%	22年		
808	返済中	509	竹富信金	沖縄支店	407	コアプラス福岡株式会社	601	不動産購入	107	メゾン雑司ヶ谷	107	メゾン雑司ヶ谷	¥392,000,000	80%	22年		
809	返済中	510	西表信金	東京支店	409	コアプラス四国株式会社	601	不動産購入	109	カーサ南池袋	109	カーサ南池袋	¥180,000,000	81%	22年		
810	完済	511	宮古信組	大阪支店	410	コアプラス沖縄株式会社	601	不動産購入	110	仙台駅前コーポ	110	仙台駅前コーポ	¥250,000,000	0%	0年		
811	返済中	512	座間味信金	沖縄支店	401	コアプラス東京株式会社	601	不動産購入	111	目白カーサ二番館	111	目白カーサ二番館	¥280,000,000	81%	23年		
812	返済中	501	石垣銀行	池袋支店	402	コアプラス名古屋株式会社	601	不動産購入	112	豊島目白ビル	112	豊島目白ビル	¥450,000,000	82%	23年		
813	返済中	502	首里信金	目白支店	404	コアプラス大阪株式会社	601	不動産購入	113	第3目白ハイツ	113	第3目白ハイツ	¥495,000,000	82%	23年		
814	返済中	503	名護信金	高田馬場支店	404	コアプラス大阪株式会社	601	不動産購入	114	レジデンス目白豊島	114	レジデンス目白豊島	¥189,000,000	88%	33年		
815	返済中	504	読谷信金	東京支店	405	コアプラス仙台株式会社	601	不動産購入	115	コアプラス大塚	115	コアプラス大塚	¥530,000,000	89%	34年		
816	返済中	505	宜野湾信組	大阪支店	406	コアプラス札幌株式会社	601	不動産購入	116	コアプラスレジデンス梅田	116	コアプラスレジデンス梅田	¥369,000,000	90%	34年		
817	返済中	506	恩納銀行	沖縄支店	407	コアプラス福岡株式会社	601	不動産購入	117	高田馬場第4玉川ビル	117	高田馬場第4玉川ビル	¥118,000,000	89%	29年		
818	完済	507	嘉手納銀行	東京支店	410	コアプラス沖縄株式会社	601	不動産購入	118	あおばマンション	118	あおばマンション	¥189,000,000	0%	0年		
820	返済中	509	竹富信金	東京支店	408	コアプラス京都株式会社	601	不動産購入	120	南池袋マンション	120	南池袋マンション	¥155,000,000	90%	30年		
821	返済中	509	竹富信金	東京支店	408	コアプラス京都株式会社	601	不動産購入	971	目白アパート1号2号_2棟一括	971	目白アパート1号2号_2棟一括	¥80,000,000	94%	23年		2棟一括
822	完済	509	竹富信金	高田馬場支店	402	コアプラス名古屋株式会社	603	運転資金	102	池袋ハウス	611	無担保	¥238,000,000	0%	0年		
823	返済中	506	恩納銀行	沖縄支店	406	コアプラス札幌株式会社	602	修繕資金	116	コアプラスレジデンス梅田	116	コアプラスレジデンス梅田	¥15,000,000	50%	4年		

▣2. 状況

借入は完済しても一覧に残します。金融機関は完済の経緯を調べることもあるためです。そのため、返済中であるか完済かを管理するフラグが必要です。

［22.元金返済月額］～［25.残債］がすべて空欄またはゼロであれば「完済」となり、それ以外は「返済中」が自動入力されます。

▣3. 金融機関ID、4. 金融機関名

金融機関IDの入力により金融機関名が自動入力されます。[settingsシート > 名称マスタ］からIDで指定することにより表記の揺らぎなく管理します。

▣5. 支店名

支店名を自由に入力します。金融機関の名寄せには使用しておらず、[3物件一覧シート > 借入金融機関］に表示されるのみです。

1つの金融機関の複数支店から融資を受けている場合でも、システム上は同じ金融機関として扱われます。たとえば、グループA社はX銀行の東京支店、B社は同銀行の大阪支店から融資を受けているなどの場合は注意が必要です。

▣6. 借入主体会社ID、7. 借入主体

融資を受けている法人または個人名です。金融機関名と同じく、マスタからIDで指定することにより借入主体名を表示させます。

▣8. 使途ID、9. 使途

IDの入力により使途名が自動入力されます。システムの初期設定では、使途は次のように定義されています。

なお、固定の2群に分けて使途のグループを定義しているため、ユーザー定義使途を追加することはできません。**当てはまらない使途は、「608　その他（賃貸部門）」または「607　その他（間接部門）」で登録してください。**

使途グループ	使途ID	使途
賃貸部門借入	601	不動産購入
	602	修繕資金
	608	その他（賃貸部門）
間接部門借入	603	運転資金
	604	他業借入
	605	住宅ローン
	606	親族借入
	607	その他（間接部門）

さて、修繕資金と運転資金は、いずれも無担保で1,000～2,000万円程度が多いため混同しがちです。

金融機関内部では使途の別について稟議に記録が残っているため、借入一覧上でも明確に区分して記録しましょう。

通常は、物件に関連づけして金融機関に修繕見積もりを提出したものが修繕資金であり、それ以外が運転資金です。

なお、売却済みの賃貸資産に対する修繕資金が返済されずに残っている場合は、実質的に運転資金化したと考えて資金使途を変更してください。**売却済み物件に対する修繕資金借入が存在すると［settingsシート > 整合性ベリファイ］でエラーとして検出されます。**

▣10. 対象物件ID、11. 対象物件

対象物件もIDの入力により名称が自動入力されます。システムの初期設定では、各物件ID単体のほかに次の指定が可能です。

対象物件 ID	対象物件
101 ～ 299	個別の賃貸資産
621	対象物件なし（運転資金）
622	複数の物件一括
任意	二棟一括融資など特殊な場合

対象物件と担保物件が別になることもあるため項目が分かれています。たとえば、無担保でも特定の物件に対する修繕資金、有担保でも自由資金「621　対象物件なし（運転資金）」などがあり得ます。

「622　複数の物件一括」は、複数物件の修繕資金を1件の融資にまとめるなどノンバンク型の借入に対応します。

また、一物件一融資ではなく、二棟一括融資などの場合、[assetシート > G24 借入返済] に「目白アパート1号2号_二棟一括」など特殊な設定をすることにより、1件の融資を複数の物件に関連づけることもできます。➡ P.334

なお、**[10.対象物件ID] に「621　対象物件なし（運転資金）」「622　複数の物件一括」を入力した場合、各物件の借入には計上されません。**

そのため、[8.使途ID] ＝「601　不動産購入」かつ [10.対象物件ID] ＝「621　対象物件なし（運転資金）」など矛盾した指定をすると、整合性ベリファイでエラーとなるので注意してください。

▣12. 担保物件ID、13. 担保物件

担保物件もIDの入力により名称が自動入力されます。システムの初期設定では、各物件ID単体のほか次の指定が可能です。

担保物件ID	担保物件
101～299	個別の賃貸資産
611	無担保
612	預金担保

［13.担保物件］とは、ほとんどの場合に第一抵当の設定を意味します。

なお、この項目はほかから参照されていないため自由に設定することができます。

▣14.当初借入額、15.当初借入日

当初借入額、当初借入日は、「4月1日実行の1,000万円」など融資案件の特定に使う値であるため入力が必要です。

［14.当初借入額］は、「ローンアグリゲーションExcelシート」上からも参照されています。➡P.356

なお、金融機関の返済明細は和暦で表記されることが多いはずです。それに従い、借入日は和暦表示とします。もちろん、データ入力時は西暦で入力しますが表示は和暦となります。西暦表示にすると金融機関との対話に不便です。

▣16.金利、17.金利条件

金利欄には、現在の適用金利の実数値を入力します。

金利条件欄には、「長プラ＋1.0%」「1M TIBOR＋0.8%」「当初10年固定1.2%」のように金利の算定根拠となる文字列を入れます。金利条件欄は、変動金利か固定金利かを記録するメモ欄としても利用できます。

自身で計算シートを設計する場合、金利が途中で変更されることも視野に入れて作りましょう。

▣18. 借入期間、19. 返済ピッチ

借入期間と返済ピッチが一致しない借入もあるので両項目を作ります。

借入期間は年単位にならず、25カ月など月単位のこともあります。そのため、正確には返済回数の月を入れるべきですが、月単位では分かりにくいので、本書ではあえて精度を落として年単位の表記で統一しています。

借入期間と返済ピッチの違いはP.68で説明しました。

▣20. 返済方法

返済方法を指定します。[settingsシート > 名称マスタ] に定義されている通り、「元利均等」「元金均等」「期日一括」「金利スワップ」は予約語です。

これらの設定は財務資料Excelでは未使用です。そのため、予約語以外の返済方法を入力しても動作に影響を与えません。

ただし、「ローンアグリゲーションExcelシート」では [20.返済方法] を参照しているため、予約語以外を入力すると正常に動作しなくなります。

▣21. 残債時点

残債時点は、返済明細に記載されている特定の返済日です。

たとえば、残債時点が3月31日ならば、[22.元金返済月額] [23.利息月額] [24.支払月額] [25.残債] の各欄には同日現在の金額を入力します。

つまり、「いつ現在の返済明細か」の意味合いです。試算表の作成時期に合わせて3カ月ごとを目安に更新するのがいいでしょう。

なお、完済した場合は [22.元金返済月額] ～ [25.残債] はいずれもゼロまたは空欄としてください。それにより [2.状況] =「完済」と認識します。

▣22. 元金返済月額～24. 支払月額

残債時点で指定した日の、元金返済月額、利息月額、支払月額を入力します。当然、**[支払月額 = 元金返済月額 + 利息月額] となります。**

なお、返済額などは金融機関内部で非常に細かい計算ルールに従い計算されているため、自動計算では1円単位まで合わせることはできません。

借入金が概算では不十分ですので、残債や支払額は返済明細を参照して手入力することが必要です。

また、金利スワップ契約がある場合は整合性ベリファイでのエラーを避けるために入力に工夫が必要です。

スワップ契約は、実質的に利息だけを払い続ける（または受け取る）契約であるため、元金ゼロ、元金返済ゼロ、支払利息 ＝ スワップ契約により発生した支払額（受取額）とします。

約束手形など期日一括返済かつ借入時に金利一括先払いの場合は、元金返済月額、利息月額、支払月額ともにゼロとして残債だけ入力します。支払った金利の額は、[38.アップフロント条件] などに記録してください。

▣25. 残債

返済明細に記載されている残債時点の残債を入力します。多くの箇所から参照される重要な値です。

▣26. 残債当初比

残債当初比は［ $\frac{\text{残債}}{\text{当初借入額}}$ ］で求めます。

各融資の返済の進捗を視覚的に表示します。たとえば、運転資金の残債当初比が減ってきたら追加融資を検討するなどの目的で参照してください。

▣27. 融資残存年

各融資の残存年数を数値と視覚的表現で表示します。

［融資残存年 ＝ 借入期間 －（現在の西暦年 － 当初借入西暦年)］で計算されます。

▣28. 保証会社

保証協会やノンバンク保証などがある場合、保証会社欄に入力します。特定の保証会社だけをフィルターして残高を合算し、空き枠を試算するなどは実務上よくあるため、表記の揺らぎなく入力しましょう。

▣29. 融資メモ

信用保証協会の利用メニュー名や、「物件売却により完済」「借り換えにより完済」などを自由にメモします。

▣30. 担保提供種別ID1 ～ 37. 共同担保物件2

Excelシートの大きさと印刷用紙サイズの関係で、ここから先の項目は印刷範囲外となっています。

財務資料Excelを印刷して送付する場合、[30.担保提供種別ID1] 以降の情報は切り捨てられますが、融資審査に必要な情報ではないため特に問題は生じません。

さて、不動産購入資金の融資では既存物件を共同担保に入れ、運転資金の融資では既存物件を第二抵当に入れることが多いでしょう。

それらを管理するため、担保提供種別には次のフラグを用意しています。

担保提供種別 ID	担保提供種別
671	共同担保
672	第一抵当
673	第二抵当
674	第三抵当
675	第四抵当

本システムでは、担保となる物件は2件まで管理できます。[30.担保提供種別ID1] [34.担保提供種別ID2] に上記の種別IDを入力し、[32.共同担保物件ID1] [36.共同担保物件ID2] に物件IDを入力します。

それらの項目を設定すると、[3 物件一覧シート] において、該当物件の [共同担保の提供状況] 欄が自動的に「共同担保として提供中」「第二抵当として提供中」などの表記に変わります。

なお、財務資料Excelにサンプルとして入力されているデータでは、不動産購入資金の借入による第一抵当の設定有無を管理していません。

通常、不動産購入資金の残債があれば、第一抵当となる物件は［13.担保物件］となる前提のもと、共同担保と第二抵当以降だけを管理しています。

これは、第一抵当を忘れることはないものの、共同担保などは適切に管理しなければ分からなくなってしまうという実務上の事情によるものです。

共同担保と抵当権設定については、本システム上ではユーザー入力の論理的な間違いをチェックしていませんので、データ作成時は注意して入力してください。

■38. アップフロント条件

アップフロント融資手数料がある場合は金額や条件を入力します。保証会社の保証料も借入時に支払うものであればアップフロントとして入力します。

■39. 解約ペナルティ条件

解約ペナルティとして、「3年以内売却は残債×2%、5年以内なら同1%」などと規定されている場合、金銭消費貸借契約に記載されている条件を転記します。

■40. 利息支払開始日、41. 元金返済開始日

コロナ融資により「据え置き期間」の設定が定着しました。

元金と金利の支払日が数年先になることもあるので、金利支払開始日、元金返済開始日の項目を作って支払開始日を管理します。

これらの項目は「財務資料Excelシート」からは参照されていませんが、「ローンアグリゲーションExcelシート」を利用する場合は、［41.元金返済開始日］を参照していますので入力してください。

▣ そのほかの項目

ほかにも必要な項目があれば［41.元金返済開始日］より右側に追加することができます。

▣ 過去データの蓄積

現時点ではなく決算期末時点の残債などを聞かれることもあります。欄外にデータを保持しておけば資料の再作成や再提出が不要となります。

Excelシートの印刷範囲外に、3カ月ごとに過去データを蓄積するのがいいでしょう。

借入金の整合性検証

財務資料Excelの借入残高を決算書の値と合わせるには、どのようなルールで決算書に残高が計上されているのかを確認する必要があります。

たとえば、12月末の残高は12月1日の残高なのか翌年1月4日の残高なのかは税理士に確認しなければ分からないでしょう。

通常は次のルールを満たす残債時点を採用します。

- 12月31日に最も近い、かつ12月31日よりも前の日付の残債
- ただし休日の場合は翌営業日。月末の支払日が休日の場合は翌月初が支払日となる

できる限り細部まで確認して決算書と財務資料の残債を合わせます。

▣ 社長の個人的な借入

個人的に親族から借りた資金なども金融機関からの借入と同様に入力してください。

金融機関名に親族名、借入主体に社長個人を入力します。使途IDは、［606　親族借入］［607　その他（間接部門）］などを設定します。

借入金集計

適切な方法で借入一覧表を作成すれば、それを集計するのは難しくありません。

［4 借入集計シート］では、借入金の集計表を作成します。法人別、物件別に月々の返済額がすぐに分かる集計表を作ることが必要です。

■金融機関×使途別の借入集計

金融機関とのミーティングで最も画面に表示される頻度が高いのは**図5-7**です。取引先金融機関を残高の多い順に並べています。

図 5-7　金融機関別借入表

金融機関別借入									
残債	資金使途								
金融機関	不動産購入	住宅ローン	修繕資金	他業借入	運転資金	親族借入	その他(間接部門)	その他(賃貸部門)	総計
首里信金	¥897,463,861		¥9,268,450	¥10,244,573	¥10,244,573				¥927,221,457
読谷信金	¥660,405,481								¥660,405,481
竹富信金	¥527,980,831								¥527,980,831
恩納銀行	¥393,989,012		¥7,500,000						¥401,489,012
石垣銀行	¥366,807,279		¥16,705,681						¥383,512,960
宜野湾信組	¥342,586,723								¥342,586,723
奄美信金	¥325,693,047								¥325,693,047
座間味信金	¥227,542,871	¥91,457,870							¥319,000,741
名護信金	¥224,687,995								¥224,687,995
嘉手納銀行	¥166,166,517								¥166,166,517
西表信金	¥146,247,653								¥146,247,653
宮古信組			¥12,500,000						¥12,500,000
玉川花子						¥2,000,000			¥2,000,000
総計	¥4,279,571,270	¥91,457,870	¥45,974,131	¥10,244,573	¥10,244,573	¥2,000,000			¥4,439,492,417

■法人別×使途別の借入集計

法人別の借入集計を使うことは多くありませんが作成は必要です。社長個人も、法人と並べて表示します（**図5-8**）。

図 5-8　法人別借入表

法人別銀行借入									
残債	資金使途								
借入主体	不動産購入	住宅ローン	修繕資金	他業借入	運転資金	親族借入	その他(間接部門)	その他(賃貸部門)	総計
コアプラス大阪株式会社	¥970,324,491								¥970,324,491
コアプラス名古屋株式会社	¥856,278,253								¥856,278,253
コアプラス仙台株式会社	¥660,405,481		¥12,500,000						¥672,905,481
コアプラス札幌株式会社	¥619,782,498		¥7,500,000						¥627,282,498
コアプラス東京株式会社	¥393,709,388		¥25,974,131		¥10,244,573	¥2,000,000			¥431,928,092
コアプラス福岡株式会社	¥418,549,064								¥418,549,064
コアプラス京都株式会社	¥214,274,442								¥214,274,442
コアプラス四国株式会社	¥146,247,653								¥146,247,653
玉川陽介		¥91,457,870		¥10,244,573					¥101,702,443
コアプラス沖縄株式会社									¥0
総計	¥4,279,571,270	¥91,457,870	¥45,974,131	¥10,244,573	¥10,244,573	¥2,000,000			¥4,439,492,417

「法人B社で借り入れている運転資金の内訳は？」という議論になった際には、Excelのピボットテーブルの利点を活かして、金額欄をクリックして明細を表示すれば即答できます。もしくは、集計表からたどらず［5 借入一覧シート > オートフィルタ］でも同じです。

▣ 金融機関別利率

図5-9の金融機関別の利率は投資家自身には必要のないデータですが、金融機関からは他行の金利を聞かれることが多いため作成します。

投資家は金利よりもLTVや期間を優先していることとは対照的な論点ですが、金融機関の知りたい情報を分かりやすく提供するのも、彼らへのおもてなしの一環と考えればいいでしょう。

図 5-9　金融機関別金利

金融機関別利率（参考）	
金融機関	加重平均金利
座間味信金	1.76%
首里信金	1.54%
西表信金	1.50%
宜野湾信組	1.44%
石垣銀行	1.38%
竹富信金	1.38%
名護信金	1.22%
読谷信金	1.22%
恩納銀行	1.18%
奄美信金	1.10%
嘉手納銀行	1.00%
宮古信組	0.99%
玉川花子	0.00%
総計	1.36%

$$\text{各金融機関の加重平均金利} = \frac{(\text{各金融機関への利息月額合計} \times 12)}{\text{残債合計}}$$

＊ 利息合計は直近の残債時点で入力された値

このような計算式で簡便的に計算しているため、計算精度は高くありませんが参考指標としては十分でしょう。

利息免除期間などの関係で、「金利支払なし、かつ残債あり」の場合は平均金利が低く出るため注意が必要です。

▣ 法人×物件別借入集計

法人別、使途別、物件別での、元金返済月額、利息月額、支払月額、残債を集計します（**図5-10**）。借入金集計のすべてといえる集計表です。社長個人の借入も表示します。

図 5-10　物件別借入

法人×使途×物件				
対象	元金返済月額	利息月額	支払月額	残債
コアプラス沖縄株式会社				
不動産購入				
あおばマンション	残債なし	残債なし	残債なし	残債なし
仙台駅前コーポ	残債なし	残債なし	残債なし	残債なし
コアプラス京都株式会社				
不動産購入				
南池袋マンション	¥294,357	¥191,699	¥486,056	¥139,123,336
目白アパート1号2号_2棟一括	¥213,926	¥100,486	¥314,412	¥75,151,106
コアプラス札幌株式会社				
修繕資金				
コアプラスレジデンス梅田	¥125,000	¥6,210	¥131,210	¥7,500,000
不動産購入				
コアプラスレジデンス梅田	¥613,310	¥400,259	¥1,013,569	¥330,636,161
東池袋ハイツ	¥970,634	¥241,754	¥1,212,388	¥289,146,337
コアプラス四国株式会社				
不動産購入				
カーサ南池袋	¥437,860	¥183,356	¥621,216	¥146,247,653
コアプラス仙台株式会社				
修繕資金				
目白アパート	¥150,000	¥10,351	¥160,351	¥12,500,000
不動産購入				
コアプラス大塚	¥902,892	¥513,702	¥1,416,594	¥473,298,872
目白アパート	¥845,627	¥156,620	¥1,002,247	¥187,106,609
コアプラス大阪株式会社				
不動産購入				
カーサ目白台ハウス	¥1,049,552	¥299,492	¥1,349,044	¥325,693,047
コアプラス池袋	¥328,928	¥58,976	¥387,904	¥70,446,823
レジデンス目白豊島	¥324,776	¥180,387	¥505,163	¥166,191,734
第3目白ハイツ	¥1,209,934	¥468,878	¥1,678,812	¥407,992,887
コアプラス東京株式会社				
その他(間接部門)				
対象物件なし(運転資金)	残債なし	残債なし	残債なし	残債なし
その他(賃貸部門)				
対象物件なし(運転資金)	残債なし	残債なし	残債なし	残債なし
運転資金				
対象物件なし(運転資金)	¥84,461	¥16,139	¥100,600	¥10,244,573
修繕資金				
目白アパート1号館	¥49,298	¥14,364	¥63,662	¥9,268,450
プラウD目白301号	¥326,683	¥42,817	¥369,500	¥16,705,681
池袋ハウス	¥1,050,252	¥674,466	¥1,724,718	¥489,470,974
豊島目白ビル	¥1,111,644	¥398,578	¥1,510,222	¥366,807,279
玉川陽介				
住宅ローン				
プラウD目白301号	¥169,657	¥221,433	¥391,090	¥91,457,870
他業借入				
対象物件なし(運転資金)	¥84,461	¥16,139	¥100,600	¥10,244,573
総計	¥12,955,677	¥5,043,759	¥17,999,436	¥4,439,492,417

金融機関と借り換えを議論するときは、対象物件に対する不動産購入資金の残債だけが焦点となり、対象物件にかかわる修繕費用残高などは考慮対象外となる傾向にあります。そのため、図5-10では資金使途ごとに内訳を表示しています。

なお、すでに借入金を完済している箇所は空欄ではなく「残債なし」を表示しています。完済を空欄とすると、なぜ空欄になっているのか、データの欠損あるいは確認中なのかなど閲覧者が分かりにくいためです。

5-5 減価償却一覧と集計

減価償却内訳表の要点

［7 償却一覧シート > 減価償却内訳表］の一覧は、会計ソフト（NTTデータの「達人シリーズ」）からデータをインポートしているだけで特別な仕掛けはありません（**図5-11**）。

それでも、減価償却の実データを使って収益試算をすることには意味があります。売却時の利益試算には減価償却の計算が必須となるからです。要点を確認していきましょう。

減価償却内訳表には多くの項目がありますが、**集計で参照しているのは［1.物件ID］～［5.資産種類名］、［12.取得価額］～［14.年間償却額］、［16.購入後のCAPEX］のみ**です。

［当期末帳簿価額 ＝ 来期首帳簿価額 ＝ 当期首帳簿価額 － 当期年間償却額］となります。

中小企業の税務の現場では、減価償却の年数を短くするために償却資産を細分化して登録することもあるようです。

しかし、毎年安定した利益が見込める賃貸業では、当期の償却増は来期以降の税額増となりメリットは多くありません。無理をせず、税務の原則通りに会計ソフトに登録して償却すれば十分でしょう。

図 5-11　減価償却内訳

												2022年度	2022年度	2022年度		
1.物件ID	2.対象物件	3.法人ID	4.法人名	5.資産種類名	6.償却方法	7.資産名称	8.取得年月日	9.耐用年数(年)	10.取得後経過年(目安)	11.残存耐用年(目安)	12.取得価額	13.期首帳簿価額	14.年間償却額	15.期末帳簿価額	16.購入後のCAPEX	17.摘要
101	西池袋駅前ビル	401	コアプラス東京株式会社	建物	定額法	101西池袋駅前ビル	20150601	28	7	21	¥51,870,000	¥39,637,325	¥1,867,320	¥37,770,005	0	鉄骨鉄筋ｺﾝｸﾘｰﾄ共同住宅
101	西池袋駅前ビル	401	コアプラス東京株式会社	土地	非償却	101西池袋駅前ビル	20150601				¥168,935,000	¥168,935,000		¥168,935,000	0	
101	西池袋駅前ビル	401	コアプラス東京株式会社	建物附属設備	定額法	101西池袋駅前ビル電気空調設備工事	20180806	13	4	9	¥640,440	¥471,954	¥49,313	¥422,641	1	
101	西池袋駅前ビル	401	コアプラス東京株式会社	建物附属設備	少額資産	101西池袋駅前ビルﾀﾞｲｷﾝ天井ｶｾｯﾄ冷暖房ｴｱｺﾝ	20190814				¥292,680				1	
101	西池袋駅前ビル	401	コアプラス東京株式会社	器具備品	定率法	101西池袋駅前ビル宅配ﾎﾞｯｸｽ	20200331	10	2	8	¥858,420	¥572,280	¥114,456	¥457,824	1	
102	池袋ハウス	402	コアプラス名古屋株式会社	建物	定額法	102池袋ハウス	20170928	24	5	19	¥152,947,603	¥125,111,141	¥6,423,799	¥118,687,342	0	鉄筋ｺﾝｸﾘｰﾄ造 共同住宅
102	池袋ハウス	402	コアプラス名古屋株式会社	土地	非償却	102池袋ハウス	20170928				¥397,310,797	¥397,310,797		¥397,310,797	0	不動産取得税
102	池袋ハウス	402	コアプラス名古屋株式会社	建物	定額法	102池袋ハウス不動産取得税	20180101	24	4	20	¥2,278,000	¥1,895,296	¥95,676	¥1,799,620	0	鉄筋ｺﾝｸﾘｰﾄ造 共同住宅
102	池袋ハウス	402	コアプラス名古屋株式会社	土地	非償却	102池袋ハウス	20180101				¥2,958,800	¥2,958,800		¥2,958,800	0	不動産取得税
102	池袋ハウス	402	コアプラス名古屋株式会社	建物附属設備	定額法	102池袋ハウス汚水ポンプ交換	20180301	15	4	11	¥943,077	¥700,864	¥63,186	¥637,678	1	
102	池袋ハウス	402	コアプラス名古屋株式会社	建物附属設備	定額法	102池袋ハウス給水管部分更新	20201231	15	2	13	¥623,700	¥578,431	¥41,787	¥536,644	1	
102	池袋ハウス	402	コアプラス名古屋株式会社	建物附属設備	定額法	102池袋ハウス203改修工事	20210731	15	1	14	¥500,607	¥483,837	¥33,540	¥450,297	1	
102	池袋ハウス	402	コアプラス名古屋株式会社	建物附属設備	定額法	102池袋ハウス109改修工事	20210915	15	1	14	¥534,349	¥522,416	¥35,801	¥486,615	1	
102	池袋ハウス	402	コアプラス名古屋株式会社	建物附属設備	定額法	102池袋ハウス303改修工事	20210915	15	1	14	¥580,905	¥567,932	¥38,920	¥529,012	1	
102	池袋ハウス	402	コアプラス名古屋株式会社	建物附属設備	定額法	102池袋ハウス205改修工事	20211015	15	1	14	¥487,702	¥479,533	¥32,676	¥446,857	1	
102	池袋ハウス	402	コアプラス名古屋株式会社	建物附属設備	定額法	102池袋ハウス306改修工事	20211015	15	1	14	¥539,815	¥530,774	¥36,167	¥494,607	1	
102	池袋ハウス	402	コアプラス名古屋株式会社	建物附属設備	定額法	102池袋ハウス406改修工事	20211231	15	1	14	¥311,610	¥309,871	¥20,877	¥288,994	1	
103	カーサ目白台ハウス	403	有限会社コアプラス2号	建物	定額法	103カーサ目白台ハウス	20150715	26	7	19	¥149,454,010	¥112,389,418	¥5,828,706	¥106,560,712	0	
103	カーサ目白台ハウス	403	有限会社コアプラス2号	土地	非償却	103カーサ目白台ハウス	20150715				¥264,084,489	¥264,084,489		¥264,084,489	0	
103	カーサ目白台ハウス	403	有限会社コアプラス2号	建物附属設備	定率法	103カーサ目白台ハウス102号改修工事	20160304	10	6	4	¥2,157,840	¥589,236	¥147,309	¥441,927	1	

多くの物件は期の半ばに取得となるはずですが、税務規則上、期中に取得した物件の当期償却額は月割りになります。

そのため、**会計ソフトから出力される当期償却額は月割りとなり、来期1年間の償却額とは異なります。**

年換算して収益シミュレーションで利用するには、**来期1年間の償却額を会計ソフトから出力して取り込む必要があります。**

▣本体価格と付帯費用を分離

通常、仲介手数料や不動産取得税は土地と建物に按分して、それぞれの簿価に上乗せして1件の償却資産データとして登録します。

しかし、本書では土地建物の減価償却について例外的な入力方法を採用していることはこれまでに説明した通りです。

会計ソフトで入力する際には、建物本体価格と、建物価格に按分する仲介手数料や不動産取得税を合算せず、それぞれ別の償却資産として入力していきます。土地も同様です。➡P.152

減価償却内訳表

個別の要素は次のように設計しています。

▣1. 物件ID〜4. 法人名

物件IDから物件名、法人IDから法人名を表示させます。IDを入力して名称を自動入力するのはほかのシートと同じです。

慣れないと違和感があると思いますが、物件名、法人名は同じ値が連続して構いません。このように作成しないとExcelのピボットテーブルで集計できないためです。

▣5. 資産種類名

資産種類名は会計ソフトの分類に従っています。次の分類より文字列で指定してください。

ID	資産種類名
711	土地
712	建物
713	建物附属設備
714	器具備品
715	構築物

いずれも予約語です。この5分類に基づいて［6 減価償却シート］で、資産種類ごとの集計表を作成します。

▣6. 償却方法

償却方法は会計ソフトの分類に従っています。次のいずれかの文字列を入力します。いずれも予約語です。

ID	償却方法
701	定額法
702	定率法
703	非償却
704	少額資産
705	一括決算

賃貸資産の減価償却は、ほとんどが定額法となります。たとえば、建物、建物附属設備、構築物は定額法です。後付けの宅配ロッカーや照明器具など、器具備品に分類されるものに限り定率法です。

ここで設定した償却方法の値は本システムでは未使用ですが、「ローンアグリゲーションExcelシート」で利用します。

▣7. 資産名称

本来、資産名称は会計ソフト側で任意に入力する文字列項目です。しかし、そのままでは資産名称に物件IDを関連づけすることができません。

そこで、本書では**資産名称の先頭に3桁の物件IDを入れることを会計ソフト上での入力ルール**としています。

これにより、Excel関数を使って資産名称から機械的に冒頭3文字を取得して物件IDを生成し、物件ごとの集計を可能にしています。

会計ソフトからはパソコン購入など賃貸資産と無関係の資産も出力されますが、それらは冒頭のIDを「999　賃貸資産以外の償却」と定義することにより物件別集計の際には除外できます。

▣8. 取得年月日

取得年月日を入力します。集計では利用しません。

▣9. 耐用年数（年）、10. 取得後経過年（目安）、11. 残存耐用年（目安）

耐用年数（年）を入力すると、取得後経過年（目安）と残存耐用年（目安）が自動計算されます。「目安」としているのは税務上の正確な償却期間とは一致しないためです。

▣12. 取得価額

各資産の取得時簿価です。[6 減価償却シート > 取得時簿価] で集計しています。

▣13. 期首帳簿価額

当期末帳簿価額 = 来期首帳簿価額であり、[13.期首帳簿価額] がその値です。[6 減価償却シート > 期首簿価] の各値を計算するために参照されます。

▣14. 年間償却額

税務上は来期1年間の償却額を試算することは多くありません。そのため、別途会計ソフトの操作により来期の年間償却額を取得する必要があります。

［14.年間償却額］は、年換算した減価償却費として多くの箇所から参照されます。

■15. 期末帳簿価額

［15.期末帳簿価額 ＝ 13.期首帳簿価額 － 14.年間償却額］と計算できるはずですが、本システムでは、会計ソフトから出力される数値をそのまま使っています。Excel上で計算して求めることはしていません。

本項目は、ほかからの参照はされておらず参考値です。

■16. 購入後のCAPEX

手作業で入力します。不動産購入時の土地建物なのか購入後のCAPEXなのかを分類するフラグです。購入時は「0」、購入後は「1」です。

［6 減価償却シート > 取得時簿価］は、このフラグが「0」の減価償却項目を合計して、土地建物の取得時簿価を物件ごとに計算しています。また、「購入後＝1」のみをフィルターして修繕履歴と照合すれば、どの工事が償却となっているかを確認できます。

■17. 摘要

会計ソフトから出力された摘要をそのまま入れています。自由にメモを入力できます。

■新規取得資産は仮入力が必要

新規物件取得のたびに会計ソフトから簿価データをインポートしてくるのが原則ですが、税理士は物件取得のたびに減価償却データを作ってくれるとは限りません。

また、期中に取得した資産は、決算を迎えるまでは期首簿価が空欄で出力される会計ソフトもあります。

このように物件購入直後はデータが揃っていないはずですが、**システム上、減価償却データの入力は必須です。そこで、エラー回避のためにダミー値を仮入力してください。**

期中で賃貸資産を新規取得した場合、［7 償却一覧シート］の末尾に、

[1.物件ID] ～ [16.購入後のCAPEX] を仮入力します。

なお、[8.取得年月日] [9.耐用年数（年)] [15.期末帳簿価額] はほかからの参照はありませんので空欄でも構いません。

正確な価額が分からない場合は、次のように入力しておけば仮入力としては十分です。

12. 取得価額

a. 建物 ➡ 契約書に記載されている不動産の税込建物価格（または消費税額×11）

b. 土地 ➡ 不動産の税込売買総額 － a

14. 年間償却額

c. 建物 ➡ $\frac{\text{建物価格}}{\text{残存耐用年数}}$

d. 土地 ➡ 0

摘要欄に「仮入力」とメモして、正式な減価償却データが出てきたら更新してください。

減価償却表

[6 減価償却シート] を見ていきます（**図5-12**)。

▣ 取得時簿価

賃貸資産購入時の簿価を記録します。購入後のCAPEXは含みません。他シートからは参照されておらず、減価償却の進捗を確認するための参考データとして表示しています。

図 5-12 減価償却（概算）

2021年12月31日現在

ID	物件名	取得時簿価		2022年期首簿価			2022年(1年間)の償却額					摘要
		a.土地合計	b.建物等合計	c.土地合計	d.建物等合計	e.土地建物計(c+d)	f.建物	g.建物附属設備	h.構築物	i.器具備品	j.償却1年計(f〜i合計)	
101	西池袋駅前ビル	¥168,935,000	¥51,870,000	¥168,935,000	¥40,681,559	¥209,616,559	¥1,867,320	¥49,313	¥0	¥114,456	¥2,031,089	
102	池袋ハウス	¥400,269,597	¥155,225,603	¥400,269,597	¥131,180,095	¥531,449,692	¥6,519,475	¥302,954	¥0	¥0	¥6,822,429	
103	カーサ目白台ハウス	¥264,084,489	¥149,454,010	¥264,084,489	¥113,300,805	¥377,385,294	¥5,828,706	¥181,266	¥0	¥0	¥6,009,972	
104	コアプラス池袋	¥78,084,258	¥16,087,719	¥78,084,258	¥29,536,448	¥107,620,706	¥864,458	¥409,639	¥60,741	¥0	¥1,334,838	
105	目白アパート	¥192,559,845	¥113,432,893	¥192,559,845	¥70,902,303	¥263,462,148	¥8,734,332	¥1,646,415	¥80,146	¥0	¥10,460,893	
106	東池袋ハイツ	¥262,709,157	¥187,056,281	¥262,709,157	¥142,832,573	¥405,541,730	¥6,359,913	¥0	¥0	¥62,964	¥6,422,877	
107	メゾン雑司ヶ谷	¥286,363,375	¥98,069,650	¥286,363,375	¥73,661,130	¥360,024,505	¥4,315,064	¥212,477	¥0	¥84,480	¥4,612,021	
109	カーサ南池袋	¥165,375,617	¥26,492,683	¥165,375,617	¥27,798,216	¥193,173,833	¥2,967,179	¥1,454,309	¥0	¥88,704	¥4,510,192	
111	目白カーサ二番館	¥252,984,606	¥59,724,146	¥252,984,606	¥34,281,663	¥287,266,269	¥4,300,138	¥0	¥0	¥0	¥4,300,138	
112	豊島目白ビル	¥316,421,235	¥126,784,406	¥316,421,235	¥98,680,532	¥415,101,767	¥4,817,807	¥0	¥0	¥0	¥4,817,807	
113	第3目白ハイツ	¥335,018,465	¥149,989,486	¥335,018,465	¥127,400,532	¥462,418,997	¥6,299,558	¥744,405	¥151,956	¥0	¥7,195,919	
114	レジデンス目白豊島	¥154,821,009	¥52,665,555	¥154,821,009	¥42,782,673	¥197,603,682	¥2,114,406	¥0	¥0	¥0	¥2,114,406	
115	コアプラス大塚	¥300,927,161	¥250,772,634	¥300,927,161	¥213,808,751	¥514,735,912	¥7,773,951	¥0	¥0	¥0	¥7,773,951	
116	コアプラスレジデンス梅田	¥211,645,475	¥147,620,954	¥211,645,475	¥152,141,411	¥363,786,886	¥7,073,962	¥705,692	¥0	¥83,013	¥7,862,667	
117	高田馬場第4玉川ビル	¥113,543,242	¥24,151,178	¥113,543,242	¥15,377,543	¥128,920,785	¥2,704,931	¥246,267	¥0	¥0	¥2,951,198	
120	南池袋マンション	¥120,828,203	¥33,588,101	¥120,828,203	¥30,483,564	¥151,311,767	¥1,410,700	¥227,130	¥0	¥0	¥1,637,830	
121	目白アパート1号館	¥5,112,000	¥51,251,000	¥5,112,000	¥51,251,000	¥56,363,000	¥2,500,000	¥0	¥0	¥0	¥2,500,000	
122	目白アパート2号館	¥5,241,000	¥31,236,000	¥5,241,000	¥31,236,000	¥36,477,000	¥2,000,000	¥0	¥0	¥0	¥2,000,000	
221	ビジネス新大阪123号	¥2,488,575	¥3,052,637	¥2,488,575	¥2,797,363	¥5,285,938	¥256,421	¥0	¥0	¥0	¥256,421	
222	ブラウD目白301号室	¥57,130,988	¥19,286,259	¥57,130,988	¥37,501,218	¥94,632,206	¥1,131,918	¥574,046	¥0	¥0	¥1,705,964	
	総計	¥3,694,543,297	¥1,747,811,195	¥3,694,543,297	¥1,467,635,379	¥5,162,178,676	¥79,840,239	¥6,753,913	¥292,843	¥433,617	¥87,320,612	

※期中取得は取得時点の簿価を期首簿価としているため税務上の集計とは一致しない

▣ 期首簿価（来期）

賃貸資産ごとに来期首（＝当期末）の簿価を一覧にしています。[3 物件一覧シート > C83 土地建物簿価計] から参照されます。

システム上は期中の簿価の変化を見ていませんので、土地建物簿価の更新は年に一度で十分です。

▣ 年間の償却額（来期）

一法人で複数物件を保有している場合、税理士作成の資料だけでは物件別の減価償却費が分かりにくいこともあるため、物件別に償却額を集計します。

賃貸資産の来期の年間減価償却費は、[6 減価償却シート > j. 償却1年計] です。この値は、[3 物件一覧シート > C77 減価償却] から参照されます。

5-6 賃料一覧と集計

賃料内訳表の要点

[9 賃料一覧シート > 賃料内訳表] は、金融機関からも多く提出依頼がある頻出データです。グループ全体の賃料内訳を把握するには管理会社の資料だけでは不足するため、全物件が網羅的に集計されている資料を作成します。

本書では、次ページの**図5-13**のようにまとめています。まずは賃料集計の要点を見ていきましょう。

▣3種類の賃料を管理

賃貸資産の購入後は、現況賃料、再募集賃料、満室想定賃料と3つの賃料を管理していきます。

現況賃料	➡	空室ならゼロ、入居中なら現況賃料を入力
再募集賃料	➡	退去後の再募集で見込まれる賃料を想定で入力
満室想定賃料	➡	自動計算により、現在空室なら再募集賃料、入居中なら現況賃料

＊ 月中での入退去は日割りせずに 1 カ月分の賃料を入力

この考え方は、賃貸資産売買の現場で作成されるレントロールの制作慣習に従っています。

図 5-13 賃料内訳表

1.連番	2.物件ID	3.物件名	4.区画名	5.専有面積	6.クラスID	7.クラス	8.間取り	9.賃料	10.共益費	11.その他	12.消費税	13.現況賃料税込(自動)	14.再募集賃料税抜	15.再募集賃料税	16.再募集税込(自動)	17.満室想定税込(自動)	18.入居者国籍	19.賃貸用	20.メモ
1	101	西池袋駅前ビル	101	16.89 ㎡	631	住居	1K	¥62,000	¥3,000	¥0	¥0	¥65,000	¥65,000	¥0	¥65,000	¥65,000	日本人等	yes	
2	101	西池袋駅前ビル	102	16.75 ㎡	631	住居	1K	¥62,000	¥3,000	¥0	¥0	¥65,000	¥65,000	¥0	¥65,000	¥65,000	日本人等	yes	
3	101	西池袋駅前ビル	103	16.60 ㎡	631	住居	1K	¥69,800	¥0	¥0	¥0	¥69,800	¥69,800	¥0	¥69,800	¥69,800	日本人等	yes	
4	101	西池袋駅前ビル	105	16.74 ㎡	631	住居	1K	¥60,000	¥3,000	¥0	¥0	¥63,000	¥70,000	¥0	¥70,000	¥63,000	法人契約	yes	
5	101	西池袋駅前ビル	106	16.74 ㎡	631	住居	1K	¥64,000	¥3,000	¥0	¥0	¥67,000	¥67,000	¥0	¥67,000	¥67,000	中華系	yes	
6	101	西池袋駅前ビル	201	16.53 ㎡	631	住居	1K	¥56,000	¥3,000	¥0	¥0	¥59,000	¥67,000	¥0	¥67,000	¥59,000	日本人等	yes	
7	101	西池袋駅前ビル	202	16.75 ㎡	631	住居	1K	¥62,000	¥3,000	¥0	¥0	¥65,000	¥65,000	¥0	¥65,000	¥65,000	住居法人契約	yes	
8	101	西池袋駅前ビル	203	16.60 ㎡	631	住居	1K	¥63,000	¥3,000	¥0	¥0	¥66,000	¥70,000	¥0	¥70,000	¥66,000	日本人等	yes	
9	101	西池袋駅前ビル	205	16.74 ㎡	631	住居	1K	¥63,000	¥3,000	¥0	¥0	¥66,000	¥68,000	¥0	¥68,000	¥66,000	日本人等	yes	
10	101	西池袋駅前ビル	301	16.56 ㎡	631	住居	1K	¥62,000	¥0	¥0	¥0	¥62,000	¥62,000	¥0	¥62,000	¥62,000	日本人等	yes	
11	101	西池袋駅前ビル	302	16.56 ㎡	631	住居	1K	¥63,000	¥3,000	¥0	¥0	¥66,000	¥66,000	¥0	¥66,000	¥66,000	日本人等	yes	
12	101	西池袋駅前ビル	303	16.56 ㎡	631	住居	1K	¥62,000	¥3,000	¥0	¥0	¥65,000	¥65,000	¥0	¥65,000	¥65,000	日本人等	yes	
13	101	西池袋駅前ビル	305	16.77 ㎡	631	住居	1K	¥67,000	¥3,000	¥0	¥0	¥70,000	¥70,000	¥0	¥70,000	¥70,000	中華系	yes	
14	101	西池袋駅前ビル	306	16.53 ㎡	631	住居	1K	¥57,000	¥3,000	¥0	¥0	¥60,000	¥70,000	¥0	¥70,000	¥60,000	中華系	yes	
15	101	西池袋駅前ビル	307	16.75 ㎡	631	住居	1K	¥56,000	¥3,000	¥0	¥0	¥59,000	¥65,000	¥0	¥65,000	¥59,000	日本人等	yes	
16	101	西池袋駅前ビル	308	16.60 ㎡	631	住居	1K	¥69,000	¥0	¥0	¥0	¥69,000	¥69,000	¥0	¥69,000	¥69,000	日本人等	yes	
17	101	西池袋駅前ビル	401	16.56 ㎡	631	住居	1K	¥67,000	¥3,000	¥0	¥0	¥70,000	¥70,000	¥0	¥70,000	¥70,000	日本人等	yes	
18	101	西池袋駅前ビル	402	16.56 ㎡	631	住居	1K	¥62,000	¥2,000	¥0	¥0	¥64,000	¥64,000	¥0	¥64,000	¥64,000	日本人等	yes	
19	101	西池袋駅前ビル	403	16.56 ㎡	631	住居	1K	¥60,000	¥3,000	¥0	¥0	¥63,000	¥70,000	¥0	¥70,000	¥63,000	日本人等	yes	
20	101	西池袋駅前ビル	405	16.77 ㎡	631	住居	1K	¥69,000	¥3,000	¥0	¥0	¥72,000	¥72,000	¥0	¥72,000	¥72,000	日本人等	yes	
21	101	西池袋駅前ビル	406	16.53 ㎡	631	住居	1K	¥62,000	¥3,000	¥0	¥0	¥65,000	¥70,000	¥0	¥70,000	¥65,000	日本人等	yes	
22	101	西池袋駅前ビル	407	17.83 ㎡	631	住居	1K	¥67,000	¥0	¥0	¥0	¥67,000	¥67,000	¥0	¥67,000	¥67,000	日本人等	yes	
23	101	西池袋駅前ビル	100	104.58 ㎡	632	事務所	事務所	¥275,000	¥0	¥0	¥27,500	¥302,500	¥275,000	¥27,500	¥302,500	¥302,500	法人契約	yes	
24	101	西池袋駅前ビル	RF1	0.00 ㎡	635	アンテナ	その他	¥90,000	¥0	¥0	¥9,000	¥99,000	¥90,000	¥9,000	¥99,000	¥99,000	-	yes	楽天
25	101	西池袋駅前ビル	NTF1	-	639	その他	その他	¥0	¥0	¥0	¥0	¥0	¥0	¥0	¥0	¥0	-	no	フレッツ光
26	102	池袋ハウス	101	23.95 ㎡	631	住居	1K	¥73,000	¥7,000	¥0	¥0	¥80,000	¥80,000	¥0	¥80,000	¥80,000	日本人等	yes	
27	102	池袋ハウス	102	20.08 ㎡	631	住居	1K	¥55,000	¥7,000	¥0	¥0	¥62,000	¥62,000	¥0	¥62,000	¥62,000	日本人等	yes	
28	102	池袋ハウス	103	23.25 ㎡	631	住居	1K	¥70,000	¥7,000	¥0	¥0	¥77,000	¥77,000	¥0	¥77,000	¥77,000	中華系	yes	
29	102	池袋ハウス	105	23.25 ㎡	631	住居	1K	¥72,000	¥7,000	¥0	¥0	¥79,000	¥79,000	¥0	¥79,000	¥79,000	中華系	yes	
30	102	池袋ハウス	106	27.30 ㎡	631	住居	1K	¥73,000	¥7,000	¥0	¥0	¥80,000	¥80,000	¥0	¥80,000	¥80,000	中華系	yes	
31	102	池袋ハウス	107	27.30 ㎡	631	住居	1K	¥78,000	¥7,000	¥0	¥0	¥85,000	¥85,000	¥0	¥85,000	¥85,000	日本人等	yes	
32	102	池袋ハウス	108	22.98 ㎡	631	住居	1K	¥68,000	¥7,000	¥0	¥0	¥75,000	¥75,000	¥0	¥75,000	¥75,000	日本人等	yes	
33	102	池袋ハウス	109	22.98 ㎡	631	住居	1K	¥61,000	¥7,000	¥0	¥0	¥68,000	¥76,000	¥0	¥76,000	¥68,000	日本人等	yes	
34	102	池袋ハウス	110	23.27 ㎡	631	住居	1K	¥61,000	¥7,000	¥0	¥0	¥68,000	¥68,000	¥0	¥68,000	¥68,000	日本人等	yes	
35	102	池袋ハウス	201	23.95 ㎡	631	住居	1K	¥70,000	¥7,000	¥0	¥0	¥77,000	¥77,000	¥0	¥77,000	¥77,000	日本人等	yes	
36	102	池袋ハウス	202	20.08 ㎡	631	住居	1K	¥75,000	¥7,000	¥0	¥0	¥82,000	¥82,000	¥0	¥82,000	¥82,000	中華系	yes	
37	102	池袋ハウス	203	23.25 ㎡	631	住居	1K	¥73,000	¥7,000	¥0	¥0	¥80,000	¥85,000	¥0	¥85,000	¥80,000	日本人等	yes	
38	102	池袋ハウス	205	23.25 ㎡	631	住居	1K	¥68,000	¥7,000	¥0	¥0	¥75,000	¥69,000	¥0	¥69,000	¥75,000	日本人等	yes	

この3つの賃料を管理すれば、現況賃料、満室想定賃料だけでなく、賃料の引き直しといわれる再募集賃料も含めて、すべてを1つの表で管理できます。

$\frac{\text{満室想定賃料}}{\text{物件購入価格}}$ で購入後の表面利回りを計算したいため、非賃貸部分も貸し出す想定で賃料を査定して入力してください。

年に一度しか売上のない電柱設置料や通信設備の電気料収入なども、できる限り一覧に含めます。

▣ 物理区画と論理区画

賃貸区画はどのように管理するのがよいでしょうか。本来は物理的な区画一覧と契約一覧を別に作って管理するのが原則です。

しかし、同じような表が複数あるのはきれいではありません。データの作り方を工夫して1つの賃料内訳表だけで完結させましょう。

本書では、**1つの表のみで整合性を保ったまま管理するために、物理区画と論理区画の考え方を取り入れています。**

物理区画とは、「101号室　20平米」など物理的な貸部屋のことです。論理区画とは、「建物全体を東京都に一棟貸し」などの契約単位です。

多くの場合、物理区画と論理区画は一致します。たとえば、「101号室に鈴木さん個人が入居」などの場合はそうなります。

しかし、契約によっては専有区画の特定がしにくいこともあります。設備使用料、委託料など、賃貸資産に付随して定期的に受け取る場合などです。これらは物理区画なし、論理区画のみとして賃料を計上します。

区画の原則

1. 物理区画の［5. 専有面積］を合計すれば建物全体の同合計と一致する
2. 論理区画の［13. 現況賃料税込］を合計すれば建物全体の同合計と一致する

3. 物理区画のみの場合、[9.賃料]にはハイフン(-)を入力する
4. 論理区画のみの場合、[5.専有面積]にはハイフン(-)を入力する

基本的には、**この原則が維持されるようにデータを作成してください。**原則に違反した入力をすると、賃料や面積が二重計上されるなど集計時に不整合が発生します。

物理区画のみで論理区画がなければ[9.賃料]にハイフンを、論理区画のみで物理区画がなければ[5.専有面積]にハイフンを入力してください。ハイフン(-)は予約語です。

ハイフンの有無により物理区画のみ、論理区画のみ、両方ありの判定をしているため、空欄ではなくハイフンを入力することが必須です。

駐車場、アンテナなどは注意が必要です。それらは、物理区画ありですが、専有面積は不明です。そのような場合、[5.専有面積]にはゼロを入力します。

自己利用区画は[9.賃料]をゼロとして、論理区画ありとなるように登録してください。

▣ 例外的な区画の入力方法①(一棟貸し)

[9 賃料一覧シート]における区画のルールを具体的に考えてみます。たとえば、一棟貸しはどのように入力するのがよいでしょう。

10部屋のアパートを東京都に一棟貸ししているとします。東京都は各部屋を転貸しており、各部屋には各個人が住んでいます。

区画の原則に従い考えてみましょう。まずは、物理区画を作るため、各部屋をExcelで各1行として作成し、[5.専有面積]などの間取りを入れ、[9.賃料]にはハイフンを入力します。これで10件の物理区画(論理なし)が作成されます。

次に、契約者を認識するための論理区画を追加します。このアパートは一棟貸しで賃借人は1名のみなので、1行を挿入して[9.賃料]を入力しま

す。また、物理区画はありませんので［5.専有面積］にハイフンを入力します。これで論理区画（物理なし）が作成されます。

物理区画と論理区画をそれぞれ作り、合計11行の区画が作成されました。

▣ 例外的な区画の入力方法②（シェアハウス）

1つの大部屋を複数人で使うシェアハウスは上記の逆です。

まずは、［5.専有面積］などを入力して大部屋を登録します。［9.賃料］はハイフンとします。これで物理区画が1つだけ作成されました。

次に、各区画の契約者を認識します。［5.専有面積］にハイフンを入力して、［9.賃料］は契約通りに入力します。これで、契約数と同数の論理区画が作成されます。

シェアハウスの契約情報だけを入力して部屋の間取りが入っていない場合、普通借家に戻したときのシミュレーションができません。

間取りと契約を一元的に管理するには、物理区画と論理区画の考え方が適しています。このように作り込めば、あとから必要な集計を自在に作成できます。

▣ 消費税は別項目に

賃料は消費税込賃料を入力せず、消費税は別項目として入力する仕様です。

免税事業者の経営に慣れている人は、税込総額を賃料収入と考え、本体価格と消費税を分離していないことが一般的です。

しかし、将来的に課税事業者に変更となる可能性もあるため消費税は別管理にしておきたいところです。

また、消費税率の改正をまたいで長期入居する入居者も少なくありません。事務所などは消費税抜で計算しないと、購入時からの賃料変化額を計算できません。

消費税を考慮に入れないと、消費税率の上昇による売上増を内部成長による賃料収入増と誤認してしまいます。受取消費税は利益に貢献しないこともあります。➡P.172

▣賃料履歴の蓄積

過去の賃料は、集計上は参照していませんが、できる限り経年で蓄積します。本書では、Excelシートの印刷範囲外に蓄積しています。賃料や入居記録の推移は貴重なトラックレコードとなるはずです。

賃料内訳表

賃料内訳の個別要素は次のように定義しています。

▣1. 連番

1から始まる単純な連番です。区画の総件数を把握するために付番しているのみです。

▣2. 物件ID、3. 物件名

[9 賃料一覧シート] でも物件IDから物件名を検索する仕組みになっています。ほかのシートと同じです。

▣4. 区画名

「101号室」など部屋名を入力します。

▣5. 専有面積

区画の専有面積（平米）を数値で入力します。アンテナなど面積をカウントする必要のない区画でもデータの完全性を意識し、空欄は避けてゼロを入力します。

ハイフンを入力すると物理区画なしと認識されます。

▣6. クラスID、7. クラス

ここで定義する [7.クラス] は、一般的にはアセットクラスと呼ばれます。

他シートと同様に、[settingsシート > 名称マスタ] でクラスIDに対応するクラス名を設定しています。クラスIDを入力すると、クラスは自動的に入力されます。

クラスは、システムの初期設定では次のように区分しています。

クラス ID	クラス
631	住居
632	事務所
633	店舗
634	駐車場
635	アンテナ
636	倉庫
637	自販機
638	オペレーショナル
639	その他

[8 賃料集計シート] では、これらのクラスごとに賃料などを集計します。

民泊やシェアハウスなど運用者のスキルにより収支が変わる資産は、オペレーショナルアセットとして明確に区分けしておくのがいいでしょう。通常、オペレーショナルアセットは、金融機関や次の購入者が現在の収入を額面通りに評価することはないためです。

▣8. 間取り

融資審査や売却の際には間取りを確認されることも多いので入力します。「1R」「3LDK」「事務所」「駐車場」などを適宜入力します。

ほかからは参照されていませんので自由な文字列を入力できます。

▣9. 賃料～13. 現況賃料税込 (自動)

自動計算により、[現況賃料税込 = 賃料 + 共益費 + その他 + 消費税] として表示します。したがって、現況賃料は税込表記となります。

住居など非課税区画は、消費税にゼロを入力してください。

▣14. 再募集賃料税抜、15. 再募集賃料税、16. 再募集税込（自動）

予想される再募集賃料を入力してください。再募集可能な賃料は定期的に見直しを行いたいところです。

［14.再募集賃料税抜］と［15.再募集賃料税］を入力すると、［16.再募集税込（自動）］が自動計算されます。

▣17. 満室想定税込（自動）

自動計算により、**入居中は［13.現況賃料税込（自動）］、空室中は［16.再募集税込（自動）］のいずれかを表示します。**

入居の有無は、［41.入居中判定］フラグで判定しています。

▣18. 入居者国籍

システム上は参照していないメモ項目です。

日本人、アジア系、欧米系、学生、社会人、高齢者、生活保護受給者、留学生ルームシェアなど細かく分けると際限がないので、必要に応じて最低限のフラグを付与するのがいいでしょう。

外国人への偏りは有事の際に一斉帰国してしまうリスクがあるため、その比率を確認したいところです。

高齢入居者などは、室内で死亡時に長期間気づかないリスクもあるのでマークしておきます。

ただし、国籍、高齢者などの集計は差別の観点から公開しないのが近年のトレンドです。外部には非公開としてもいいでしょう。

▣19. 賃貸用

保有物件の一部を倉庫や住居として自己利用することは多いでしょう。［19.賃貸用］は、賃貸用の区画か、自己利用など非賃貸の区画かを分けるフラグです。

賃貸用区画のみを集計して入居率を計算しているため、フラグの入力は正確にする必要があります。

賃貸用フラグの「yes」と「no」は予約語です。入居率の計算は「yes」だけを分母としています。

▣20. メモ

システム上は参照していないメモ項目です。アンテナのキャリア名、長期空室の理由、敷金が巨額ならその金額などを入れるといいでしょう。

▣31. 区画ID

[9 賃料一覧シート] では、[31.区画ID] より右の項目はExcelシートの印刷範囲外に設定されています。ただし、30番台の項目はユーザー入力が必要です。

区画IDは、任意のコード体系によりユニークIDとします。サンプルデータでは、「物件ID_区画名」をユニークIDとしています。

各区画にユニークIDが必要なのは、管理会社が作成するPMレポートのレントロールから現況賃料などの情報を自動的にインポートするためです。そのため、管理会社が作成するPMレポートに区画ごとのユニークIDが付与されていればそれに合わせてください。

PMレポートにユニークIDが付与されていない場合は、「物件名＋部屋番号＋平米数」などを連結してユニークな文字列を生成する手もあります。

[31.区画ID] はほかから参照されておらず、インポート用のユニークIDが不要ならば入力不要です。

▣32. 購入時賃料税抜

[32.購入時賃料税抜] には、購入時の各区画の税抜賃料を入力してください。空室で購入した部屋には、予想される再募集賃料税抜を任意の金額で入力します。

この項目は、[8 賃料集計シート > 5.賃料増減の推移] において、購入時からの賃料増減を計算するために使います。

▣41. 入居中判定

[41.入居中判定] 以降はすべて自動計算項目のため、詳細に理解する必要はありません。どのようなロジックで計算されているかを簡単に確認してください。

```
41. 入居中判定 =
        if [13. 現況賃料税込（自動）] = 0 then 0（空室）
                                        else 1（入居中）
```

入居の有無はこのように判定しています。

■42. 満室想定税抜（自動）〜 44. 購入後の賃料増加額税抜（自動）

賃料増減の管理項目として計算しています。それぞれの項目は次のように自動計算されます。

```
[42. 満室想定税抜（自動）] =
      if [41. 入居中判定] = 1 then [13. 現況賃料税込（自動）]
      − [12. 消費税] else [14. 再募集賃料税抜]

[43. 賃料増減余地（自動）] = [14. 再募集賃料税抜] − [42. 満
      室想定税抜（自動）]

[44. 購入後の賃料増加額税抜（自動）] = [42. 満室想定税抜（自
      動）] − [32. 購入時賃料税抜]
```

[43.賃料増減余地（自動）] は、いわゆる賃料引き直しによるアップサイド期待額です。[44.購入後の賃料増加額税抜（自動）] とあわせて内部成長を確認します。

これらの項目は、[8 賃料集計シート > 5.賃料増減の推移] から参照されます。

■45. 物理区画判定（自動）、46. 論理区画判定（自動）

[9 賃料一覧シート] のデータリストを参照して、次のように区画を判定

しています。

```
[45. 物理区画判定（自動）] =
        if [5. 専有面積] = ハイフン then 0（物理区画なし）
                                  else 1（物理区画あり）

[46. 論理区画判定（自動）] =
        if [9. 賃料] = ハイフン then 0（論理区画なし）
                               else 1（論理区画あり）
```

▣ そのほかの項目

お好みで、預かり敷金額、賃貸の募集条件などを追加してもいいでしょう。筆者は、預かり敷金額はPMレポートを参照することにして、財務資料には全物件の合計額のみを転記して済ませています。

賃料集計表

［9 賃料一覧シート］のデータリストをもとに、［8 賃料集計シート］の賃料集計表を作成します。賃料集計表は金融機関だけでなく、管理会社とのミーティングでも利用できるはずです。各表を見ていきましょう。

▣ 1. 満室想定賃料

［1.満室想定賃料］は、物件×アセットクラスで集計している表です（**図5-14**）。月額の税込表記です。集計対象の金額は、［9 賃料一覧シート ＞ 17.満室想定税込（自動）］です。

図 5-14　満室想定賃料

1.満室想定賃料(税込・月額)　※自社利用など非賃貸区画を含む

物件ID	物件名	住居	事務所	店舗	駐車場	倉庫	アンテナ	自販機	オペレーショナル	その他	総計	年換算(*12)	寄与率	累積寄与率
115	コアプラス大塚	¥3,011,000	¥0	¥192,093	¥356,481	¥0	¥13,200	¥0	¥0	¥0	¥3,572,774	¥42,873,288	10%	10%
102	池袋ハウス	¥3,026,000	¥0	¥0	¥72,000	¥0	¥0	¥0	¥0	¥0	¥3,098,000	¥37,176,000	9%	19%
106	東池袋ハイツ	¥3,084,000	¥0	¥0	¥0	¥0	¥13,200	¥0	¥0	¥0	¥3,097,200	¥37,166,400	9%	27%
103	カーサ目白台ハウス	¥1,913,800	¥643,878	¥363,000	¥126,500	¥0	¥0	¥0	¥0	¥0	¥3,047,178	¥36,566,136	8%	36%
113	第3目白ハイツ	¥2,984,000	¥0	¥0	¥22,000	¥0	¥0	¥0	¥0	¥0	¥3,006,000	¥36,072,000	8%	44%
105	目白アパート	¥2,589,502	¥0	¥99,000	¥77,000	¥0	¥35,524	¥0	¥0	¥0	¥2,801,026	¥33,612,312	8%	52%
112	豊島目白ビル	¥0	¥2,530,000	¥0	¥0	¥0	¥0	¥0	¥0	¥0	¥2,530,000	¥30,360,000	7%	59%
107	メゾン雑司ヶ谷	¥1,378,700	¥0	¥1,100,000	¥0	¥0	¥0	¥0	¥0	¥0	¥2,478,700	¥29,744,400	7%	66%
116	コアプラスレジデンス梅田	¥2,041,000	¥0	¥413,600	¥0	¥0	¥13,200	¥0	¥0	¥0	¥2,467,800	¥29,613,600	7%	73%
111	目白カーサ二番館	¥1,758,634	¥0	¥0	¥113,740	¥0	¥0	¥0	¥0	¥0	¥1,872,374	¥22,468,488	5%	78%
101	西池袋駅前ビル	¥1,437,800	¥302,500	¥0	¥0	¥0	¥99,000	¥0	¥0	¥0	¥1,839,300	¥22,071,600	5%	83%
109	カーサ南池袋	¥1,417,000	¥0	¥0	¥27,000	¥17,600	¥72,911	¥0	¥0	¥0	¥1,534,511	¥18,414,132	4%	87%
114	レジデンス目白豊島	¥935,000	¥94,600	¥0	¥0	¥264,815	¥0	¥0	¥0	¥0	¥1,294,415	¥15,532,980	4%	91%
120	南池袋マンション	¥868,000	¥0	¥0	¥0	¥0	¥0	¥0	¥0	¥0	¥868,000	¥10,416,000	2%	93%
117	高田馬場第4玉川ビル	¥846,000	¥0	¥0	¥14,300	¥0	¥0	¥0	¥0	¥0	¥860,300	¥10,323,600	2%	96%
104	コアプラス池袋	¥455,000	¥132,000	¥169,400	¥0	¥0	¥0	¥0	¥0	¥0	¥756,400	¥9,076,800	2%	98%
121	目白アパート1号館	¥330,000	¥0	¥0	¥0	¥0	¥0	¥0	¥0	¥0	¥330,000	¥3,960,000	1%	99%
222	ブラウD目白301号	¥295,000	¥0	¥0	¥0	¥0	¥0	¥0	¥0	¥0	¥295,000	¥3,540,000	1%	99%
122	目白アパート2号館	¥160,000	¥0	¥0	¥0	¥0	¥0	¥0	¥0	¥0	¥160,000	¥1,920,000	0%	100%
221	ビジネス新大阪123号	¥0	¥35,000	¥0	¥0	¥0	¥0	¥0	¥0	¥0	¥35,000	¥420,000	0%	100%
		¥28,530,436	¥3,737,978	¥2,337,093	¥809,021	¥282,415	¥247,035	¥0	¥0	¥0	¥35,943,978	¥431,327,736	100%	

賃貸資産の並び順は、満室想定賃料の大きい順としています。アセットクラスは収入の大きいものを左側として、最後にその他を配置するのが見やすいでしょう。

次に、[年換算] と各物件の [寄与率] を見ていきます。[寄与率 = 各物件の満室想定賃料 / 全物件の満室想定賃料] で計算されています。したがって、合計すると100%になります。

ここで集計する**満室想定賃料は、非賃貸部分も貸し出す想定で計算している**ため、注釈として「※自社利用など非賃貸区画を含む」と入れています。

なお、[8 賃料集計シート] のすべての表は、レイアウトとデザインの都合上、ピボットテーブルではなくExcel関数の組み合わせで作成されています。

そのため、物件の追加や削除は、その都度ユーザー作業で行う必要があります。任意の1行をコピーして別の [物件ID] を指定するだけです。

▣2. 現況賃料

同様に [2.現況賃料] の表も作成します (**図5-15**)。集計対象の金額は、[9 賃料一覧シート > 13.現況賃料税込 (自動)] です。[1.満室想定賃料] と形式は同じです。

図 5-15　現況賃料

2.現況賃料(税込・月額)　※自社利用など非賃貸区画を含む

物件ID	物件名	住居	事務所	店舗	駐車場	倉庫	アンテナ	自販機	オペレーショナル	その他	総計	年換算(*12)	寄与率	累積寄与率
115	コアプラス大塚	¥3,011,000	¥0	¥192,093	¥356,481	¥0	¥13,200	¥0	¥0	¥0	¥3,572,774	¥42,873,288	10%	10%
102	池袋ハウス	¥3,026,000	¥0	¥0	¥72,000	¥0	¥0	¥0	¥0	¥0	¥3,098,000	¥37,176,000	9%	19%
106	東池袋ハイツ	¥3,084,000	¥0	¥0	¥0	¥0	¥13,200	¥0	¥0	¥0	¥3,097,200	¥37,166,400	9%	28%
103	カーサ目白台ハウス	¥1,913,800	¥643,878	¥363,000	¥126,500	¥0	¥0	¥0	¥0	¥0	¥3,047,178	¥36,566,136	9%	36%
113	第3目白ハイツ	¥2,984,000	¥0	¥0	¥22,000	¥0	¥0	¥0	¥0	¥0	¥3,006,000	¥36,072,000	9%	45%
105	目白アパート	¥2,385,298	¥0	¥99,000	¥77,000	¥0	¥35,524	¥0	¥0	¥0	¥2,596,822	¥31,161,864	7%	52%
112	豊島目白ビル	¥0	¥2,530,000	¥0	¥0	¥0	¥0	¥0	¥0	¥0	¥2,530,000	¥30,360,000	7%	59%
107	メゾン雑司ヶ谷	¥1,378,700	¥0	¥1,100,000	¥0	¥0	¥0	¥0	¥0	¥0	¥2,478,700	¥29,744,400	7%	66%
116	コアプラスレジデンス梅田	¥2,041,000	¥0	¥413,600	¥0	¥0	¥13,200	¥0	¥0	¥0	¥2,467,800	¥29,613,600	7%	73%
111	目白カーサ二番館	¥1,758,634	¥0	¥0	¥113,740	¥0	¥0	¥0	¥0	¥0	¥1,872,374	¥22,468,488	5%	79%
101	西池袋駅前ビル	¥1,437,800	¥302,500	¥0	¥0	¥0	¥99,000	¥0	¥0	¥0	¥1,839,300	¥22,071,600	5%	84%
109	カーサ南池袋	¥1,417,000	¥0	¥0	¥27,000	¥17,600	¥72,911	¥0	¥0	¥0	¥1,534,511	¥18,414,132	4%	88%
114	レジデンス目白豊島	¥935,000	¥94,600	¥0	¥0	¥264,815	¥0	¥0	¥0	¥0	¥1,294,415	¥15,532,980	4%	92%
120	南池袋マンション	¥868,000	¥0	¥0	¥0	¥0	¥0	¥0	¥0	¥0	¥868,000	¥10,416,000	2%	94%
117	高田馬場第4玉川ビル	¥846,000	¥0	¥0	¥0	¥0	¥0	¥0	¥0	¥0	¥846,000	¥10,152,000	2%	97%
104	コアプラス池袋	¥367,000	¥132,000	¥169,400	¥0	¥0	¥0	¥0	¥0	¥0	¥668,400	¥8,020,800	2%	99%
121	目白アパート1号館	¥330,000	¥0	¥0	¥0	¥0	¥0	¥0	¥0	¥0	¥330,000	¥3,960,000	1%	100%
222	ブラウD目白301号	¥0	¥0	¥0	¥0	¥0	¥0	¥0	¥0	¥0	¥0	¥0	0%	100%
122	目白アパート2号館	¥160,000	¥0	¥0	¥0	¥0	¥0	¥0	¥0	¥0	¥160,000	¥1,920,000	0%	100%
221	ビジネス新大阪123号	¥0	¥0	¥0	¥0	¥0	¥0	¥0	¥0	¥0	¥0	¥0	0%	100%
		¥27,943,232	¥3,702,978	¥2,337,093	¥794,721	¥282,415	¥247,035	¥0	¥0	¥0	¥35,307,474	¥423,689,688	100%	

▣3. 賃貸用資産の入居率

［1.満室想定賃料］は、自己使用区画など非賃貸部分も含む集計のため、入居率の計算はできないことを説明しました。**［3.賃貸用資産の入居率］では、非賃貸を除外した賃貸用区画だけの入居率を計算します**（図5-16）。

図 5-16　賃貸用資産の入居率

3.賃貸用資産の入居率（非賃貸を除く・金額ベース）

金額ベース	物件名	a.満室想定賃料	b.現況賃料	c.当月空室損	d.入居率(=b/a)
115	コアプラス大塚	¥3,572,774	¥3,572,774	¥0	100.0%
102	池袋ハウス	¥3,098,000	¥3,098,000	¥0	100.0%
106	東池袋ハイツ	¥3,097,200	¥3,097,200	¥0	100.0%
103	カーサ目白台ハウス	¥3,047,178	¥3,047,178	¥0	100.0%
113	第3目白ハイツ	¥3,006,000	¥3,006,000	¥0	100.0%
105	目白アパート	¥2,801,026	¥2,596,822	¥-204,204	92.7%
112	豊島目白ビル	¥2,530,000	¥2,530,000	¥0	100.0%
107	メゾン雑司ヶ谷	¥2,478,700	¥2,478,700	¥0	100.0%
116	コアプラスレジデンス梅田	¥2,467,800	¥2,467,800	¥0	100.0%
111	目白カーサ二番館	¥1,872,374	¥1,872,374	¥0	100.0%
101	西池袋駅前ビル	¥1,839,300	¥1,839,300	¥0	100.0%
109	カーサ南池袋	¥1,534,511	¥1,534,511	¥0	100.0%
114	レジデンス目白豊島	¥1,294,415	¥1,294,415	¥0	100.0%
120	南池袋マンション	¥868,000	¥868,000	¥0	100.0%
117	高田馬場第4玉川ビル	¥860,300	¥846,000	¥-14,300	98.3%
104	コアプラス池袋	¥756,400	¥668,400	¥-88,000	88.4%
121	目白アパート1号館	¥330,000	¥330,000	¥0	100.0%
122	目白アパート2号館	¥160,000	¥160,000	¥0	100.0%
221	ビジネス新大阪123号	¥35,000	¥0	¥-35,000	0.0%
222	プラウD目白301号	¥0	¥0	¥0	0.0%
		¥35,648,978	¥35,307,474	¥-341,504	99.0%

表の各要素は次のように計算しています。

項目名	概要
a. 満室想定賃料	非賃貸区画を除く満室想定賃料
b. 現況賃料	同現況賃料
c. 当月空室損	a － b
d. 入居率	$\frac{\text{b.現況賃料}}{\text{a.満室想定賃料}}$

物件は満室想定賃料の多い順に並べ替えています。

初心者は、入居率の数値だけを見ても高いのか低いのか判断しにくいはずです。毎月の入居率を継続的に確認して、入居率の肌感覚を身につけましょう。

原状回復期間や退去による空室損は必ず発生するため、いつでも満室の感覚であっても長期で見た入居率は98%程度になるはずです。

90%を下回ると金融機関から理由を聞かれる水準といえます。特別な理由で空室率が高い場合は、先に［9 賃料一覧シート > 20.メモ］欄に理由を入れておくのもいいでしょう。

なお、**「入居率」は現況賃料をもとに計算するため、自社利用ビルなどの入居率は0%となりますが、これは正常**です。

▣4. 資産クラス別入居率

全体では高い入居率でも個別には改善余地が残されていることもあるでしょう。駐車場や事務所など埋まりにくいアセットクラスも高い入居率を維持できているかを確認します。

図 5-17　資産クラス別入居率

4.資産クラス別入居率 (非賃貸を除く・金額ベース)

クラス	e.満室想定月額	f.満室想定比率	g.現況賃料月額	h.入居率(=g/e)
住居	¥28,235,436	79.2%	¥27,943,232	99.0%
事務所	¥3,737,978	10.5%	¥3,702,978	99.1%
店舗	¥2,337,093	6.6%	¥2,337,093	100.0%
駐車場	¥809,021	2.3%	¥794,721	98.2%
アンテナ	¥247,035	0.7%	¥247,035	100.0%
倉庫	¥282,415	0.8%	¥282,415	100.0%
自販機	¥0	0.0%	¥0	非該当
オペレーショナル	¥0	0.0%	¥0	非該当
その他	¥0	0.0%	¥0	非該当
総計	¥35,648,978	100.0%	¥35,307,474	99.0%

図5-17の［資産クラス別入居率］の表では、［9 賃料一覧シート > 7.クラス］の分類に従い次の要素を集計します。

項目名	概要
e. 満室想定月額	非賃貸区画を除く満室想定賃料
f. 満室想定比率	各資産クラスの満室想定金額比率
g. 現況賃料月額	現況賃料
h. 入居率	$\frac{\text{g. 現況賃料月額}}{\text{e. 満室想定月額}}$

物件別入居率と資産クラス別入居率の全体平均は必ず一致することを確認してください。

ここまでは基本的な賃料集計です。さらに踏み込んだ分析を加えていきましょう。

▣5. 賃料増減の推移

高度な分析の第一弾として、賃貸資産の購入時からの賃料上昇額の集計を行います（**図5-18**）。

図 5-18　賃料増減の推移

5.賃料増減の推移(非賃貸を含む・月額)

物件ID	物件名	i.購入時満室想定(税抜)	j.満室想定(税抜)	k.再募集時賃料(税抜)	l.購入後賃料増加額=(j-i)	m.賃料増額余地(=k-j)
101	西池袋駅前ビル	¥1,691,000	¥1,802,800	¥1,851,800	¥111,800	¥49,000
102	池袋ハウス	¥2,801,000	¥3,092,000	¥3,109,000	¥291,000	¥17,000
103	カーサ目白台ハウス	¥2,898,715	¥2,944,145	¥2,929,143	¥45,430	¥-15,002
104	コアプラス池袋	¥620,000	¥722,000	¥729,000	¥102,000	¥7,000
105	目白アパート	¥2,602,124	¥2,783,347	¥2,804,220	¥181,223	¥20,873
106	東池袋ハイツ	¥2,820,000	¥3,096,000	¥3,072,000	¥276,000	¥-24,000
107	メゾン雑司ヶ谷	¥2,404,000	¥2,378,700	¥2,391,700	¥-25,300	¥13,000
109	カーサ南池袋	¥1,402,284	¥1,523,829	¥1,519,127	¥121,545	¥-4,702
111	目白カーサ二番館	¥1,863,350	¥1,862,034	¥1,856,107	¥-1,316	¥-5,927
112	豊島目白ビル	¥2,500,000	¥2,300,000	¥2,300,000	¥-200,000	¥0
113	第3目白ハイツ	¥2,897,000	¥3,004,000	¥2,948,000	¥107,000	¥-56,000
114	レジデンス目白豊島	¥1,239,741	¥1,261,741	¥1,274,740	¥22,000	¥12,999
115	コアプラス大塚	¥3,143,630	¥3,521,704	¥3,495,703	¥378,074	¥-26,001
116	コアプラスレジデンス梅田	¥2,282,000	¥2,429,000	¥2,341,000	¥147,000	¥-88,000
117	高田馬場第4玉川ビル	¥844,300	¥859,000	¥852,000	¥14,700	¥-7,000
120	南池袋マンション	¥894,000	¥868,000	¥866,000	¥-26,000	¥-2,000
121	目白アパート1号館	¥330,000	¥330,000	¥330,000	¥0	¥0
122	目白アパート2号館	¥160,000	¥160,000	¥160,000	¥0	¥0
221	ビジネス新大阪123号	¥35,000	¥35,000	¥35,000	¥0	¥0
222	プラウD目白301号	¥295,000	¥295,000	¥295,000	¥0	¥0
		¥33,723,144	¥35,268,300	¥35,159,540	¥1,545,156	¥-108,760

※賃料増減余地のプラスは再募集で増加余地あり。マイナスは現況が割高。税抜。

購入後に付加価値を付けて購入時の賃料よりも高い賃料が得られることもあれば、期待した賃料が得られないこともあるでしょう。

内部成長の記録として賃料変化を観察するには次の要素を管理していくことが必要です。

項目名	概要
i．購入時満室想定（税抜）	購入時賃料。購入時に入居中なら当時の実賃料。空室ならユーザー設定の再募集時賃料
j．満室想定（税抜）	現在の賃料。入居中なら実賃料、空室なら再募集時賃料
k．再募集時賃料（税抜）	妥当賃料額。全区画を再募集賃料で計算
l．購入後賃料増加額	j. 満室想定（税抜）－ i. 購入時満室想定（税抜）
m．賃料増額余地	k. 再募集時賃料（税抜）－ j. 満室想定（税抜）

このように管理すれば、購入検討時に想定した通りにリーシング（賃貸募集）ができているか、購入後に付加価値を付けて賃料上昇に結びついたか、再募集時に賃料の伸びしろがあるのか、いずれも把握できます。

特に購入時の賃料が割安で、増額余地も含めて購入意思決定した物件については、その後、想定通りに値上げできているか実績管理をしましょう。

また、管理会社の評価を入居率だけに頼ると、低賃料で満室を維持するインセンティブが働いてしまいます。賃料上昇の推移を記録して、質と量の両面で評価すべきでしょう。

▣6. 大口テナントの一覧

大口テナントの把握は実務的に重要です。大口顧客の比重が高すぎると、退去時にキャッシュフロー不安定化の要因となります。

また、大口依存が高すぎると賃料引き下げ要求に対抗しきれなくなるなどの弊害も生じます。大口の解約リスクに備えるために、まずは大口テナントを一覧化して把握しましょう（**図5-19**）。

図5-19 大口テナントの一覧

6.大口テナントの一覧(非賃貸を含む)

寄与率順位	物件名	部屋名	クラス	間取り	満室想定(税込)	寄与率対満室想定	寄与率累積
1	豊島目白ビル	101	事務所	事務所	¥2,530,000	7.0%	7.0%
2	目白カーサ二番館	SL1	住居	1K	¥1,758,634	4.9%	11.9%
3	メゾン雑司ヶ谷	1F	店舗	店舗	¥1,100,000	3.1%	15.0%
4	コアプラスレジデンス梅田	101	店舗	店舗	¥413,600	1.2%	16.1%
5	コアプラス大塚	BF1	駐車場	駐車場	¥356,481	1.0%	17.1%
6	目白アパート1号館	101	住居	2LDK	¥330,000	0.9%	18.1%
7	カーサ目白台ハウス	503	住居	2LDK	¥305,800	0.9%	18.9%
8	西池袋駅前ビル	100	事務所	事務所	¥302,500	0.8%	19.7%
9	プラウD目白301号	201	住居	2LDK	¥295,000	0.8%	20.6%
10	レジデンス目白豊島	101	倉庫	倉庫	¥264,815	0.7%	21.3%
11	カーサ目白台ハウス	303	住居	2LDK	¥220,000	0.6%	21.9%
12	カーサ目白台ハウス	501	住居	2LDK	¥218,000	0.6%	22.5%
13	カーサ目白台ハウス	301	住居	2LDK	¥218,000	0.6%	23.1%
14	カーサ目白台ハウス	401	住居	2LDK	¥208,000	0.6%	23.7%
15	カーサ目白台ハウス	302	住居	2DK	¥208,000	0.6%	24.3%
16	カーサ目白台ハウス	502	住居	1LDK	¥198,000	0.6%	24.8%
17	カーサ目白台ハウス	402	住居	2LDK	¥198,000	0.6%	25.4%
18	カーサ目白台ハウス	201	店舗	事務所	¥198,000	0.6%	25.9%
19	コアプラス大塚	101	店舗	店舗	¥192,093	0.5%	26.5%
20	高田馬場第4玉川ビル	101	住居	2SLDK	¥190,000	0.5%	27.0%
21	カーサ目白台ハウス	102	事務所	事務所	¥189,444	0.5%	27.5%
22	カーサ目白台ハウス	103	事務所	事務所	¥187,000	0.5%	28.0%
23	カーサ南池袋	332	住居	3LDK	¥185,000	0.5%	28.6%
24	東池袋ハイツ	602	住居	1LDK	¥180,000	0.5%	29.1%
25	カーサ南池袋	222	住居	3LDK	¥180,000	0.5%	29.6%
26	東池袋ハイツ	601	住居	3DK	¥180,000	0.5%	30.1%
27	コアプラスレジデンス梅田	802	住居	2LDK	¥175,000	0.5%	30.6%
28	カーサ目白台ハウス	101	事務所	事務所	¥173,148	0.5%	31.0%
29	東池袋ハイツ	204	住居	3DK	¥170,000	0.5%	31.5%
30	東池袋ハイツ	304	住居	3DK	¥170,000	0.5%	32.0%
31	東池袋ハイツ	504	住居	1K	¥170,000	0.5%	32.5%
32	コアプラス池袋	101	店舗	店舗	¥169,400	0.5%	32.9%
33	池袋ハウス	407	住居	2DK	¥169,000	0.5%	33.4%
34	東池袋ハイツ	102	住居	3DK	¥167,000	0.5%	33.9%
35	高田馬場第4玉川ビル	B101	住居	2SLDK	¥165,000	0.5%	34.3%
36	カーサ南池袋	112	住居	3LDK	¥165,000	0.5%	34.8%
37	カーサ目白台ハウス	202	店舗	事務所	¥165,000	0.5%	35.2%
38	コアプラスレジデンス梅田	702	住居	3DK	¥165,000	0.5%	35.7%
39	池袋ハウス	403	住居	2DK	¥162,000	0.5%	36.1%
40	池袋ハウス	406	住居	2DK	¥162,000	0.5%	36.6%

［9 賃料一覧シート > 46.論理区画判定（自動）］が「1（あり）」の区画を集計します。［寄与率対満室想定］はほかの表と同じ考え方ですが、分母は全物件の［9 賃料一覧シート > 17.満室想定税込（自動）］であり、非賃貸区画を含みます。

参考までに、筆者の実運用環境では、上位3%の区画数だけで賃料収入の20%を占めており、サブリース業者への一棟貸しの寄与率が高くなっていました。

依存率が高すぎると思えば、サブリース契約を解約して小口テナントに分散するなどの努力が必要になるでしょう。

▣7. 賃貸用資産の賃料帯別ヒストグラム

保有物件の賃料価格帯をヒストグラムとして集計します（**図5-20**）。特定の価格帯への過度な集中がないかを確認します。住居系と事務所・店舗系の2表を作成します。

2表のうちどちらのカテゴリに入るかは次のように判別しています。

```
if ［9 賃料一覧シート > 7. クラス］＝ 住居 then 住居系 else
                                          事務所・店舗系
```

たとえば、賃料範囲が3～4（万円）であれば、［9 賃料一覧シート > 17.満室想定税込（自動）］が30,000～39,999円までの論理区画数がカウントされます。

筆者の保有物件は、東京ではシングルタイプは6～8万円台、ファミリータイプは12～13万円台が中心です。

図 5-20　賃貸用資産の賃料帯別ヒストグラム

7.賃貸用資産の賃料帯別ヒストグラム (非賃貸を除く)

住居系

賃料範囲 (賃料/万円)		契約数	17.満室想定賃料	金額比率	累積比率
0	1	0	¥0	0%	0%
1	2	0	¥0	0%	0%
2	3	0	¥0	0%	0%
3	4	0	¥0	0%	0%
4	5	0	¥0	0%	0%
5	6	10	¥564,700	2%	2%
6	7	49	¥3,160,800	11%	13%
7	8	22	¥1,623,000	6%	19%
8	9	26	¥2,172,000	8%	27%
9	10	10	¥941,612	3%	30%
10	11	13	¥1,346,853	5%	35%
11	12	12	¥1,370,037	5%	40%
12	13	23	¥2,874,000	10%	50%
13	14	32	¥4,269,000	15%	65%
14	15	8	¥1,143,000	4%	69%
15	16	11	¥1,673,000	6%	75%
16	17	10	¥1,635,000	6%	81%
17	18	4	¥685,000	2%	83%
18	19	4	¥725,000	3%	86%
19	20	3	¥586,000	2%	88%
20	++	8	¥3,466,434	12%	100%
		245	¥28,235,436	100%	

事務所・店舗系

賃料範囲 (賃料/万円)		契約数	17.満室想定賃料	金額比率	累積比率
0	10	26	¥1,040,061	14%	14%
10	20	8	¥1,406,085	19%	33%
20	30	1	¥264,815	4%	37%
30	40	2	¥658,981	9%	45%
40	50	1	¥413,600	6%	51%
50	60	0	¥0	0%	51%
60	70	0	¥0	0%	51%
70	80	0	¥0	0%	51%
80	90	0	¥0	0%	51%
90	100	0	¥0	0%	51%
100	++	2	¥3,630,000	49%	100%
		40	¥7,413,542	100%	

※住居系、事務所・店舗系ともに満室想定賃料(税込)での集計

5-7 BM費用の集計

BM費用集計表

［A. BM集計シート］では、BM（ビルメンテナンス）費用の年額を、物件別×使途別に集計します。この集計値は、［3 物件一覧シート > C69 BM固定費等］から参照されます。

次ページの**図5-21**の［BM費用集計表］は、次に説明する各物件の維持費用明細を入力すれば自動的に生成されるシンプルな表です。

ただし、物件の追加・削除は、その都度ユーザー作業で行う必要があります。［BM費用集計表］は、関数の組み合わせで作成されているためです。

BM費用明細

賃貸資産の維持費用リストを作成します（**図5-22**）。

BM費用の集計には複雑なルールはありません。個別の経費をすべて合算して、月額維持費用を把握できれば問題ありません。

各要素を個別に見ていきましょう。

▣ 物件ID、物件名

ほかのシートと同様に［物件ID］を入れると［物件名］が表示されます。

図 5-21 ビルメンテナンス費用集計

BM費用集計											
物件ID	物件名	建物管理料	火災保険料	電気料金(電灯)	電気料金(低圧)	水道料金	区分管理費	区分修繕積立金	その他	立替金	総計
101	西池袋駅前ビル	¥596,640	¥11,830	¥251,892	¥0	¥18,744	¥0	¥0	¥144,564	¥0	¥1,023,670
102	池袋ハウス	¥1,708,080	¥44,050	¥382,320	¥273,012	¥45,672	¥0	¥0	¥132,000	¥0	¥2,585,134
103	カーサ目白台ハウス	¥1,457,280	¥19,430	¥151,992	¥286,488	¥18,744	¥0	¥0	¥0	¥0	¥1,933,934
104	コアプラス池袋	¥376,200	¥6,600	¥12,372	¥0	¥22,836	¥0	¥0	¥0	¥0	¥418,008
105	目白アパート	¥1,157,640	¥20,710	¥217,104	¥162,288	¥22,836	¥0	¥0	¥0	¥0	¥1,580,578
106	東池袋ハイツ	¥1,801,800	¥45,780	¥277,608	¥164,676	¥18,744	¥0	¥0	¥0	¥0	¥2,308,608
107	メゾン雑司ヶ谷	¥869,880	¥20,610	¥52,092	¥107,712	¥22,836	¥0	¥0	¥0	¥0	¥1,073,130
109	カーサ南池袋	¥394,680	¥12,950	¥210,756	¥84,480	¥0	¥0	¥0	¥0	¥0	¥702,866
111	目白カーサ二番館	¥838,200	¥19,920	¥136,284	¥245,880	¥18,744	¥0	¥0	¥0	¥0	¥1,259,028
112	豊島目白ビル	¥659,419	¥10,340	¥0	¥0	¥0	¥0	¥0	¥0	¥0	¥669,759
113	第3目白ハイツ	¥848,760	¥51,350	¥91,716	¥282,516	¥45,672	¥0	¥0	¥0	¥0	¥1,320,014
114	レジデンス目白豊島	¥405,240	¥7,710	¥39,024	¥46,992	¥0	¥0	¥0	¥0	¥0	¥498,966
115	コアプラス大塚	¥1,301,520	¥34,430	¥240,684	¥295,140	¥45,672	¥0	¥0	¥0	¥0	¥1,917,446
116	コアプラスレジデンス梅田	¥1,160,280	¥20,620	¥101,808	¥259,500	¥22,836	¥0	¥0	¥132,000	¥0	¥1,697,044
117	高田馬場第4玉川ビル	¥231,000	¥21,200	¥9,156	¥0	¥0	¥0	¥0	¥0	¥-6,000	¥255,356
120	南池袋マンション	¥303,600	¥13,630	¥121,512	¥43,704	¥18,744	¥0	¥0	¥15,840	¥0	¥517,030
121	目白アパート1号館	¥240,000	¥0	¥0	¥0	¥0	¥0	¥0	¥0	¥0	¥240,000
122	目白アパート2号館	¥240,000	¥0	¥0	¥0	¥0	¥0	¥0	¥0	¥0	¥240,000
221	ビジネス新大阪123号	¥0	¥2,060	¥0	¥0	¥0	¥48,600	¥16,200	¥0	¥0	¥66,860
222	プラウD目白301号	¥0	¥7,360	¥0	¥0	¥0	¥163,200	¥174,000	¥0	¥0	¥344,560
		¥14,590,219	¥370,580	¥2,296,320	¥2,252,388	¥322,080	¥211,800	¥190,200	¥424,404	¥-6,000	¥20,651,991

※いずれも税込、年額

図 5-22　ビルメンテナンス費用明細

BM費用明細(税込)						
物件ID	物件名	BM費用ID	BM費用項目(自動)	月額合計	年換算(×12)	摘要
101	西池袋駅前ビル	651	火災保険料	n/a	¥11,830	
101	西池袋駅前ビル	652	水道料金	¥1,562	¥18,744	公共料金（共用水道②）9-10月分
101	西池袋駅前ビル	658	その他	¥12,047	¥144,564	無料インターネット利用料（定額）
101	西池袋駅前ビル	655	建物管理料	¥49,720	¥596,640	建物管理料（定額メンテナンス）
101	西池袋駅前ビル	653	電気料金(電灯)	¥20,991	¥251,892	公共料金（共用電気-従量電灯）10月分
102	池袋ハウス	651	火災保険料	n/a	¥44,050	
102	池袋ハウス	652	水道料金	¥1,903	¥22,836	公共料金（共用水道）9-10月分
102	池袋ハウス	652	水道料金	¥1,903	¥22,836	公共料金（共用水道-ランドリー室）9-10月分
102	池袋ハウス	658	その他	¥11,000	¥132,000	無料インターネット利用料（定額）
102	池袋ハウス	655	建物管理料	¥142,340	¥1,708,080	建物管理料（定額メンテナンス）
102	池袋ハウス	653	電気料金(電灯)	¥31,860	¥382,320	公共料金（共用電気-従量電灯）10月分
102	池袋ハウス	654	電気料金(低圧)	¥22,751	¥273,012	公共料金（共用電気-低圧電力）10月分
103	カーサ目白台ハウス	651	火災保険料	n/a	¥19,430	
103	カーサ目白台ハウス	652	水道料金	¥1,562	¥18,744	公共料金（共用水道）9-10月分
103	カーサ目白台ハウス	655	建物管理料	¥121,440	¥1,457,280	建物管理料（定額メンテナンス）
103	カーサ目白台ハウス	653	電気料金(電灯)	¥12,666	¥151,992	公共料金（共用電気-従量電灯）10月分
103	カーサ目白台ハウス	654	電気料金(低圧)	¥23,874	¥286,488	公共料金（共用電気-低圧電力）10月分
104	コアプラス池袋	651	火災保険料	n/a	¥6,600	
104	コアプラス池袋	652	水道料金	¥1,903	¥22,836	公共料金（共用水道）9-10月分
104	コアプラス池袋	655	建物管理料	¥31,350	¥376,200	建物管理料（定額メンテナンス）
104	コアプラス池袋	653	電気料金(電灯)	¥1,031	¥12,372	公共料金（共用電気-従量電灯）10月分
105	目白アパート	651	火災保険料	n/a	¥20,710	
105	目白アパート	652	水道料金	¥1,903	¥22,836	公共料金（共用水道）9-10月分
105	目白アパート	655	建物管理料	¥96,470	¥1,157,640	建物管理料（定額メンテナンス）

▣BM費用ID、BM費用項目（自動）

ほかのシートと同様に［BM費用ID］を入れると［BM費用項目（自動）］が表示されます。［BM費用ID］の初期設定は次の通りです。

BM費用ID	BM費用項目（自動）	概要
651	火災保険料	火災、地震保険料の1年分相当額
652	水道料金	共用部分の水道料金
653	電気料金（電灯）	共用照明などの電気料
654	電気料金（低圧）	エレベーター、ポンプ、機械式駐車場などの電気料
655	建物管理料	清掃や定期メンテナンス費用
656	区分管理費	管理組合から請求される管理費
657	区分修繕積立金	修繕積立金は費用として認識する
658	その他	無料インターネットやCATVなどの固定費
659	立替金	水道料金の立替など

▣一棟物件の費用

652　水道料金

一棟物件における共用部分の水道料金です。東京都では水道料金の請求は2カ月に一度のみです。

653　電気料金（電灯）、654　電気料金（低圧）

電気料金が電灯と低圧で分かれて請求されている場合、それぞれを分離して計上します。電灯だけで金額を集計すれば、LED化の効果測定に利用できます。

655　建物管理料

建物管理料には、清掃、ゴミ管理、消防設備点検、水槽清掃、ポンプ点検、機械警備遠隔監視、エレベーター保守点検、特定建築物定期検査、立体駐車場保守点検、自動ドア保守点検、植栽管理、防火管理業務などが含まれます。

個別の費用項目ごとにExcelで1行のデータを作成して、すべてに［655　建物管理料］のフラグを設定すれば、［建物管理料］の総額が自動集計されます。もしくは、建物管理料の内訳は別途管理し、その総額だけを一式として転記しても構いません。

▣区分物件の費用

656　区分管理費、657　区分修繕積立金

区分物件では［655　建物管理料］が発生しない代わりに、管理費と修繕積立金を入力します。

区分物件の管理費などは金額が改定されることもあります。金額改定のお知らせが届いたらBM費用を更新します。年に一度は支払額との照合をすべきでしょう。

▣そのほかの費用

651　火災保険料

通常、火災保険はBM費用には含めませんが、本書ではBM費用としています。

融資契約により火災保険加入が義務化されていることを勘案すると、火災保険への加入は必須であり、固定の維持費であるためです。

658　その他

一棟物件、区分物件ともに入力します。［658　その他］には無料インターネットなどの固定費用を計上します。

PM費用は別途計上しますので、ここでは入力しません。

▣立替金の入力

659　立替金

注意しなければいけないのは、パススルーの立替が発生する場合です。

たとえば、**事務所ビルや関西の住居物件では、水道代を所有者がまとめて支払い、それを各入居者に請求することがあります。**

その場合、BM費用として多額の水道代を支払うことになりますが、それをそのまま計上すると実態を反映しない過大な維持費用となってしまいます。

そこで、立替払いのプラス（支出）に対して、入居者からの回収分（収入）をマイナス計上して相殺します。これは、[A.BM集計シート］ではすべての支出がプラス計上のためです。

この処理は説明なしでは分かりませんので、金融機関が見たときにも分かるようにメモを入れておくべきでしょう。こうすれば多額の水道代立替について質問が来ることはありません。

▣月額合計、年換算（×12）

ここまでに説明してきた各費用は、通常は管理会社のレポートに記載されていますので転記します。BM費用も管理会社からリスト形式で提出してもらうといいでしょう。

電気料金などは月額費用×12で年額を計算して入力します。火災保険など月額の設定がないものは年額のみの入力で構いません。本システム上では年額データのみ参照しています。

▣摘要

自由にメモを記載します。

5-8 筆一覧と固定資産税

土地建物の筆一覧

［B 筆一覧シート］では土地建物の筆一覧をリスト化します（**図5-23**）。固定資産税課税明細書を見ながら入力してください。東京都の場合、課税明細書は毎年6月に届きます。

固定資産税と都市計画税（固都税）は、土地建物の筆ごとに課税される仕組みです。本システムでは物件に帰属する各筆の課税額を合計して、その物件全体にかかる固都税の総額としています。

このリストをもとに［3 物件一覧シート > C72 固都税合計］を計算しています。

なお、資料が増えすぎるのもよくないため、固都税の集計表は作成していません。土地建物の固都税額を確認したい場合はピボットテーブルの集計値を確認してください。

各要素を見ていきましょう。

▣ 連番

件数把握のための連番です。

▣ 物件ID、物件名

ほかのシートと同様に［物件ID］を入れると［物件名］が表示されます。

図 5-23　土地建物の筆一覧

連番	物件ID	物件名	資産クラスID	資産クラス	地番	家屋番号	所有/借地権	面積ネット(持分按分後の実質)	面積グロス(評価証明上の表記)	共有持分分子	共有持分分母	区分持分分子	区分持分分母	当期固定資産税額	当期都市計画税額	当該資産評価額
1	101	西池袋駅前ビル	661	土地	東京都豊島区西池袋3-11-1		所有権	261.97 ㎡	261.97 ㎡	1	1	-	-	¥226,656	¥48,569	¥109,372,730
2	101	西池袋駅前ビル	663	土地(私道)	東京都豊島区西池袋4-10-1		所有権	1.56 ㎡	1.56 ㎡	1	1	-	-	¥1,349	¥289	¥651,300
3	101	西池袋駅前ビル	661	土地	東京都豊島区西池袋3-11-2		所有権	49.58 ㎡	49.58 ㎡	1	1	-	-	¥42,896	¥9,192	¥20,699,690
4	101	西池袋駅前ビル	664	建物	東京都豊島区西池袋4-10-2		所有権	528.43 ㎡	528.43 ㎡	1	1	-	-	¥468,013	¥100,288	¥33,429,500
5	102	池袋ハウス	661	土地	東京都豊島区西池袋3-11-3		所有権	306.51 ㎡	306.51 ㎡	1	1	-	-	¥217,323	¥46,569	¥110,024,910
6	102	池袋ハウス	661	土地	東京都豊島区西池袋4-10-3		所有権	250.54 ㎡	250.54 ㎡	1	1	-	-	¥177,780	¥38,095	¥90,005,510
7	102	池袋ハウス	661	土地	東京都豊島区西池袋3-11-4		所有権	175.2 ㎡	175.2 ㎡	1	1	-	-	¥124,909	¥26,766	¥63,238,170
8	102	池袋ハウス	664	建物	東京都豊島区西池袋4-10-4		所有権	1110.34 ㎡	1110.34 ㎡	1	1	-	-	¥1,063,081	¥227,803	¥75,934,400
9	103	カーサ目白台ハウス	661	土地	東京都豊島区西池袋3-11-5		所有権	225.25 ㎡	225.25 ㎡	1	1	-	-	¥307,024	¥65,790	¥104,204,820
10	103	カーサ目白台ハウス	661	土地	東京都豊島区西池袋4-10-5		所有権	170.08 ㎡	170.08 ㎡	1	1	-	-	¥212,489	¥45,533	¥72,124,110
11	103	カーサ目白台ハウス	664	建物	東京都豊島区西池袋3-11-6		所有権	887.19 ㎡	887.19 ㎡	1	1	-	-	¥817,962	¥175,277	¥58,425,900
12	104	コアプラス池袋	661	土地	東京都豊島区西池袋4-10-6		所有権	137.3 ㎡	137.3 ㎡	1	1	-	-	¥109,261	¥23,413	¥57,534,050
13	104	コアプラス池袋	664	建物	東京都豊島区西池袋3-11-7		所有権	177.12 ㎡	177.12 ㎡	1	1	-	-	¥121,366	¥26,007	¥8,669,000
14	105	目白アパート	661	土地	東京都豊島区西池袋4-10-7		所有権	342.64 ㎡	342.64 ㎡	1	1	-	-	¥203,175	¥43,537	¥102,949,060
15	105	目白アパート	664	建物	東京都豊島区西池袋3-11-8		所有権	1072.93 ㎡	1072.93 ㎡	1	1	-	-	¥591,057	¥126,655	¥42,218,400
16	106	東池袋ハイツ	661	土地	東京都豊島区西池袋4-10-8		所有権	286.9 ㎡	286.9 ㎡	1	1	-	-	¥287,722	¥61,654	¥149,184,550
17	106	東池袋ハイツ	664	建物	東京都豊島区西池袋3-11-9		所有権	1133.51 ㎡	1133.51 ㎡	1	1	-	-	¥1,084,364	¥232,363	¥77,454,600
18	107	メゾン雑司ヶ谷	661	土地	東京都豊島区西池袋4-10-9		所有権	42.84 ㎡	42.84 ㎡	1	1	-	-	¥30,011	¥6,431	¥14,091,570
19	107	メゾン雑司ヶ谷	661	土地	東京都豊島区西池袋3-11-10		所有権	517.99 ㎡	517.99 ㎡	1	1	-	-	¥341,277	¥73,130	¥160,240,680
20	107	メゾン雑司ヶ谷	664	建物	東京都豊島区西池袋4-10-10		所有権	961.19 ㎡	961.19 ㎡	1	1	-	-	¥687,330	¥147,285	¥49,095,000
21	109	カーサ南池袋	661	土地	東京都豊島区西池袋3-11-11		所有権	252.09 ㎡	252.09 ㎡	1	1	-	-	¥249,401	¥53,443	¥123,284,110
22	109	カーサ南池袋	664	建物	東京都豊島区西池袋4-10-11		所有権	588.5 ㎡	588.5 ㎡	1	1	-	-	¥210,214	¥45,045	¥15,015,300
23	111	目白カーサ二番館	661	土地	東京都豊島区西池袋3-11-12		所有権	278.5 ㎡	278.5 ㎡	1	1	-	-	¥276,179	¥59,181	¥136,747,950
24	111	目白カーサ二番館	661	土地	東京都豊島区西池袋4-10-12		所有権	0.21 ㎡	0.21 ㎡	1	1	-	-	¥182	¥39	¥103,110
25	111	目白カーサ二番館	664	建物	東京都豊島区西池袋3-11-13		所有権	496.02 ㎡	496.02 ㎡	1	1	-	-	¥326,207	¥69,901	¥23,300,500
26	112	豊島目白ビル	661	土地	東京都豊島区西池袋4-10-13		所有権	143.13 ㎡	143.13 ㎡	1	1	-	-	¥785,817	¥168,388	¥147,431,050
27	112	豊島目白ビル	664	建物	東京都豊島区西池袋3-11-14		所有権	491.32 ㎡	491.32 ㎡	1	1	-	-	¥0	¥0	¥39,293,700
28	113	第3目白ハイツ	661	土地	東京都豊島区西池袋4-10-14		所有権	471.94 ㎡	471.94 ㎡	1	1	-	-	¥221,138	¥47,386	¥105,686,710
29	113	第3目白ハイツ	661	土地	東京都豊島区西池袋3-11-15		所有権	334 ㎡	334 ㎡	1	1	-	-	¥156,362	¥33,506	¥74,729,110
30	113	第3目白ハイツ	664	建物	東京都豊島区西池袋4-10-15		所有権	1307.01 ㎡	1307.01 ㎡	1	1	-	-	¥884,796	¥189,598	¥63,199,800
31	114	レジデンス目白豊島	661	土地	東京都豊島区西池袋3-11-16		所有権	191.86 ㎡	191.86 ㎡	1	1	-	-	¥148,426	¥31,805	¥75,806,570
32	114	レジデンス目白豊島	664	建物	東京都豊島区西池袋4-10-16		所有権	104.63 ㎡	104.63 ㎡	1	1	-	-	¥83,074	¥17,801	¥20,654,300
33	114	レジデンス目白豊島	664	建物	東京都豊島区西池袋3-11-17		所有権	29.51 ㎡	29.51 ㎡	1	1	-	-	¥23,424	¥5,019	¥20,654,300
34	114	レジデンス目白豊島	664	建物	東京都豊島区西池袋4-10-17		所有権	14.26 ㎡	14.26 ㎡	1	1	-	-	¥11,317	¥2,425	¥20,654,300
35	114	レジデンス目白豊島	664	建物	東京都豊島区西池袋3-11-18		所有権	14.26 ㎡	14.26 ㎡	1	1	-	-	¥11,317	¥2,425	¥20,654,300
36	114	レジデンス目白豊島	664	建物	東京都豊島区西池袋4-10-18		所有権	14.26 ㎡	14.26 ㎡	1	1	-	-	¥11,317	¥2,425	¥20,654,300

▣資産クラスID、資産クラス

［資産クラスID］は、初期設定では次のように定義されています。

資産クラスID	資産クラス	概要
661	土地	物件敷地の本体
662	土地（道路）	道路として供している土地。**通常は固都税がかからない**
663	土地（私道）	私道の持分。共有の場合は持分の設定が必要
664	建物	物件建物

3種の土地はいずれも、［3 物件一覧シート > C55 土地固定資産税評価額］の集計対象となります。

▣地番、所有/借地権

地番表記は、市町村によりハイフン区切り、漢数字表記など細かな表記の揺らぎがあります。登記簿に記載されている表記の通りに入力するのがいいでしょう。

［所有/借地権］には、所有権または借地権の別を入力します。

これらの項目は、システム上では参照しておらずメモの扱いのため自由に入力できます。

▣面積グロス（評価証明上の表記）

評価証明または固定資産税課税明細書の土地面積、建物面積を入力します。単位は平米です。

区分所有マンションの場合は敷地全体の面積となっていることがありますが、その通りに入力します。

課税明細、登記簿、建築確認申請の面積はそれぞれ異なることがあります。評価額や税額も同時に確認できる点で課税明細から入力するのが便利でしょう。

▣面積ネット（持分按分後の実質）

区分所有マンションや私道の持分共有などの場合、面積グロスは自身の持分だけでなく土地全体の面積となっていることがあります。

そのため、[面積ネット ＝ 面積グロス × $\frac{\text{共有持分分子}}{\text{共有持分分母}}$] または [面積ネット ＝ 面積グロス × $\frac{\text{区分持分分子}}{\text{区分持分分母}}$] で自らの所有面積のみを計算して入力してください。

なお、市町村や物件によっては上記の数式を適用できない可能性もあるため、**[B 筆一覧シート] では自動計算を行っていません。課税明細を見ながら適切なネット面積、ネット金額を入力してください。**

▣共有持分

資産の税額は課税明細に記されていますが、評価額は持分按分を計算しないと得られないことがあります。

一棟の賃貸資産では、共有持分は主に私道の土地を管理する際に使います。たとえば、100平米の私道を隣地と$\frac{1}{2}$ずつ前面道路を持ち合う場合は、「共有持分分子」に1、「共有持分分母」に2と入力してください。

原則としては、ここで入力した持分割合をもとに [面積グロス100平米 × $\frac{\text{共有持分分子 1}}{\text{共有持分分母 2}}$ ＝ 面積ネット50平米] と計算できます。

▣区分持分

区分所有権の場合、評価証明上の土地評価が一棟全体の表記となり、膨大な面積や金額となっていることがあります。そこで、ここで入力した持分により按分して自身に帰属する評価額を計算します。

一棟物件が区分化されて登記されているなど特殊な場合は入力すべき箇所の特定が難しいと思いますが、**結果的に、各筆の明細をすべて合算して一棟全体の面積、評価額、税額と一致するように入力してください。**

▣当期固定資産税額、当期都市計画税額

課税明細には、筆ごとに支払うべき税年額が記載されています。親族などの共有者と按分して固都税を支払っている場合は、按分後の金額を入力してください。

私道の持分に課税される固都税は、持分按分されずに私道を所有する代表者に全額が請求されたり、市町村が持分按分を計算した上で各所有者に請求することもあり、物件所在地域により運用が異なります。本システムでは、自身が支払うべき金額だけを計上することを推奨します。

▣当該資産評価額

資産の評価額は収益計算には影響を与えませんが、積算評価を計算する際の参考になるため入力項目としています。

税法の考え方は、持分按分による評価額の再計算は行わず、大きな資産を多人数で共有するものですが、小さな区分マンションの評価額が一棟物件を超えてしまうと意味をなさないため、本システムでは按分したあとの値を登録することを推奨します。

[本年度の評価証明評価額 × 持分割合］で計算して入力してください。持分割合での按分方法は、[面積ネット（持分按分後の実質)］と同じです。

▣過去の評価額など

過年度データは、Excelシートの印刷範囲外に、固定資産税額、都市計画税額、評価証明評価額、固定資産税課税標準額を記録しています。

税額や評価額は毎年蓄積していくのがいいでしょう。過去の評価額を参照することは多くありませんが、削除する理由もありません。

多くの物件について課税額や評価額をリスト化しておくと、資料がない物件についても既存物件の値から推定することができるため便利です。

サンプルデータでは、Excelシートの印刷範囲外に現行年も含めて各年の値を入力しており、当期の税額などは過去データを参照して表示する構造にしています。

5-9 一般設定

settingsシート

本システム全体で必要な一般設定を［settingsシート］で行います。［settingsシート］は次のような構成で作られています。

カテゴリ名	概要
名称マスタ	IDから法人名や金融機関名を表示させるための対応表
基本設定1	資料作成日付などの設定
基本設定2	想定税率の設定
基本設定3	簿外資産や経費などの設定
整合性ベリファイ	各種集計表やリストの集計値が理論的に正しいかを判定

名称マスタ

名称マスタは、表記の揺らぎを吸収するための固有名詞一覧表です（**図5-24**）。データベースでは非常に重要な考え方です。マスタを作成する理由についてはP.375を見てください。

図 5-24 settings シート > 名称マスタ

名称マスタ　　　　　　　　　　　　水色のセルのみ入力します。

ID	値	摘要1	摘要2	摘要3
101	西池袋駅前ビル	一棟名称		
102	池袋ハウス	一棟名称		
103	カーサ目白台ハウス	一棟名称		
104	コアプラス池袋	一棟名称		
105	目白アパート	一棟名称		
106	東池袋ハイツ	一棟名称		
107	メゾン雑司ヶ谷	一棟名称		
109	カーサ南池袋	一棟名称		
110	仙台駅前コーポ	一棟名称	売却済み	
111	目白カーサ二番館	一棟名称		
112	豊島目白ビル	一棟名称		
113	第3目白ハイツ	一棟名称		
114	レジデンス目白豊島	一棟名称		
115	コアプラス大塚	一棟名称		
116	コアプラスレジデンス梅田	一棟名称		
117	高田馬場第4玉川ビル	一棟名称		
118	あおばマンション	一棟名称	売却済み	
120	南池袋マンション	一棟名称		
121	目白アパート1号館	一棟名称	二棟一括購入	
122	目白アパート2号館	一棟名称	二棟一括購入	

初期設定では次のように設計してあります。

ID 範囲	予定されているデータ項目
101 ～ 299	物件名
301 ～ 399	関係個人名
401 ～ 499	資産管理法人名
501 ～ 599	金融機関名
601 ～ 799	各種設定や予約語の一覧
801 ～ 970	未使用（借入金 ID として別シートで利用）

いずれも十分な件数が格納できる範囲を確保していますので、特に問題がなければ初期設定のまま利用することを推奨します。

名称マスタで入力された3桁のIDと名称の組み合わせは、本システム上のさまざまな箇所から参照されることになります。

なお、[settingsシート > 名称マスタ > 摘要3] に「変更不可」または「予約語」とある行は、あらかじめ設定された固有の名称が意味を持つ項目です。ユーザーによる変更はできません。

また、本システムの仕様上、**異なるIDを付与した場合でも、同じ名称の物件名、法人名などは登録できません。**

基本設定

基本設定では、資料作成日付や税率など全体にかかわるいくつかの項目を設定します（**図5-25**）。[入力規則] 欄に従って各項目を入力します。

[settingsシート] では、背景色が水色のセルのみユーザーが入力を行います。通常、白色のセルは変更する必要はありません。

▣基本設定1

主に財務資料作成日、集計締め日など日付を指定します。ここで入力した設定値が各シートに反映されているかを確認してください。

なお、日付設定を [settingsシート] に集めているのは、入力が必要な箇所をまとめて更新漏れを防ぐためです。

▣基本設定2

本システムでは、利益予測、解散価値予測をしています。それらの試算で用いる税率を設定します。

E21　賃料収入への税率

[E21 賃料収入への税率] は、[2 法人連結シート > 賃貸部門のみ税引前利益 > 想定税率] と [3 物件一覧シート > C79 想定税額] の計算で採用する仮想的な税率です。全物件に対して共通の税率が適用されます。法人の利益額により25～37%と設定するのが実態に見合っています。

図 5-25　settings シート > 基本設定

基本設定1　　水色のセルのみ入力します。

ID	シート	項目	解説	入力規則	入力値
E1	全体	現在の西暦	今日の日付(年)	自動	2022
E2	全体	現在の事業年度	ユーザー設定入力	西暦4桁	2021
E3	1法人概要	本資料作成日:	Excelデータ作成日	日付形式	2022年11月5日
E4	2法人連結	G全体B/S基準日	通常は本日現在	日付形式	2022年11月5日
E5	2法人連結	G全体P/L集計期間	2022年1月～12月予測など	文字列	2023年1月～12月予測
E6	2法人連結	G全体C/F集計期間	2022年1月～12月予測など	文字列	2023年1月～12月予測
E7	3物件一覧	作成基準日	ユーザー設定入力	日付形式	2022年11月5日
E8	4借入集計	作成基準日	ユーザー設定入力	日付形式	2022年11月5日
E9	6減価償却	作成基準日	ユーザー設定入力	日付形式	2021年12月31日
E10	6減価償却	期首期末簿価の年度	ユーザー設定入力	文字列	2022
E11	8賃料集計	作成基準日	ユーザー設定入力	日付形式	2022年11月5日
E12	A.BM集計	作成基準日	ユーザー設定入力	日付形式	2021年12月31日
E13	B筆一覧	評価額と固都税年度	ユーザー設定入力	文字列	令和3年度

基本設定2

ID	シート	項目	解説	入力規則	入力値
E21	複数	賃料収入への税率	ユーザー設定税率	数値%	30%
E22	2法人連結	想定税率	法人全体への想定税率	数値%	35%
E23	3物件一覧	物件譲渡益の税率	ユーザー設定税率	数値%	37%

基本設定3

ID	シート	項目	解説	入力規則	入力値
E31	2法人連結	法人株式・債券等証券投資	法人による証券投資額	数値¥	¥10,000,000
E32	2法人連結	個人預金等	個人保有預金等の額	数値¥	¥30,000,000
E33	2法人連結	個人株式・債券等証券投資	個人で保有する額	数値¥	¥15,000,000
E34	2法人連結	その他資産	相続予定の親資産など	数値¥	¥5,000,000
E35	2法人連結	会社経費/年	人件費以外の販管費	数値¥	¥3,000,000
E36	2法人連結	役員報酬・人件費/年	ユーザー任意入力	数値¥	¥3,000,000

E22　想定税率

［2 法人連結シート > グループ運営経費を含めた決算書上の利益 > 想定税率］は、先ほどのE21の税率を無視して、グループ全体の利益に対して課せられる税率です。こちらが実際に支払う法人利益への税率となり、［E22 想定税率］が適用されます。

これは、賃貸部門の収支計算と、グループ全体を合算したときの税率を別に設定したい状況に対応した設定です。

たとえば、賃貸部門の利益が他業や本社経費の赤字補塡に充当されている構造の法人や、過年度の物件売却損で累積損失を抱えているなどの場合が考えられます。

このような特別な事情により実際は低税率で済んでいても、賃貸収支の計算上は特別な事情を排除して一般的な税率で計算したいこともあるため、

2つの税率設定が併存します。

E23　物件譲渡益の税率

［E23 物件譲渡益の税率］は、［3 物件一覧シート > C85 譲渡益課税］の税率設定です。物件の売却益は高額になることが多いため、通常は37%と設定するのがいいでしょう。

▣基本設定3

［2 法人連結シート］には、いずれの資料にもデータがないものの、金融機関への開示が必要な項目があります。［E33 個人株式・債券等証券投資］の社長個人で保有する株式、債券の証券投資残高などがそれに当たります。

また、**［E35　会社経費/年］［E36　役員報酬・人件費/年］を入力して、［2 法人連結シート］における間接部門の想定経費を設定します。**

これらの項目については、ご自身で金額を入力してください。そして、［2 法人連結シート > 1.グループ全体B/S］［2 法人連結シート > 2.グループ全体P/L］に反映されていることを確認してください。

ここで開示した金額に基づき、後日金融機関より証憑の提供を要求される可能性があります。できる限り正確に入力しましょう。

整合性ベリファイ

整合性ベリファイでは、データ入力や集計範囲の設定間違いなどに起因する集計の不整合を自動的に検出します（**図5-26**）。

たとえば、金融機関別集計の残債合計と法人別集計の残債合計は必ず一致します。このような整合性チェックを各所で行い、その結果を表示します。

［整合性］欄に何らかのエラーが出ている場合は、データの修正が必要です。また、そのあとにピボットテーブルを更新してください。

図 5-26　settings シート ＞ 整合性ベリファイ

整合性ベリファイ

ID	シート	項目	金額	整合性
F1	全体PLBS	資産合計	¥7,577,667,250	0.0
F2	全体PLBS	純資産合計	¥3,063,467,948	0.0
F3	全体PLBS	負債純資産合計	¥7,577,667,250	0.0
F4	全体PLBS	負債合計	¥-4,514,199,302	0.0
F5	借入集計	金融機関別借入	¥4,439,492,417	0.0
F6	借入集計	会社別銀行借入	¥4,439,492,417	0.0
F7	借入集計	物件別銀行借入	¥4,439,492,417	0.0
F8	9賃料一覧	全論理あり区画満室想定	¥35,943,978	0.0
F9	9賃料一覧	全論理なし区画満室想定	¥1,003,500	
F10	8賃料集計	満室想定	¥35,943,978	
F11	pivot	満室想定(全)	¥35,943,978	
F12	pivot	満室想定(賃貸区画yes)	¥35,648,978	
F13	pivot	満室想定(賃貸区画no)	¥295,000	0.0
F14	asset	物件関連残債総計	¥4,417,003,271	
F15	asset	物件関連金利総計(月額)	¥5,011,481	
F16	asset	物件関連元金総計(月額)	¥12,786,755	
F17	asset	物件関連支払総計(月額)	¥17,798,236	
F18	4借入集計	借入総額	¥4,439,492,417	
F19	4借入集計	621対象物件なし(運転資金)	¥22,489,146	
F20	4借入集計	622複数の物件一括	¥0	
F21	4借入集計	総額-621-622	¥4,417,003,271	0.0
F22	4借入集計	月額金利総額	¥5,043,759	
F23	4借入集計	621対象物件なし(運転資金)	¥32,278	
F24	4借入集計	622複数の物件一括	¥0	
F25	4借入集計	総額-621-622	¥5,011,481	0.0
F26	4借入集計	月額元金総額	¥12,955,677	
F27	4借入集計	621対象物件なし(運転資金)	¥168,922	
F28	4借入集計	622複数の物件一括	¥0	
F29	4借入集計	総額-621-622	¥12,786,755	0.0
F30	8賃料集計	3.賃貸用資産の入居率（非賃貸を除く・金額ベース〕	99.04%	
F31	8賃料集計	4.資産クラス別入居率（非賃貸を除く・金額ベース〕	99.04%	0.0
F32	8賃料集計	3.賃貸用資産の入居率（非賃貸を除く・金額ベース〕	¥35,648,978	
F33	8賃料集計	4.資産クラス別入居率（非賃貸を除く・金額ベース〕	¥35,648,978	0.0
F34	8賃料集計	7.賃貸用資産の賃料帯別ヒストグラム（非賃貸を除	¥28,235,436	
F35	8賃料集計	7.賃貸用資産の賃料帯別ヒストグラム（非賃貸を除	¥7,413,542	0.0
F36	asset	NOI/年	¥304,613,308	

なお、変則的な契約の融資を受けたときなど、整合性を確保できないことが把握できている場合は、整合性ベリファイの警告を無視しても差しつかえありません。

5-10 物件情報の設定

賃貸資産の入力

物件一覧を自動生成するには、いくつかの基本的な物件情報をユーザーが［assetシート］に入力する必要があります（**図5-27**）。

たとえば、交通、住所、建物構造などは賃貸資産の購入時書類などから転記して入力します。

［assetシート］では、背景色が水色のセルのみユーザーが入力を行います。白色のセルは、入力されたデータに基づき自動計算されます。

背景色が水色のセルのうち、［入力］列に「必須」とある項目は、ほかのシートから数値を参照しているため、入力しないとエラーが発生します。

実際の入力方法は、サンプルデータを参考にすれば容易に理解できるでしょう。［規則］列に規定されている入力形式を確認しながら入力してください。

個別の要素を見ていきましょう。

物件設定

■B1　物件ID

3桁の［物件ID］を入力します。［物件名称］が表示されますので正しいか確認します。

▣B2　売却済みフラグ

物件保有中ならば「no」、物件売却済みならば「yes」を入力します。**「yes」を入力して売却済みとした物件は、すべての集計から除外されます。**「yes」「no」は予約語です。

物件概要

▣B5　所有法人ID

3桁の［所有法人ID］を入力します。［現所有者］が表示されますので正しいか確認します。

▣B7　交通 ～ B16　物件メモ

財務資料Excelのサンプルデータを参考に入力してください。

［B12　建物築年］は、ここでの入力をもとに［3 物件一覧シート］で経過年数を計算しているため日付形式で入力します。

［B15　賃貸資産当初購入価格］は、賃貸資産などの当初購入価格です。［2 法人連結シート > 2.グループ全体P/L > NOI%］の計算ほかで参照しています。

それ以外の項目は［3 物件一覧シート］での表示用であり、計算には影響しません。未入力でも動作します。

主たる借入

▣B18　主たる融資ID

「G17 主たる借入」は、本システム独自の考え方であるため理解が必要です。

通常は、1つの物件に対して単一の融資を受けて賃貸資産を購入します。［B18 主たる融資ID］は、その際の［5 借入一覧シート > 1.融資ID］です。

［5 借入一覧シート > 1.融資ID］は、初期設定では801から始まる3桁の数値です。それを［B18 主たる融資ID］に入力してください。

この項目は、［3 物件一覧シート > D33 主たる借入］において、物件に対応する融資情報を表示するために参照されています。

図 5-27　asset シート

物件情報入力　　水色のセルのみ入力します。

ID　項目	規則	入力	合計	物件1
G0 物件設定	-	-	-	-
B1 物件ID	数値（3桁）	必須	-	101
B2 売却済みフラグ	yes/no	必須	-	no
B3 物件名称	自動	-	-	西池袋駅前ビル
G4 物件概要	-	-	-	-
B5 所有法人ID	数値（3桁）	必須	-	401
B6 現所有者	自動	-	-	コアプラス東京株式会社
B7 交通	文字列	-	-	山手線「池袋」歩7分
B8 住所	文字列	-	-	豊島区西池袋3-7-21
B9 一棟or区分	文字列	-	-	一棟
B10 権利形態	文字列	-	-	所有権
B11 建物構造	文字列	-	-	RC/B1F-4F
B12 建物築年	日付	-	-	1992年2月5日
B13 用途と計画	文字列	-	-	長期保有
B14 購入年月	日付	-	-	2022/3/4
B15 賃貸資産当初購入価格	数値（¥）	必須	¥5,239,100,000	¥227,000,000
B16 物件メモ	文字列	-	-	駅前立地
G17 主たる借入	-	-	-	-
B18 主たる融資ID	数値（3桁）	-	-	806
B19 借入金融機関	自動	-	-	嘉手納銀行
B20 当初借入金額	自動	-	¥5,327,500,000	¥226,000,000
B21 購入時自己資金	自動	-	¥-93,750,000	¥1,000,000
B22 金利	自動	-	-	1.000%
B23 融資期間	自動	-	-	25年
G24 借入返済				-
B25 複数棟一括融資の名称	文字列	-		
B26 複数棟一括融資の按分率	数値（%）	-		
B27 複数棟一括融資の残債	自動	-	¥75,151,106	¥0
B28 物件ID単体に対する残債計	自動	-	¥4,341,852,165	¥166,166,517
B29 複数棟一括融資の金利(月額)	自動	-	¥100,486	¥0
B30 物件ID単体に対する金利計(月額)	自動	-	¥4,910,995	¥139,065
B31 複数棟一括融資の元金(月額)	自動	-	¥213,926	¥0
B32 物件ID単体に対する元金計(月額)	自動	-	¥12,572,829	¥712,666
B33 物件関連残債総計	自動	-	¥4,417,003,271	¥166,166,517
B34 物件関連金利総計(月額)	自動	-	¥5,011,481	¥139,065
B35 物件関連元金総計(月額)	自動	-	¥12,786,755	¥712,666
B36 物件関連支払総計(月額)	自動	-	¥17,798,236	¥851,731
G37 評価額	-	-	-	-
B38 固定資産税路線価	数値（¥）	-	-	¥501,000
B39 相続税路線価	文字列	-	-	580C
G40 収益指標（参考値）	-	-	-	-
B41 想定売却表面利回り	数値(%)	-	-	6.50%
B42 想定物件時価	自動	必須	¥6,684,000,000	¥340,000,000
G43 賃貸設定	-	-	-	-
B44 管理会社	文字列	-	-	慶良間管理(株)
B45 PM管理料率(税込)	数値(%)	必須	-	5.50%

B46 平均入居年数(年)	数値	必須	-	3
B47 募集にかかる平均期間（月）	数値	必須	-	1.7
B48 平均募集費用(カ月)	数値	必須	-	2
B49 平均原状回復費用(カ月)	数値	必須	-	1.5
B50 満室想定賃料/年(非賃貸含む)	自動	-	¥431,327,736	¥22,071,600
B51 満室想定賃料/年(非賃貸除く)	自動	-	¥427,787,736	¥22,071,600
B52 想定入居率	数値	-	95.5%	95.5%
B53 想定入居金額	自動	-	¥408,497,573	¥21,076,329
B54 現況賃料/年	自動	-	¥423,689,688	¥22,071,600
B55 想定空室損	自動	-	¥19,290,163	¥995,271
B56 入居者管理料(PM)/年	自動	-	¥21,781,495	¥1,159,198
B57 BM固定費等/年	自動	-	¥20,651,991	¥1,023,670
B58 募集費用/年	自動	-	¥23,765,985	¥1,226,200
B59 修繕・原状回復費用/年	自動	-	¥18,919,361	¥919,650
B60 固定資産税+都市計画税	自動	-	¥18,765,432	¥897,252
B61 賃貸経費合計(空室損含む)	自動	-	¥123,174,428	¥6,221,241
B62 賃貸経費率	自動	-	28.8%	28%
B63 NOI/年	自動	-	¥304,613,308	¥15,850,359
B64 金利差引後利益(スプレッド)	自動	-	¥244,475,536	¥14,181,579
B65 減価償却	自動	-	¥87,320,612	¥2,031,089
B66 想定税引前利益	自動	-	¥157,154,924	¥12,150,490
B67 想定税額	自動	-	¥49,500,032	¥3,645,147
B68 想定税引後利益	自動	-	¥107,654,893	¥8,505,343
B69 想定税引後CF	自動	-	¥41,534,445	¥1,984,440
G70 売却試算	-	-	-	
B71 簿価合計	自動		¥5,162,178,676	¥209,616,559
B72 譲渡益課税	自動	-	¥563,073,890	¥48,241,873
B73 解散価値	自動	-	¥1,703,922,839	¥125,591,610
G74 印刷欄外メモ	-	-	-	-
B75 竣工図原本	文字列	-	-	あり
B76 構造計算書原本	文字列	-	-	あり
B77 私道協定書原本	文字列	-	-	なし
B78 その他協定書原本	文字列	-	-	なし
B79 筆界民民全確定済み	文字列	-	-	済み
B80 筆界官民全確定済み	文字列	-	-	済み
B81 筆界民隣地総数	数値	-	-	6
B82 定期消防点検指摘事項	文字列	-	-	なし
B83 水質検査定期実施	文字列	-	-	あり
B84 特殊建物定期調査	文字列	-	-	非該当
B85 検査済証	文字列	-	-	あり
B86 遵法性	文字列	-	-	適法
G87 過去データ蓄積	-	-	-	-
B88 R3固定資産税路線価	数値（¥）	-	-	¥501,000
B89 R3相続税路線価	文字列	-	-	580C
B90 R2固定資産税路線価	数値（¥）	-	-	¥501,000
B91 R2相続税路線価	文字列	-	-	580C
B92 R1固定資産税路線価	数値（¥）	-	-	¥501,000
B93 R1相続税路線価	文字列	-	-	580C

この設定は、[3 物件一覧シート] のレイアウトの都合上、賃貸資産と関連づけされる融資が1件しか表示できないため、表示する融資を選択するためだけのものです。そのため、任意の [5 借入一覧シート > 1.融資ID] を入力してもほかの計算に影響を与えません。

入力すると、[3 物件一覧シート > D33 主たる借入] の各項目に内容が表示されますので正しいか確認してください。

2つ以上の融資の組み合わせで賃貸資産を購入している場合、主たる借入と考えられる [5 借入一覧シート > 1.融資ID] を入力してください。通常は金額の大きい融資が主たる借入といえます。

借入返済

▣B25 複数棟一括融資の名称

「複数棟一括融資」は、本システム独自の考え方により作られています。この先の解説を理解してから入力してください。

「複数棟一括融資」は、複数棟バルクの賃貸資産を1件の融資で購入する場合に使う項目です。

たとえば、隣接する目白アパート1号館（5,000万円）と目白アパート2号館（3,000万円）を二棟一括で購入する場合、二棟が不可分の条件で1件の融資（8,000万円）として実行されることがあります。

そのような場合、まずは [settingsシート > 名称マスタ] に「目白アパート1号2号_二棟一括」などの名称で項目を作成してください。

IDは一棟物件のIDとは異なる範囲にするのが分かりやすいでしょう。たとえば、971番などを設定します。

その場合、[5 借入一覧シート > 10.対象物件ID] には971を設定します。[5 借入一覧シート > 11.対象物件] に「目白アパート1号2号_二棟一括」が表示されていることを確認します。

再び [assetシート] に戻り、目白アパート1号館と目白アパート2号館ともに [複数棟一括融資の名称] 欄に「目白アパート1号2号_二棟一括」

の文字列を入力してください。ID番号ではなく文字列で入力することに注意します。

これで二棟の融資はともに、「目白アパート１号２号_二棟一括」の8,000万円が設定されました。

▣B26　複数棟一括融資の按分率

しかし、**二棟それぞれに8,000万円の借入が設定されると重複カウントとなりますので、割り振りを設定する必要があります。**

目白アパート１号館は5,000万円、２号館は3,000万円ですので、５：３で按分するのが適切でしょう。目白アパート１号館の［複数棟一括融資の按分率］に「=5/8」または「0.625」と入力し、２号館には「=3/8」または「0.375」と入力します。二棟の按分は合計すると必ず100%になります。

これで、金利支払、元金返済、支払総額いずれも自動的に按分されます。［複数棟一括融資の残債］欄で、二棟を合計すると約8,000万円になっていることを確認してください（実際には返済分が減少しているため当初残債8,000万円とは一致しません。以降も同様です）。

▣B28　物件ID単体に対する残債計

この項目以降は自動計算のため、どのような処理が実行されているのか簡単に概要だけ把握しながら読み進めてください。計算の詳細まで追う必要はありません。

目白アパート１号館（物件ID＝121）は、２号館と不可分の１件の融資で購入しました。その後、１号館のみ大規模修繕が必要となり、別の金融機関から１号館のみを対象とした1,000万円の修繕資金を借り入れたとします。

この修繕資金は二棟一括（ID＝971）ではなく、１号館（ID＝121）だけに帰属する借入として管理したいはずです。

それを区分するのが［物件ID単体に対する残債計］です。この欄では、［5 借入一覧シート > 10.対象物件ID］が121の残債（今回の例では1,000万円）のみを合算しています。

5「財務資料作成」編

▣B33　物件関連残債総計

最終的には、「二棟一括融資のうち1号館に按分された5,000万円＋修繕資金1,000万円の合計6,000万円」を1号館に帰属する残債として把握したいでしょう。

［物件関連残債総計］ではそれが計算され、［3 物件一覧シート > D42 借入返済計］から参照されています。

［物件関連残債総計 ＝ 複数棟一括融資の残債 × 複数棟一括融資の按分率 ＋ 物件ID単体に対する残債計］となっていることを確認してください。

なお、はじめから融資が2つに分離していたことにして、［5 借入一覧シート］に2件の融資を計上するのは悪手です。毎回、返済明細を手動計算で按分して入力したり、金融機関から融資件数や金額の相違を指摘され説明する手間が発生します。

▣B29　複数棟一括融資の金利（月額）～ B32　物件ID単体に対する元金計（月額）

残債と同じ考え方で、1件の借入に按分比率を積して、金利月額、元金月額を求めます。同様に、［物件ID］単体に対する金利月額、元金月額も求めます。

▣B33　物件関連残債総計 ～ B36　物件関連支払総計（月額）

計算が複雑になってきました。B33 ～ B36の集計対象は、物件に関連するすべての借入であることだけ理解しておきましょう。

実際には次のような計算をしています。

- 物件関連残債総計 ＝ 複数棟一括融資の残債 × 複数棟一括融資の按分比率 ＋ 物件 ID 単体に対する残債計
- 物件関連金利総計（月額）＝ 複数棟一括融資の金利（月額）× 複数棟一括融資の按分比率 ＋ 物件 ID 単体に対する金利計（月額）
- 物件関連元金総計（月額）＝ 複数棟一括融資の元金（月額）× 複数棟一括融資の按分比率 ＋ 物件 ID 単体に対する元金計（月額）

■物件関連支払総計（月額）＝ 物件関連金利総計（月額）＋ 物件関連元金総計（月額）

評価額

▣B38　固定資産税路線価 ～ B39　相続税路線価

［B38 固定資産税路線価］［B39 相続税路線価］は、固定資産税評価額などの算定根拠となる価額です。メモとして入力します。計算上は参照していないため未入力も可能です。

収益指標（参考値）

▣B41　想定売却表面利回り ～ B42　想定物件時価

［B41 想定売却表面利回り］［B42 想定物件時価］は、［3 物件一覧シート］に転記されます。［想定物件時価］は、売却の試算に使う重要な値です。必ず入力してください。

通常の賃貸資産においては、［想定物件時価 ＝ 満室想定賃料/年（非賃貸含む）/ 想定売却表面利回り］となります。実務的には、［想定売却表面利回り］から［想定物件時価］を逆算する考え方です。

ただし、自宅用戸建てや更地のように物件価格と賃料に相関がない資産もあるため、**［B41 想定売却表面利回り］を空欄にして、［B42 想定物件時価］だけを入力することもできます。**［B41 想定売却表面利回り］は、計算上は参照されていません。

賃貸設定

▣B44　管理会社

管理会社名または自主管理など自由に文字列を入力します。

▣B45　PM管理料率（税込）

管理会社へのPMフィーを税込の料率で設定します。この設定をもとに［B56 入居者管理料（PM）］が計算されます。

▣B46　平均入居年数（年）～B49　平均原状回復費用（カ月）

これらの4項目は本システム独自の考え方で作成されているため理解が必要です。

平均入居年数（年）	➡	一棟全体の平均入居年数を推定して年単位の数値を入力
募集にかかる平均期間（月）	➡	一棟全体の退去から次の賃料発生までの空室期間を月単位で入力
平均募集費用（カ月）	➡	賃貸募集で必要な仲介手数料、ADなどの総額を賃料nカ月分と換算して入力
平均原状回復費用（カ月）	➡	同様に退去時の原状回復費用を賃料nカ月分と換算して入力

これらの入力により、［3 物件一覧シート］で［想定入居率］［募集費用］［修繕・原状回復費］が自動計算されます。➡P.349

印刷欄外

▣B74　印刷欄外メモ

［印刷欄外メモ］以下の項目は、すべての入力を省略してもほかに影響を与えません。計算対象外の項目ですが、次のような要素はメモしておくといいでしょう。融資や売却の際に必要になることがあります。

竣工図原本	竣工図や増築時の図面の原本
構造計算書原本	新築時の構造計算書原本
私道協定書原本	接道が私道の場合は私道所有者との協定書
その他協定書原本	賃借人や隣地との越境、再建築時の塀の取り壊し協定など
筆界民民全確定済み	筆界確認書類原本
筆界官民全確定済み	官有地や公道との筆界確認書類原本
筆界民隣地総数	筆界確定をする必要のある民有地の隣接数
定期消防点検指摘事項	消防点検での指摘事項
水質検査定期実施	水質検査を定期的に実施しているか
特殊建物定期調査	特殊建物に該当する場合は法定検査を実施しているか
検査済証	新築時や改築時に建物の検査済証を取得しているか
遵法性	軽微な違反を除き建築基準法や消防法の違反がないか

竣工図、構造計算書、隣地との境界確定は原本が必要な三種の神器です。それに加えて、私道や隣地との協定書があればあわせて管理します。

本来、検査済証の有無などは［3 物件一覧シート > D12 物件概要］に表示したい内容ですが、違法建築の保有が多い場合は目立ちすぎることもあります。開示はするものの欄外のメモとするなど見せ方を工夫してもいいでしょう。

これらは融資審査に影響を与えないため別で管理しても構いません。あまり多くの要素を開示すると「資料が膨大で見られない」（信金）など逆効果となることもあります。

▣ 過去データ蓄積

［assetシート > 過去データ蓄積］には、過年度の固定資産税路線価、相続税路線価などを記録しておくといいでしょう。

「財務資料Excelシート」では、欄外に時系列で各種データを保存しておくことを推奨します。

5-11 物件一覧の自動生成

物件一覧

物件情報の仕上げは［3 物件一覧シート］です（**図5-28**）。

物件一覧は複雑であるため、シート内に直接データを入力すると間違いや不整合のもとになります。そこで、**入力項目は［C11 物件ID］だけで、すべての値は他シートからの参照のみで完結させ、自動生成**としています。

ここから先は、［assetシート］と［3 物件一覧シート］の両方を見ながら読み進めてください。各見出しの番号は、［3 物件一覧シート］の各項目の連番に対応しています。

なお、［物件概要］［主たる借入］［借入返済計］［賃貸収入］［評価額］の各カテゴリについては、P.330で説明した［assetシート］の内容と重複するため、本節での解説は最低限としています。また、本節では財務資料Excel上のCから始まる項目IDの表記は省略しています。

▣ 物件一覧シートの入力項目

はじめに［物件ID］を入力して、どの物件を表示するかを選択します。［物件ID］は［settingsシート > 名称マスタ］を参照して選んでください（ここで指定した物件のことを、以降「本物件」と呼びます）。

それ以外に［3 物件一覧シート］に入力する項目はありません。ほかの項目は正しく表示されているかを確認するのみです。

図 5-28　物件一覧シート

2022年11月5日現在	合計 または加重平均	西池袋駅前ビル
C11 物件ID	20	101
D12 物件概要		
C13 現所有者		コアプラス東京株式会社
C14 交通		山手線「池袋」歩7分
C15 住所		豊島区西池袋3-7-21
C16 一棟or区分		一棟
C17 権利形態		所有権
C18 土地面積	課税明細より	313.1 ㎡
C19 土地面積（坪）	〃	95 坪
C20 建物のべ床	〃	528.4 ㎡
C21 建物構造		RC/B1F-4F
C22 建物築年		1992年2月5日
C23 建物経過年数		31年
C24 総区画数	303	24
C25 うち住居数	255	22
C26 うち事務所/店舗数	16	1
C27 うち駐車場	22	0
C28 うちその他	10	1
C29 用途と計画		長期保有
C30 購入年月		2022年3月4日
C31 購入価格	¥5,239,100,000	¥227,000,000
C32 物件メモ		駅前立地
D33 主たる借入		
C34 借入金融機関		嘉手納銀行 東京支店
C35 当初借入金額	¥5,327,500,000	¥226,000,000
C36 購入時自己資金	¥93,750,000	¥1,000,000
C37 金利	1.33%	1.000%
C38 融資期間		25年
C39 融資残存期間		17年
C40 借入条件		信金基準金利+1.00%
C41 融資メモ		
D42 借入返済計		
C43 残債2022年11月5日現在	¥4,417,003,271	¥166,166,517
C44 支払総額/月額	¥17,798,236	¥851,731
C45 元金返済/月額	¥12,786,755	¥712,666
C46 金利支払/月額	¥5,011,481	¥139,065
D47 賃貸収入		
C48 満室想定賃料/年（全室）	¥431,327,736	22,071,600
C49 非賃貸部想定賃料	¥3,540,000	0

C50 満室想定賃料/年(非賃貸除く)	¥427,787,736	22,071,600
C51 現況賃料/年	¥423,689,688	22,071,600
C52 入居率	99.0%	100.0%
C53 管理会社		慶良間管理(株)
D54 評価額		
C55 土地固定資産税評価額	¥2,221,638,056	¥130,723,720
C56 建物固定資産税評価額	¥1,189,058,298	¥33,429,500
C57 固定資産税額	¥-15,453,594	¥-738,914
C58 都市計画税額	¥-3,311,838	¥-158,338
C59 固定資産税路線価	令和3年度	501,000
C60 相続税路線価	令和3年度	580C
D61 収益指標参考値（年換算）		
C62 満室想定賃料/当初購入価格	8.23%	9.72%
C63 現況賃料/当初購入価格	8.09%	9.72%
C64 想定売却表面利回り	6.45%	6.50%
C65 想定物件時価	668,400万円	34,000万円
C66 想定入居率	95.5%	95.5%
C67 空室損	-1,929万円	-100万円
C68 入居者管理料(PM)	-2,178万円	-116万円
C69 BM固定費等	-2,065万円	-102万円
C70 募集費用	-2,377万円	-123万円
C71 修繕・原状回復費	-1,892万円	-92万円
C72 固都税合計	-1,877万円	-90万円
C73 賃貸経費計(空室損含)	-12,317万円	-622万円
C74 NOI	30,461万円	1,585万円
C75 金利支払	-6,014万円	-167万円
C76 金利支払後利益(スプレッド)	24,448万円	1,418万円
C77 減価償却	-8,732万円	-203万円
C78 想定税引前利益	15,715万円	1,215万円
C79 想定税額	-4,715万円	-365万円
C80 想定税引後利益	11,001万円	851万円
C81 元金返済/年額	-15,344万円	-855万円
C82 想定税引後CF	4,389万円	198万円
C83 土地建物簿価計	516,218万円	20,962万円
C84 税引前売却益	152,182万円	13,038万円
C85 譲渡益課税	-56,307万円	-4,824万円
C86 共同担保の提供状況		無
C87 解散価値	179,538万円	12,559万円
	合計／平均	西池袋駅前ビル

既存集計値の転記項目

▣D12　物件概要

各要素を見ていきましょう。[3 物件一覧シート > D12 物件概要] から見ていきます。解説が必要な項目のみを抽出しているため、実際の [3 物件一覧シート] の並び順とは異なることに注意してください。

▣C18　土地面積～C20　建物のべ床

[土地面積] [建物のべ床] は、[B 筆一覧シート] において、本物件に帰属する各筆の [面積ネット (持分按分後の実質)] を足し合わせることにより計算しています。

土地と建物の認識は、[B 筆一覧シート > 資産クラス] を次の通り参照しています。

- ■土地面積　= 土地 (私道) + 土地 (道路) + 土地
- ■建物のべ床 = 建物

実務上は、土地は平米よりも坪で表記されることが多いため、[土地面積 (坪)] は、単位を平米から坪に変換して表示しています。[土地面積 (坪) $= \frac{\text{土地面積}}{3.30579}$] で求めています。

▣C22　建物築年～C23　建物経過年数

[建物経過年数] は、[建物経過年数 = 本年 − 建物築年] で自動計算しています。意味合いは建物築年月と同じですが、保有物件の経過年数は議論になることが多いため併記しています。

なお、本年の西暦は [settingsシート > 基本設定1 > E1　現在の西暦] を参照しています。西暦のみで計算を行い、月日は無視しています。

▣C24　総区画数

［総区画数］とその内訳は、［9 賃料一覧シート > 7.クラス］（住居や駐車場などの別）ごとの物理区画数を集計しています。

1. うち住居数　➡　［9 賃料一覧シート > 7. クラス］が「住居」の物理区画数
2. うち事務所 / 店舗数　➡　同、「事務所」または「店舗」
3. うち駐車場　➡　同、「駐車場」
4. うちその他　➡　同、それ以外のすべて
5. 総区画数　➡　上記 1. ～ 4. の合計

［D12 物件概要］の各項目について、上記以外は［assetシート］からの単純な転記です。

▣D33　主たる借入

［D33 主たる借入］には、［借入金融機関］［当初借入金額］［借入条件］などが表示されます。これらは、［assetシート］で入力した［主たる融資ID］に基づいています。

なお、表レイアウトの都合上、各物件に対応する融資は1件しか表示できません。そのため、不動産購入資金が複数融資に分かれている場合でも、代表する借入を1本だけ選択する仕様となっています。物件に関連づけされている全融資ではなく主たる融資のみであることに注意してください。

複数融資がある場合は実態を反映しませんが、ここでの表示は以降の計算に影響しませんので問題は生じません。

▣D42　借入返済計

［借入返済計カテゴリ］には4項目が含まれています。［残債］［支払総額/月額］［元金返済/月額］［金利支払/月額］です。

いずれも、［assetシート］の［物件関連残債総計］［物件関連支払総計（月

額)］［物件関連元金総計（月額)］［物件関連金利総計（月額)］を参照しているのみです。

したがって、4項目とも次の2つの総計となります。

- ［5 借入一覧シート > 11. 対象物件］に本物件を指定しているすべての借入
- ［assetシート > B25 複数棟一括融資の名称］で指定した、複数棟一括融資の按分後の金額

そのため、**本物件の不動産購入資金だけでなく、本物件への修繕資金なども合算します。**物件本体を売却する際には、修繕費用も返済する前提の計算です。実際、物件の売却時には修繕資金の返済を求められることがあります。

なお、［5 借入一覧シート > 11.対象物件］が「621　対象物件なし（運転資金)」と「622　複数の物件一括」の借入金は計上されません。

▣D47　賃貸収入

［満室想定賃料/年（全室)］～［入居率］までは、［9 賃料一覧シート］を集計した値を参照しています。これらの値は、［8 賃料集計シート］の各表とも一致します。［管理会社］は、［assetシート］からの転記です。

ご自身で計算シートを設計する場合、**非賃貸部分を分母として入居率を計算すると実態とかけ離れた不利な値が算出されるので注意してください。賃貸用区画だけを分母にして計算する必要があります。**

▣D54　評価額

賃貸資産の評価額は、C55～C60の項目により計算されます。

▣C55　土地固定資産税評価額 ～ C56　建物固定資産税評価額

固定資産税評価額は、本物件を構成する複数筆の評価額を合算することにより本物件全体の評価額と認識します。

具体的には、[B 筆一覧シート > 資産クラス] の分類に従い、筆を土地または建物に分類して、その [当該資産評価額] を合計しています。

[当該資産評価額] は共有（または区分）持分の按分後の値であり、各筆に対応する実際の評価額です。➡P.323

▣C57　固定資産税額 ～ C58　都市計画税額

当期固定資産税額、当期都市計画税額も評価額と同じ考え方で物件ごとに集計しています。**本物件に帰属する各筆の税額の合計値が本物件全体の税額**です。

▣C59　固定資産税路線価 ～ C60　相続税路線価

固定資産税路線価、相続税路線価は [assetシート] からの単純な転記です。これらの値は、ほかのどの計算からも参照されていません。

[固定資産税路線価 × 土地平米] を計算すると、土地固定資産税評価額に近い値となることを確認しましょう。

[路線価 × 面積 = 評価額] を理論値とすると、筆者保有の物件30棟のうち7割の物件は理論値から10%以下の乖離率に収まっていました。

収益指標参考値(年換算)

▣D61　収益指標参考値 (年換算)

本丸の収益指標を計算します。ここから先の項目は、[3 物件一覧シート] に特有の項目として理解が必要です。

収益指標参考値としているのは、各経費から将来の収益見通しを計算する本書の方法を金融機関がそのまま採用することはないためです。

経営者自身が物件単体の収支や解散価値を把握するために活用してください。いずれの項目も実データを精緻に積算していますので予測精度は高いはずです。

それぞれの要素を見ていきましょう。以降に解説する各項目は断りがない限りいずれも年額を計算しています。

▣C62　満室想定賃料 / 当初購入価格

現在の［$\frac{\text{満室想定賃料}}{\text{当初購入価格}}$］を計算します。ともに税込です。購入時の表面利回りを意味します。

ただし、**利回り計算の分子となる賃料は、購入時の賃料ではなく現在の満室想定賃料をもとにしています。** そのため、購入後に賃料の上昇があれば計算上の利回りは高くなります。購入後の賃料上昇も含めて適切な利回りで購入できたかを確認できます。

都心の物件など、偶発的に空室となってもすぐに満室に戻る物件を多く保有する場合は、満室想定賃料を利回り計算の分子とするのがいいでしょう。本項目の満室想定賃料には非賃貸部分を含みます。

▣C63　現況賃料 / 当初購入価格

考え方は、［$\frac{\text{満室想定賃料}}{\text{当初購入価格}}$］と同じです。地方など満室になりにくい物件は、満室想定よりも現況賃料を利回り計算の参考指標とすべきでしょう。

▣C64　想定売却表面利回り

売却価格の算出根拠となる収益還元利回りです。[assetシート > B41 想定売却表面利回り］でユーザーが設定した値を転記しています。

想定売却表面利回りは恣意的に決められるため、解散価値を大きく見せることは可能です。しかし、投資家自身が真の解散価値を把握するために、実際に売却可能な利回りを設定するのがいいでしょう。おおよそ3カ月以内にすぐに売れる利回りを設定の目安にします。

なお、ファンドなどでは［NOI利回り ＝ $\frac{\text{NOI（税抜）}}{\text{物件価格（税抜）}}$］の計算式で投資利回りを求めます。

一方、個人や一般事業法人における取引現場では、［表面利回り ＝ $\frac{\text{満室想定賃料（税込）}}{\text{物件価格（税込）}}$］が基準となります。本システムでは個人向けの計算方法を採用しています。

▣C65　想定物件時価

すぐに売却可能と想定される物件価格（税込）です。[assetシート > B42 想定物件時価] でユーザーが設定した値を転記しています。

通常は、[想定物件時価 ＝ $\frac{\text{満室想定賃料（非賃貸含む）}}{\text{想定売却表面利回り}}$] で計算します。「想定物件時価は外部鑑定か」という金融機関からの問い合わせが予想されますが、自己評価と回答せざるを得ませんので、金融機関が見たときに過大評価と判断されない控えめの設定を推奨します。

▣C66　想定入居率

[想定入居率] は、値を直接入力ではなく、[assetシート > B46 平均入居年数（年）] [assetシート > B47 募集にかかる平均期間（月）] に基づいて自動計算された値を転記しています。

[想定入居率 ＝ (平均入居年数（年）× 12) / (平均入居年数（年）× 12 ＋ 募集にかかる平均期間（月))] です。

つまり、実入居期間が分子、それに原状回復期間や募集期間など空室期間を加算した日数が分母です。

この項目を自動計算としているのは、「想定入居率（空室率）はいくらと見積もるべきか」という質問に対して適切に回答できる人はいないためです。

たとえば、入居率95%と97%では大きな違いですが、物件の入退去状況を感覚的に判断してどちらかを言い当てるのは困難です。初心者ほど低い入居率を設定する傾向にあります。

なお、直近の実入居率データを取得できているにもかかわらず、ユーザー設定の想定入居率を使うことにも理由があります。

空室ビルの購入直後や特殊な要因などにより、平時の入居率を大きく下回る数値が出ることがあるためです。逆に保有する区画数が少ない場合は偶発的に入居率100%となることもあります。

いずれも一時的に平時と乖離した入居率となっているといえます。**偶発的な値をもとに年換算を計算するのは実態を反映しないため [assetシート] での手動設定**となっています。

▣C67　空室損

ここから先の項目は、経費項目を計算していきます。

［空室損］は、［想定入居率］に基づいて［空室損（年額）＝満室想定賃料/年（非賃貸除く）×（1 － 想定入居率）］で求めます。

▣C68　入居者管理料（PM）

［入居者管理料（PM）］は、管理会社に支払うPMフィー年額です。

PM管理料率を［assetシート > B45 PM管理料率（税込）］で賃貸資産ごとにユーザー設定しています。それをもとに［入居者管理料（PM）＝満室想定賃料（非賃貸除く）－ 想定空室損）× PM管理料率（税込）］で自動計算されます。NOI/年を算出するための経費項目です。

▣C69　BM固定費等

［BM固定費等］には、火災保険料、建物管理料、公共料金などが含まれます。［A. BM集計シート > BM費用集計］の各物件の費用総計を参照しています。NOI/年を算出するための経費項目です。

▣C70　募集費用

［募集費用］は、［assetシート > B46 平均入居年数（年）］［assetシート > B48 平均募集費用（カ月）］を入力すれば自動計算されます。募集費用には、賃貸募集時の仲介手数料やAD（広告料）などが含まれます。

［募集費用＝（満室想定賃料/年（非賃貸除く）/ 12）× 平均募集費用（カ月）×（1 / 平均入居年数（年））］と計算されます。

たとえば、［平均入居年数］＝ 3年、［平均募集費用］＝ 2カ月、［満室想定賃料（年額）］＝ 1,200万円（税込）だとすると、［募集費用］は月額賃料100万円 × 2カ月 ＝ 200万円です。これが3年周期で発生する計算ですので、1年ではその$\frac{1}{3}$の66万円が［募集費用］となります。

▣C71　修繕・原状回復費

［修繕・原状回復費］の考え方は［募集費用］と同じです。［assetシート > B46 平均入居年数（年）］［assetシート > B49 平均原状回復費用（カ月）］

でユーザー設定した値をもとに自動計算します。

［修繕・原状回復費用 ＝（現況賃料（年）/ 12）× 平均原状回復費用（カ月）×（1 / 平均入居年数（年））］と計算されます。

なお、**CAPEXは［修繕・原状回復費用］には含まれません**。CAPEX投下により賃貸資産の簿価が上昇するためです。

収益シミュレーション上は、CAPEXは修繕ではなく建物増築とほぼ同義です。

▣C72 固都税合計

［C57 固定資産税額］［C58 都市計画税額］の合計値です。

▣C73 賃貸経費計（空室損含）

賃貸経費の合計額です。

［賃貸経費計（空室損含）＝ 空室損 ＋ 入居者管理料（PM）＋ BM固定費等 ＋ 募集費用 ＋ 修繕・原状回復費 ＋ 固都税合計］で計算されます。NOIを計算するための値です。

▣C74 NOI

さまざまな経費項目を列挙してきましたが、すべては［NOI］を計算するための材料です。

［NOI ＝ 満室想定賃料（非賃貸除く）－ 賃貸経費計（空室損含）］で求めます。

▣C75 金利支払

本物件にかかわる全借入の金利合算です。［C46 金利支払/月額 × 12］で年換算します。不動産購入資金だけでなく、関連づけされている修繕資金なども含みます。

毎月残債が減るため、厳密には金利月額 × 12カ月と金利年額は一致しませんが、収益試算としては十分な精度といえます。

▣C76　金利差引後利益（スプレッド）

本書で重視している収益指標である［金利差引後利益（スプレッド）］です。［金利差引後利益（スプレッド）＝ NOI － 金利支払］で求めます。

▣C77　減価償却

［6.減価償却シート ＞ 1年間の償却額］を本物件の年間の減価償却費として転記します。

▣C78　想定税引前利益

［想定税引前利益］は、賃貸収入から得られる税引前利益です。［金利差引後利益（スプレッド）－ 減価償却］の計算により算出します。いずれも年額で計算します。

▣C79　想定税額

賃貸部門の利益である［想定税引前利益］に課税される税額です。［想定税額 ＝ 想定税引前利益 × 税率］で求めます。［想定税引前利益］がゼロ以下の場合、［想定税額］はゼロとなります。

税率は［settingsシート ＞ 基本設定2 ＞ E21　賃料収入への税率］が適用されます。本システムの仕様上、税率は全物件一律となります。

▣C80　想定税引後利益

［想定税引後利益 ＝ 想定税引前利益 － 想定税額］で求めます。想定税額はC79が適用されます。

▣C81　元金返済

本物件に関連づけされる全融資における元金返済の合計額です。［想定税引後CF］を計算するために［assetシート ＞ B35　物件関連元金総計（月額）］より転記しています。

▣C82　想定税引後CF

［想定税引後CF ＝ 想定税引後利益 ＋ 減価償却 － 元金返済］で求めます。いずれも年額です。

▣C83　土地建物簿価計

以降は売却試算のための計算です。

土地建物簿価合計は、[6 減価償却シート > 来年度期首簿価 > e. 土地建物計（c ＋ d)］を転記します。

▣C84　税引前売却益

［税引前売却益］は、[税引前売却益 ＝ 想定物件時価 － 土地建物簿価計］で求めます。売却時の諸経費はゼロとして計算しています。

減価償却の仕組みとして、厳密には1カ月ごとに償却が進むため本来は売却月によって建物の簿価が変わります。

ただし、**本システムでは、物件の売却益を計算する際の簿価は、[6 減価償却シート > 当期首簿価］時点のものを採用します。**期中の償却は無視していることになるため売却益は概算となります。逆にいえば、当期の初月に物件を売却した場合に近い計算となります。

なお、売却試算に際して消費税は考慮していません。そのため、免税事業者であれば、おおよそ試算と一致するはずですが、課税事業者の場合は試算通りの利益にはなりません。消費税の納税は別途考慮する必要があります。

▣C85　譲渡益課税

［税引前売却益］に対する譲渡益課税額です。

法人の場合、実際には譲渡益課税の概念はなく、賃貸利益も売却益も区別なく合算されて法人税等が課税されますが、**[3 物件一覧シート］では、仮想的に賃貸益と売却益を分離して計算しています。**

［譲渡益課税 ＝ 税引前売却益 × 税率］で求めます。税率は［settings

シート > 基本設定2 > E23　物件譲渡益の税率］でユーザーが設定します。本システムの仕様上、税率は全物件一律となります。

なお、［税引前売却益］がゼロ以下の場合、［譲渡益課税］はゼロとなります。

▣C86　共同担保の提供状況

［5 借入一覧シート > 共同担保種別ID1 ～ 2］に共同担保種別を入力するとともに［5 借入一覧シート > 共同担保物件ID1 ～ 2］に本物件を指定すると、［3 物件一覧シート］で、自動的に本物件の［共同担保の提供状況］欄が「共同担保あり」「後順位抵当あり」などに変わります。詳しい設定の方法はP.274で説明しました。

▣C87　解散価値

賃貸業において最も重要なのは、物件を売却したら税引後にいくら残るかを計算することでしょう。それが解散価値（NAV）です。

また、各物件の解散価値を個別に計算すれば、どの物件に担保余力があるのかを一覧的に把握することもできます。

［解散価値 ＝ 想定物件時価 －（残債 ＋ 譲渡益課税)］で計算されます。実際の解散価値は、ここから売却時の諸経費、敷金の返還額、消費税を差し引いた価額になりますが、シミュレーション上は無視しています。

敷金の返還総額は、［2 法人連結シート > 1.グループ全体B/S］に出ていますのでそれを参考にしてください。

▣各項目の合計または加重平均

［合計または加重平均］の列には、各項目の合計値などが自動計算され表示されますが、この値は［3 物件一覧シート］に表示されている物件の合計値ではありません。

［合計または加重平均］列は、［assetシート］に入力したすべての物件のうち［売却済みフラグ > no］の物件、すなわち保有中のすべての物件の合計値などを表示します。

そのため、［3 物件一覧シート］に表示されていない保有中物件がある場合、［合計または加重平均］列の合計などと各物件総計が一致しなくなりますので注意してください。

売却済み物件の管理

本システムでは、売却済み物件の数値は集計対象外としており管理していません。売却済み物件は、［3 物件一覧シート］から［soldシート］に移動して記録することを推奨します。
［soldシート］はほかから参照されていない備忘録ですが、売却済み物件の一覧に印刷範囲設定をして、必要に応じて金融機関に提出するといいでしょう。本年に売却した物件一覧の提出を求められることもあるはずです。
［soldシート］には、売却済み物件の各種過去データもあわせて保存します。

なお、売却済み物件は［assetシート］には残しておくのがいいでしょう。削除してもシステムの動作に影響はありませんが、［assetシート］に並べた物件IDの連番が飛んでしまったり、過去の売却済み物件を忘れてしまうこともあります。記録の完全性保持のためにも残しておくべきでしょう。

5-12 借入金の長期分析

複数融資を合成して試算

本書では、多くの金融機関から多数の融資を受けて「外部成長」を続けることを1つのモデルとしています。

このような考え方で賃貸業を続ければ、すぐに融資の件数は数十件に達します。そのフェーズでは、複数の融資とうまく付き合う術(すべ)が求められます。

それには、個々の融資を管理するのみならず、すべての融資を合算して1つの大きな融資としてとらえる視点が必要です。

まずは、各融資の情報を入力したら、それらが合成され1つの融資のように表示されるようにしてみましょう。

そこからは年間の返済額だけでなく、将来時点の解散価値、運転資金返済の重みなど、賃貸経営の根本にかかわる要素を可視化できます。筆者は、これを「ローンアグリゲーション」と呼んでいます。

ローンアグリゲーションExcelシートの使い方

「ローンアグリゲーションExcelシート」は、「財務資料Excelシート」の追加機能として動作するExcelシートです。筆者のWebサイト（https://ytamagawa.com/x86）からダウンロードできます。利用規約はP.6をご覧ください。

ここから先は、ダウンロードした「ローンアグリゲーションExcelシート」（以降、ローンアグリゲーションExcel）を見ながら読み進めてください。

ローンアグリゲーションExcelは、マクロを使わずにExcel関数だけで長期のシミュレーションを作成するために、多くのセルに関数を敷き詰めています。

そのため、やや動作が重いはずですが、特に設定などはなく、ファイルを開けばグラフが描画されるというシンプルな仕組みですので、財務資料Excelを完成させたなら、ぜひ追加で試してみてください。

使い方は簡単です。ローンアグリゲーションExcelと財務資料Excelを同じフォルダに入れて開くだけです。各グラフが出来上がっていることを確認してください。詳しい使い方は筆者のWebサイトで解説しています。

▣各シートの見方

ローンアグリゲーションExcelの各シートは次のように構成されています。

シート名	概要
data	財務資料 Excel より残債などの値を取得して一覧表示している
支払額 gr	各年 12 月末時点の支払月額推移を示すグラフ
元金返済額 gr	同、元金返済月額
金利額 gr	同、金利月額
期末残高 gr	同、残債総額
純資産 gr	同、純資産額
各 pv シート	各データ計算のためのピボットテーブルなど

なお、金利のみ支払期間やテールヘビーなど特殊な借入条件の計算はサポートしていないため、金融機関が計算する厳密な残高とは一致しません。数値ではなくグラフを見て視覚的に理解するための補助資料として活用してください。

返済額の推移を分析

ローンアグリゲーションExcelの実務での使用例を紹介します。まずは、**図5-29**の［支払額grシート］を例にとって説明します。

図5-29　毎月支払額の推移

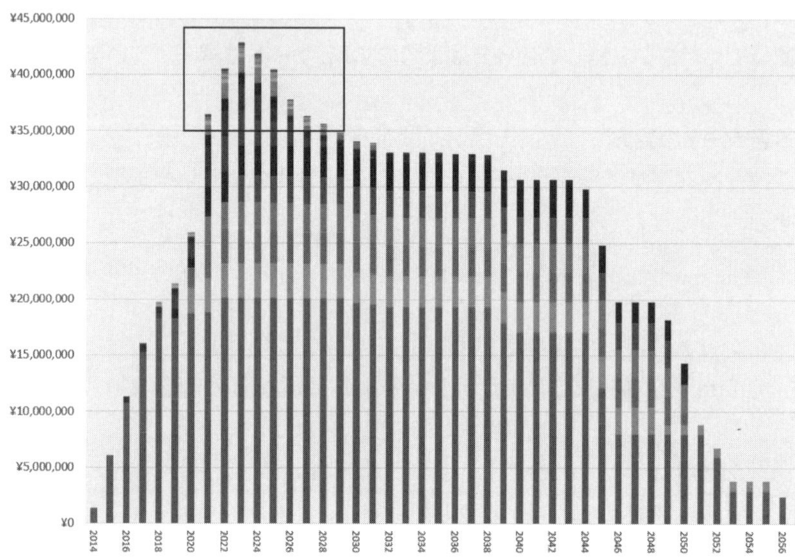

▣ 短期の運転資金はキャッシュフロー悪化要因

賃貸業は不動産を保有して賃料を得ているだけでは余剰キャッシュが生まれにくいことは説明してきた通りです。

ノーマルな物件を高いLTV（Loan to Value）で購入し、まとまった手元資金があれば追加購入を繰り返していくビジネスモデルである以上、慢性的な現金不足は避けられません。

そこで、運転資金を借り入れて現金不足を解消することになります。しかし、短期の運転資金の借入が多いと返済月額が多くなり、金融機関からキャッシュフロー（CF）赤字の企業体に見えてしまうことが問題です。

金融機関からは、賃貸資産から上がるCFが運転資金の返済により消えているように見えてしまいます。

もっとも、実態としては預金残高もあり、借入資金がそのまま口座に眠っているだけです。手元資金を厚くするために運転資金を借りているだけで健全だといえます。

これに弁明を添えなければ、これ以上の融資は返済原資なしと見られる可能性があるでしょう。ここでローンアグリゲーションの考え方が役に立ちます。

▣ キャッシュフロー視覚化の例

筆者の融資残高を分析してみましょう。図5-29上部の四角い囲みは小口の運転資金の積み重ねです。

2021年から数年間は短期で調達した運転資金の返済が重く、月額4,000万円を超える返済に苦労します。しかし、2028年からは返済額が3,500万円程度まで減ることが分かります。

じつは、2021年以降（現在）のCFの大幅な悪化は、総額4億円程度の運転資金によるものです。**これらの運転資金は短期で借りているため、借入額が小さくても毎月の支払額が大きくなります。数値上は返済負担が重いように見える**わけです。

これらを完済すれば事業から生まれるCFには余裕があることが分かります。そして、この運転資金以上に預金が余っているわけですから、CFの悪化は計算上のものだけで実態としては健全といえます。

金融機関にも、このように数値をまじえて説明すれば納得してもらえるでしょう。このような切り口でローンアグリゲーションExcelを活用してください。

将来時点での解散価値を分析

ローンアグリゲーションの本丸はB/Sの将来予測です。

今のまま不動産価格や金利が変わらないとして、たとえば10年後に解散したとしたら手元にいくら残るかを試算することができるでしょうか。

この先も今のポートフォリオで運用を続けたら、自分が何歳のときにいくらの解散価値となるのかを計算してみましょう。個人が行う賃貸業は自らの年齢との戦いでもあります。

賃貸業は先の見通しが計算できる業種です。これは、キャピタルゲイン型投資にはない、低金利を活用した長期の賃貸業における最大のメリットです。この安心なくしては先行投資も消費もできません。

◙ 将来の解散価値の計算例

筆者の運用環境を例にとってローンアグリゲーションの実用性を説明します。

[純資産pvシート > 税率] [純資産pvシート > 不動産売却価格総額] を入力したら、ピボットテーブルを更新して、[純資産grシート] を見ます (**図5-30**)。

各要素は次のように計算されています。

- ■簿価総額　＝ 建物簿価 ＋ 土地簿価
- ■税引前利益 ＝ 不動産売却価格総額 － 簿価総額
- ■税　＝ 税引前利益 × 税率
- ■純資産　＝ 不動産売却価格総額 －（借入総額 ＋ 税）

図 5-30　純資産等の推移

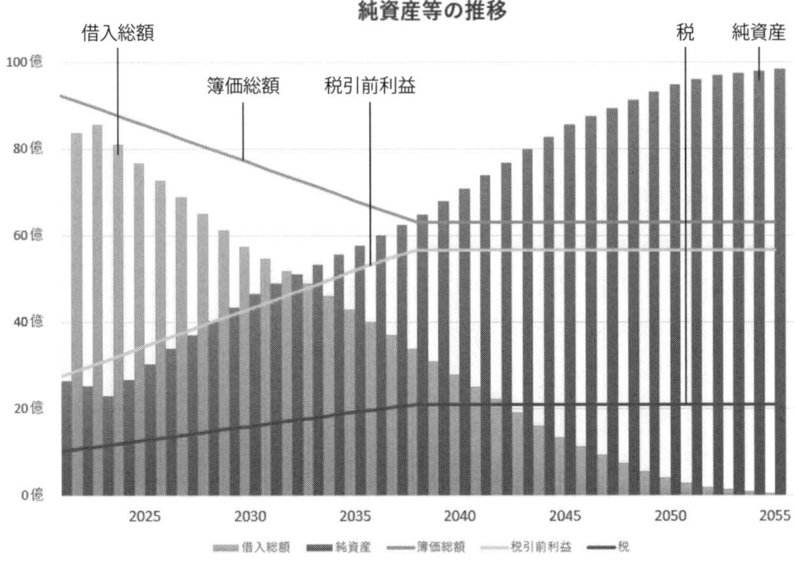

筆者の全ポートフォリオを120億円で売却したと想定して、本書執筆時点から10年後の2033年の解散価値を計算すると、次のような試算が成立することになります。

- 残債は 49 億円程度まで減少する
- 2033 年の土地建物簿価合計は約 72 億円
- 売却額 120 億円 － 簿価合計 72 億円 ＝ 48 億円の税務上利益が発生
- 48 億円 × 税率 37％ ＝ 納税は約 18 億円
- NAV（税引後の解散価値）＝ 売却 120 億円 －（法人税等 18 億円 ＋ 借入金返済 49 億円）＝ 53 億円

＊ここから売却時の仲介手数料と建物消費税支払を減算し、解散時にすでに手元にある現金を加算する想定

5　「財務資料作成」編

今は手元資金に余裕がなくても、将来的に解散すれば十分な価値があることを確認できます。**不動産価格と金利が変わらない限りは、この試算通りになる**はずです。

なお、ローンアグリゲーションは物件売却時におけるキャピタルゲインの試算です。賃貸収入や修繕支出など保有期間中のインカムゲインは考慮していません。保有期間中のCFはゼロである想定と考えればいいでしょう。

このような収益計算については、姉妹書『Excelでできる 不動産投資「収益計算」のすべて』で詳説しています。

5-13 補足説明資料

財務資料を解説する補足資料

法人数や賃貸資産が多くなってくると、決算書や財務資料だけでは資金の流れや経営実態が分からないこともあります。

それでは財務資料の意味合いも半減してしまうので、分かりにくい点が誰にでも分かるように補足資料を作りましょう。

補足資料で説明する内容は、決算書や財務資料Excelを提出したあと金融機関から受ける問い合わせ事項に先回りして回答するためのものです。

書面化して事前に提出することにより問い合わせ対応が減るのは業務の効率化にもつながります。

また、経営内容について質問を受けた際、「問題は把握しており、原因と対策は資料内で説明している」と伝えられると双方に安心感があっていいでしょう。

補足説明資料の形式

補足説明は賃貸業の規模感に応じて、さまざまな説明方法があるでしょう。

分かりやすいものであれば何でも構いません。筆者は一問一答のＱ＆Ａ形式で作成しています（**図5-31**）。Ｑ＆Ａ形式は、継ぎ足しで内容を拡充できるため便利です。

この資料をもとに数十の金融機関と同時に対話することを念頭に置いて作り込みましょう。よく聞かれる雑談も先に書面化しておけば同じ話の繰り返しを避けられます。

慣れてくると金融機関が資料をどこまで熱心に読み込んでから打ち合わせに臨んでいるかも分かるようになり、融資姿勢の判断材料にもなり得ます。

図 5-31　金融機関からのよくある質問とその回答

CORE PLUS HOLDINGS

2023 年 2 月 24 日

よくある質問とその回答

筆者は次のように補足説明資料を作っています。

▣グループの概況

主に解散価値を訴求するために資産の概況を冒頭で述べます。[2 法人連結シート] において数値で説明している内容ですが、再度一言でまとめて補足資料の冒頭を飾っています。

また、他人資金の預かりがないことなどを補足し、直近での動きとして、増資、役員交代、法人新設と解散、決算期変更、住所移転などの履歴を説明しています。

▣代表者について

賃貸業では、代表者の経歴はよほど悪くなければ留意されません。コミュニケーション力と実務知識が十分であれば適切な貸出先と判断してもらえるのはありがたい点です。

「代表者の経歴は？」という問いを作り、自ら回答してQ＆A形式にします。差しつかえがなければ家族構成や相続人の詳細も記載します。

▣法人ストラクチャー

多法人化している理由、ホールディングス制度、子会社合併、決算期変更の理由、経理代行子会社が事務代行している構造などを説明しています。

また、グループ法人税制について理解のない融資担当者が多いため、「P/L上にあるHD受贈益、HD寄付金とは何か？」など、必ず聞かれる事柄について説明しています。

▣P/L（損益計算書）について

「税引後キャッシュフローが赤字だが慢性的なものか？」「物件売却益は利益額のみを計上しているのか？」など、よくある質問への回答をしています。

ほかにはカスタマイズしたP/L項目の解説、賃料入金から賃貸経費の出金までについて資金の流れを図2-2（➡P.127）のように図示して解説しています。

▣B/S（貸借対照表）について

「不動産の時価評価はどのように算出しているのか？」などはよく聞かれます。正式な鑑定評価までは取得せずとも、不動産鑑定士の意見書のような簡単なものでも添えられるといいかもしれません。

ただし、金融機関が選定した不動産鑑定士でなければ正式な査定にはなりませんので、多額の費用をかけて実施するほどではありません。

また、「法人から役員へ資金が流出していないか？」のような金融機関の心配事については先回りして回答しています。

▣融資の方向性

「メインバンクがあるのに新規の金融機関を増やしたい理由は？」などは聞かれることがあります。金融機関との取引を拡大し続けること自体に意味があるという賃貸業特有の活動は理解されにくく、不審に思われることもあるので説明します。

「古い物件が多いので償還年数オーバーとなってしまう」「資料が多すぎて、見るのも入力するのも大変」など、お断りの理由としてよく出てくる論点は先に弁明しておきます。

▣経営方針と考え方について

「どこまで物件を増やす予定か？」「会社名の由来は？」「物件の仕入には特別なルートがあるのか？」「社長が死亡した場合に事業をどうするつもりか？」などは、よく聞かれる事項です。

それに加えて、「どのような物件を購入したいのか？」など自分が伝えたいこともＱ＆Ａ形式にして盛り込んでいます。

▣物件管理について

「管理会社との関係性、指揮監督の状況は？」など大きな視点の管理体制から入り、次に「関西の一棟物件に限り巨額の水道代が発生している理由は？」など財務資料中の異常値について個別に説明しています。

筆者は、自社賃貸資産用の資材置き場として区分倉庫を保有していますが、そのような非賃貸物件の使途も説明しています。

▣ 期末決算の見どころ

過去3期分の決算書が金融機関の入力対象となるため、3期分の見どころを説明します。

主に、物件の売却益、大きな支出など例年と比べて金額が大きく動いている勘定科目について取り上げます。

たとえば、「コアプラスホールディングス（株）の令和2年 株主資本等変動計算書1,000万円は何か？」に対しては、「各社を株式移転により子会社化しているため、その株式」など、金額が大きく質問が出そうな内容を個別に解説しています。

財務説明はプレゼンの場

金融機関から電話で問い合わせが来たときにその場で即答できること、また打ち合わせの場で資料を見ながらすべての質問に適切に回答できることは、私たちと金融機関双方にとって気持ちのよいことです。

せっかくの機会ですから、退屈な打ち合わせではなく、法人や代表者に興味を持ってもらえるように仕掛けたいところです。金融機関への説明は「舞台」だと考えて演じましょう。

6

「Excel データ分析」編

「財務資料Excelシート」の利用法が理解できたら、その仕組みについても確認しておきましょう。
財務資料Excelは資産管理業務の根幹をなすデータとなり得ますので、自らが構造を理解して運用を続ける技量を持ち合わせる必要があります。
また、効率のよいExcelの使い方を習得すれば、財務資料や不動産以外にも、日々の業務効率化やデータ分析などすべてにおいて役立ちます。
データ処理を効率化する方法はすぐにでも習得するべきでしょう。投資において最も大切な時間を節約することができます。

6-1 財務データ作成の5原則

ここから先は、「財務資料Excelシート」の詳細な操作方法、財務データ処理の効率化について解説します。

分かりやすく、効率のいい財務資料を作成するには5つの共通原則があります。

この原則の習得は資料作成の成果物に大きな違いを生むだけでなく、業務プロセス設計から日々の生活まで、すべてを改善する基礎知識として有用なはずです。ぜひ取り入れてみてください。

まずはデータ作成の原則を1つずつ確認していきましょう。

1. データインテグリティ

データインテグリティとは、データの「正確性」「整合性」と理解すればいいでしょう。

抜け漏れ、単純な間違い、データの欠損（調査中や不明など）がないことはデータの信頼性を担保するために重要です。

少なくとも**論理的な整合性は必ず維持することが必要**です。たとえば、財務資料Excelでは、法人別借入残高の総計と金融機関別借入残高の総計は必ず一致しなければなりません。いずれも借入残高総計を意味しているためです。

個別の項目を足し合わせて合計値と一致することも必要です。そうでなければ「差分はどこに消えた？」となるでしょう。

また、連結試算表と会計ソフトの値が一致しなければ不正確な開示資料と思われるでしょう。このような不整合に関する指摘が多くなされては資料としてきれいではありません。

金融機関の融資審査部とのやりとりは、「重箱の隅をつつくような」指摘が多いといわれるため、資料の完全性は重要です。せっかく開示資料を作っても、精度が低くて何度も問い合わせが入るようでは意味がありません。

2. 集計値のブレイクダウンを確認できる

「この数値はどうやって計算されているのですか？」はよくある問い合わせですが、閲覧者に対して読み方を説明しなければ伝わらないのはよい資料とはいえません。

資料が伝わりにくいのは制作者側の問題と考えましょう。

分かりやすい資料にするためのポイントは、**個別データをすべて合計すれば必ず合計値と一致すること**です。

たとえば、

- 各部屋の賃料収入を合計すると物件全体の賃料収入と一致する
- 物件別比率を合計したら100.0%になる

といったように、明細を足し合わせると合計値になるようにしましょう。

当たり前のように思えますが、多くの場合、振込手数料天引き、相殺、例外処理などの理由でリストに現れないデータが存在するはずです。それらは不一致の原因となります。

例外を「その他」として母数から除外せず、集計対象に含めて管理しましょう。

3. データベースの発想で作る

データリストは、データベースと考えて作ります。

最も重要なのは**データを帳票形式で管理せず、すべてはExcelのピボットテーブルに入れられるデータ形式で作ること**です。賃貸業で開示が必要な資料の9割は、ピボットテーブルの操作だけで作成が完了します。

一方で、金融機関は紙でしか受け取れないことも多いのできれいに印刷できる帳票レイアウトも必要です。

印刷用の帳票シートを別途作成し、Excel関数を埋め込んでピボットテーブルからデータを取得して表示するようにしましょう。

帳票シートはデータ取得用の数式だけで、実数値は入れずに作成します。➡P.390

4. Once-Only

電子化の基本として、同じデータを繰り返し入力しないことは重要です。このような効率化のルールは「Once-Only」や「Once And Only Once」などと呼ばれます。

銀行実務では、一度の契約で法人名や住所を何度も捺印するので冗長な繰り返しが当たり前になっていますが、本来はするべきではありません。

Excel上でも同じです。コピー&ペーストは避け、一度入力したデータを再利用する方法を考えましょう。

データ作成の効率化という意味合いのほか、表記の揺らぎ防止と更新し忘れ防止にも役立ちます。

これを実現するには、**ユニークID(唯一無二でほかと重複しない管理番号)の概念を理解して、物件IDや法人IDを付与する設計にする**ことが必要です。

5. 時系列で記録する

Excelは時系列でデータを追加して記録する用途には不向きなソフトであるため、最初に設計しておかないと忘れがちなポイントです。

財務データの蓄積には意味があります。金融機関からも、「最新ではなく決算月の入居状況が知りたい」など要求されることがあります。

財務データは上書き保存ではなく時系列に記録しましょう。

ここまではデータ作成における原則論です。次ページからは、それぞれ具体的な設計方法を見ていきましょう。

6-2 データリストの作り方

データの作り方

集計表を作成するには、その前段階となるデータリスト（Raw Dataともいわれる）の作成が重要です。

集計しやすいデータを作ればそのあとは容易です。逆に集計に不適な形式でデータリストを作ると必要な集計値が取り出せません。

では、どのようなデータリストを作るのがいいのでしょうか。

データ処理の仕事に慣れている人と、そうでない人では、同じExcelを操作していても見えているものはまったく別かもしれません。

Excelをデータベースとして使うか、計算機能付きのWordのように使うか。そこが効率化の分かれ目であり、もちろん前者のように使いこなすべきです。

▣Excel活用のテーマ

本編では、財務資料Excelで採用しているデータ処理方法のエッセンスを紹介するとともに、財務データ処理の基本パターンを解説します。

なお、本書はExcelの入門書ではありませんので、Excel関数やピボットテーブルの基本的な使い方は省略しています。

以降は主に財務資料Excelを例に解説します。これまでと同様に、財務資料Excel上の要素を［ ］で囲んで表記しています。

データリストの設計

▣ ピボットテーブルに入力できるデータ形式

賃貸業が金融機関に提出すべき資料のほとんどは、ピボットテーブルの集計表をそのまま提出すれば足りるはずです。シンプルな要求水準だといえます。

そのため、**データを作成するときには常にピボットテーブルで集計できる形式を意識しましょう。**

ピボットテーブルに特化したリストといっても、特別な設計は必要ありません。

- 横（列）に項目名をとる
- 縦（行）にデータを並べて縦長の表を作る
- 入力規則を守る

これだけです。このデータ形式は、関数で高度な分析をするときにも使い勝手がいいはずです。

財務資料Excelでは、[4 借入集計シート] [9 賃料一覧シート] などが典型的なピボットテーブル向けのデータ形式です。

法人名などは同じ値が何度も出てくるため、慣れないと見にくい表と感じるでしょう。それでも構わず、「〃」や「セルを結合」を使わず、同じ値を並べてください。

ほかの行に依存せず、1行ごとに独立したデータとして作成することが必要です。

▣ 最小単位の項目で作成する

データ項目はできる限り細かい単位で作ります。

たとえば、税込価格のリストを作るべきか、本体価格と消費税を別項目として2列のデータとすべきか。どちらが得策でしょうか。

迷ったら分離して作成してください。あとから項目を合算するのは容易ですが、分離することはできないためです。

なお、データ項目の分離、統合に限らず、**データ処理では不可逆な加工はできる限り避けるのが鉄則**です。**不可逆な加工とは、一部のデータを切り捨てて精度や情報量を減らすこと**といえます。

［9 賃料一覧シート］でも税別、税込と細かく分離して管理しているために、購入時からの賃料上昇額を計算することができます。

税額データを切り捨て、税込データしか保持していなければ賃料上昇額の計算はできません。

また、この考え方によれば、［7 償却一覧シート］において建物本体価格と付帯諸経費を合算して建物等簿価としてひとまとめで計上する資産計上方法は悪手です。本書では、分離しての計上を推奨します。➡P.152

▣ 表記の揺らぎを避ける

表記の揺らぎが発生しそうな項目についてはID化することが必要です。

たとえば、「コアプラス・アンド・アーキテクチャーズ株式会社」と「コアプラスアンドアーキテクチャーズ（株）」はまったく別の会社として認識されてしまいます。

固有名詞は、連番や法人番号などユニークIDを付与して番号で管理してください。

財務資料Excelでは、［settingsシート > 名称マスタ］においてIDと名称を関連づけさせて、3桁のIDを入力すると法人名などが表示される仕組みになっています。

▣ 名前の定義を活用する

マスタの範囲には名前を設定すると使いやすくなります。

［名称マスタ］は多くの箇所から頻繁に参照されるため、範囲に名前設定をしておくと参照するときに便利です。

財務資料Excelでは、［名称マスタ］のセル範囲に、［数式リボン > 名前の定義］で「id_settings」という名前設定をしています。

このように名前設定をすれば、何度も同じ範囲指定をすることなく、

Excel上のどこからマスタを参照するときでも［=VLOOKUP(セル番地, id_settings, 2, FALSE)］で完結します。

消費税なども数式内で「*1.1」（税率10%）などせず、消費税率を設定一覧に含めて、［数式リボン > 名前の管理］で「vat_rate」など分かりやすい名前を設定しておくのがいいでしょう。

▣ 集計フラグ

集計することを見越してデータリストに集計用フラグを付与しましょう。
たとえば、賃貸区画一覧を作るなら、住居、事務所、店舗などの用途フラグ、入居中と空室を区分する入居判定フラグは必要でしょう。
じつは、集計用フラグを作らず、ピボットテーブル上の設定でグループ化したり集計列を追加することもできます。
しかし、**ピボットテーブルの複雑な設定を駆使するよりも、データリスト上で完成形を作り終えるほうが簡単**です。

集計フラグ列は、ピボットテーブルでの集計を簡素化する効果があります。
［9 賃料一覧 > 41. 入居中判定～46. 論理区画判定（自動）］などは、このような考え方により作られている集計用の列です。
ピボットテーブル上で、これらのフラグによるフィルターを行えば、必要なデータを簡単に抽出することができます。

▣ 作業列を作る

さまざまなExcelの使い方があり、多数の集計フラグや作業用列を作るデータ処理フローは賛否が分かれるところですが、筆者は次のように処理するのが初心者向けで簡単だと考えます。

- 作業列、集計フラグ列を作成する
- 複数の関数を組み合わせた複雑な数式を１つのセルに入れない
- 複数の関数での処理が必要な場合は、１ステップごとに作業列を作り、計算結果を追いながら進める複数の関数は分離して、1ステップごとに作業列を作れば、そのデータがシステム上でどのように認識されているのかすぐに分かり、不整合が発生した際、目視やフィルターで問題箇所を特定しやすくなります。

作業列の作成はデータリストの項目が増えるデメリットがありますが、処理が重くなるほどではありません。

▣ 設定はリスト化する

物件用途をさらに分類して、たとえば社宅と住居を「住居系」、事務所と店舗を「非住居系」の2群に分けて集計したい場合はどうすればいいでしょうか。

これは財務資料以外でもよくあるExcelの利用パターンでしょう。これには、いくつかの処理方法があります。

- ピボットテーブルにより複数アイテムをグループ化
- IF関数により「社宅or住居なら住居系、それ以外なら非住居系」と判別してフラグを追加

すぐに思い浮かぶのは、このような方法でしょう。しかし、いずれも次の点でおすすめできません。

- ピボットテーブルの設定に依存すると、アイテムの追加と変更に対応できない
- IF関数の判定条件に固有名称を指定したり、複雑なIF関数を多用するのは間違いのもとになる

複雑な条件設定は、設定値（パラメータ）の変更だけで仕様変更に対応できる設計が理想です。

使途	アセットクラス	税率
社宅	住居系	0%
住居	住居系	0%
事務所	非住居系	10.0%
店舗	非住居系	10.0%

たとえば、このような設定一覧表を作ってVLOOKUP関数で対応する値を取得する方法が便利でしょう。IF関数の多くはVLOOKUP関数に置き換えできるはずです。

このような設計にすれば、集計仕様を変更する際にも数式を書き換える必要がなく誤操作を防止できます。

近年のExcelはVLOOKUP処理が高速化しており、財務資料の作成程度であれば多用しても遅くなることはありません。

▣連続したデータリストを作成する

修繕履歴などは年度別にシートを分割したくなる気持ちは分かりますが、シート分割によるデータの分断は悪手です。複数年度をまとめた集計ができなくなってしまいます。

連続したデータリストは年度ごとなどにシートを分割せず、単一シートにすべてのデータを配置するのが効率的です。

特定の年度だけを表示したければ、表示用の帳票シートを作成し、年度項目をフィルターして結果を表示するのがきれいです。

図2-5（➡P.131）の一括請求書などは、データリストの連続性を分断しないことを意識して設計されています。

一方、財務資料Excelでは、[5 借入一覧 > 30. 担保提供種別ID1] [5 借入一覧 > 34. 担保提供種別ID2] は、入力のしやすさを優先して2列に分離しています。データの管理方法としてはきれいではありません。

そのため、[pivotシート] において2列の結合処理をしています。このように、2列に分割されているデータを1つにまとめて取り扱うにはひと手間かかってしまいます。

データ入力の作法

資料作成のためのデータ項目設計が終わったら、入力方法を確認していきましょう。

Excelのセルは誰でも自由に入力できてしまうため、ルールを無視した値を入れられることも少なくありません。集計しやすいデータを作るためのポイントを紹介します。

▣ データを色分けしない

Excel初心者に多いのは、例外値を色分けで説明することでしょう。**自分にしか分からないルールでセルを色分けしても閲覧者には伝わりません。**

実務では、メール本文などで「黄色いセルは空室です」などと説明されていることが多いですが、色分けではなく、「空室」というデータ項目を作り、該当なら「yes」などと入力すべきです。色付きセルの集計には手間がかかるので避けましょう。

▣ 入力規則に従う

入力規則はバリデーション（validation）とも呼ばれます。

Excel初心者によくあるのがバリデーションを考えずに日付＋メモなどを入れるパターンですが、金額欄には金額のみ、日付欄にはシリアル値以外の入力は不可と考えてください。

たとえば、「実施日」という項目があるとして、そこにメモを付けたいときに、「実施日＝2023年10月1日（ただし鍵の引き渡しは翌日）」などと入力してはいけません。集計時に分離が必要となり作業が増えます。

コメント項目を追加して、「実施日＝2023年10月1日」「コメント＝ただし鍵の引き渡しは翌日」と2列に分割して作成しましょう。

なお、セルへのメモやコメント機能は抽出や集計が困難という点で使うべきではありません。

▣財務資料での作法

データ入力の作法はいくつもありますが、財務資料に関連するものに限れば次のようなことに注意すべきでしょう。

1. 日付は文字列ではなくシリアル値で入力
2. 金額は文字列ではなく数値として入力
3. 数値やスペースは半角で入力
4. 数値入力欄に単位を入れない（面積は「23.4」と入力。「23.4㎡」としない）
5. 半角カタカナと特殊記号（№ ㎡ ① ② ③ Ⅱ Ⅲ Ⅳ ㈱など）を使わない
6. データリストシートでセルの結合をしない（帳票印刷用に作成したシートならばよい）
7. 列やシートの非表示、アウトラインなど分かりにくい機能を使わない

このようなルールが挙げられます。作法に従えばきれいなデータを作成できます。

しかし、4. は、面積に単位がないと㎡なのか坪なのか判断がつかず不便です。

そのような場合は、［セルの書式設定 > 表示形式 > ユーザー定義］で「0"㎡"」を設定します。データ上は数値のまま、表示上のみ単位が表示されるようになります。

▣空欄を作らない

データ上に空欄を作らないようにしましょう。存在しないならゼロ、該当なしならハイフンなどで埋めるのがいいでしょう。

たとえば、誰かが数年前に作成した検査済証有無の一覧表が出てきたとします。

このデータにおいて、検査済証有無欄が空欄の場合、未調査なのか、検査済証なしなのか、そもそも法的には建物ではないので非該当なのか区別がつきません。

再確認の手間が発生するのは想像にかたくないでしょう。たとえば、未

調査は空欄、検査済証なしはゼロ、非該当はハイフンなどルールを決めておきましょう。**事情を理解していない第三者がファイルだけを見ても意味が伝わるデータリストを作ることが大切**です。

▣ 外部データの読み込み

法人や物件が増えると、複数のデータを結合して集計する場面もあるはずです。

たとえば、法人ごとに1ファイルとなっている会計データCSVを1つにまとめて集計したい、などは実務上ではよくあります。

そのような処理をする際には、会計ソフトから法人ごとにエクスポートした各CSVデータの項目名やデータの並びが同じであることに着目しましょう。

現在のExcelには、フォルダ内のCSVやExcelファイルを一括で縦に連結する機能が付いています。

［データリボン ＞ データの取得と変換 ＞ データの取得 ＞ ファイルから ＞ フォルダから ＞ フォルダを選択 ＞ 結合 ＞ 結合および読み込み ＞ 結合するシートを選択］の順に進んでください。

テーブルが作成され、「Source.Name」に元ファイル名が入ります。あとは必要な行をフィルターすれば複数ファイルのデータを簡単に結合できます。

旧来は1つずつファイルを開いてコピーしたり、VBAで結合プログラムを作成したり、外部の結合ソフトを利用したりする方法で集約していましたが、今ではExcelの機能を使いこなせばすぐに終わる仕事となっています。

レイアウト

本編の冒頭で言及した、Excelを計算機能付きのWordのように使わない方法についても説明しましょう。

不動産以外の実務でも役立つ考え方ですので、この機会に脱帳票形式の使い方をぜひ習得してください。

▣ 帳票形式で作成しない

たとえば、**図6-1**は帳票形式です。A4版での印刷を意識してきれいに整理されているように見えますが、集計の際に扱いにくく、Excelの使い方としては非効率です。

一方、**図6-2**のリストは面白みのないデータの羅列ですが、ピボットテーブルで集計するには最適な形式です。フィルターや並び替え、過年度データの蓄積も容易です。

このように、**データはいつでもピボットテーブルを意識したリスト形式で作成**し、例外的なデータを作らずに最初から最後まで同じ規則で入力することを心がけましょう。

▣ データシートと帳票シートを分離する

帳票印刷が必要な場合は、データシートと帳票シートを分離しましょう。帳票シートは、セルの結合などを使って方眼紙形式で作っても構いません。

財務資料Excelの［3 物件一覧シート］は、この考え方で作成されています。［3 物件一覧シート］は、［assetシート］とほぼ同じ内容であることはお気づきでしょう。

じつは、［3 物件一覧シート］は表示・印刷用の帳票シートです。**［物件ID］を入力するだけで、すべての項目が瞬時に表示される仕組み**になっています。

住所や土地面積などの表示項目はVLOOKUP関数などを使ってほかのシートから呼び出しますが、その際、検索対象には［物件ID］を指定しています。

このように設計すれば、［物件ID］欄に101、102……とIDを入力することにより表示される物件が瞬時に切り替わり、物件概要を表示することができます。

図 6-1　帳票形式の例

● **2022年12月期　法人税・地方法人税**

会社名		コアプラスホールディングス株式会社	コアプラス東京株式会社	コアプラス名古屋株式会社	コアプラス仙台株式会社	コアプラス札幌株式会社
納付税額	法人税	¥581,600	¥612,400	¥955,700	¥866,600	¥1,008,300
	地方法人税	¥25,700	¥27,200	¥42,100	¥38,200	¥45,600
	合計	**¥607,300**	**¥639,600**	**¥997,800**	**¥904,800**	**¥1,053,900**
収納機関番号		00200	00200	00200	00200	00200
納付番号		538139952525	493817749912	322772191786	751473153655	903037751585
確認番号		980295	977888	977656	436692	279563
納付区分		1848453998	9693633789	9170398005	1526524171	8440259151

会社名		コアプラス福岡株式会社	コアプラス京都株式会社	コアプラス四国株式会社	合計
納付税額	法人税	¥1,030,100	¥240,700	¥554,500	-
	地方法人税	¥45,400	¥10,600	¥25,100	-
	合計	**¥1,075,500**	**¥251,300**	**¥579,600**	**¥6,109,800**
収納機関番号		00200	00200	00200	
納付番号		080526209878	077437970613	526958556664	
確認番号		030723	181872	271530	
納付区分		7312116331	3940731622	1683890913	

● **ペイジーによる電子納税の流れ**

ATM・インターネットバンキングにて、会社ごとに上の表の収納機関番号、納付番号

確認番号、納付区分を入力し、内容をご確認のうえ、2023年2月28日までに払い込みを行ってください。

図 6-2　データリスト形式の例

連番	時期	種類	税種	法人名	納付税額	収納機関番号	納付番号	確認番号	納付区分番号
161	2022年12月期	予定納税	地方法人税	コアプラス・アンド・アーキテクチャーズ	¥97,100	00200	2727280226	538788	82060768351
162	2022年12月期	予定納税	地方法人税	コアプラス東京株式会社	¥49,600	00200	2160138478	416700	68212119165
164	2022年12月期	予定納税	地方法人税	コアプラス名古屋株式会社	¥61,900	00200	4131615303	698341	17120854632
165	2022年12月期	予定納税	地方法人税	コアプラス大阪株式会社	¥69,200	00200	6490785160	331782	94038259555
166	2022年12月期	予定納税	地方法人税	コアプラス仙台株式会社	¥68,400	00200	7301078459	245254	91062894050
167	2022年12月期	予定納税	消費税	コアプラス札幌株式会社	¥4,503,300	00200	8276399938	105573	25697330623
168	2022年12月期	予定納税	消費税	コアプラス福岡株式会社	¥364,800	00200	1341907641	498182	64876492421
169	2022年12月期	予定納税	消費税	コアプラス京都株式会社	¥388,300	00200	9703265841	450750	08939293639
170	2022年12月期	予定納税	消費税	コアプラス四国株式会社	¥830,800	00200	9146663691	536379	97645439577
171	2022年12月期	予定納税	都民税・事	コアプラス沖縄株式会社	¥11,106,300	13800	2507500501	193874	44008398715
172	2022年12月期	予定納税	都民税・事	コアプラス・アンド・アーキテクチャーズ	¥367,600	13800	2030616489	313368	07870091269
173	2022年12月期	予定納税	都民税・事	コアプラス東京株式会社	¥347,200	13800	4595955364	479098	33314257055
174	2022年12月期	予定納税	都民税・事	コアプラス名古屋株式会社	¥366,200	13800	4902625621	784027	31728748659

なお、Excel VBAを使って、物件ID欄をカウントアップ > 印刷 > 繰り返し、という数行のコードを書けば、全物件の物件概要書をまとめて印刷するプログラムを簡単に作ることができます。

少し応用編にはなりますが、このようなデータ処理モデルは覚えておくと応用が利きます。

たとえば、[9 賃料一覧シート] を物件IDでフィルターして「物件別レントロールを作成する」、あるいは不動産以外でも「採点データリストをもとに個人別成績表を作成する」なども同じ考え方で処理できます。

6-3 ピボットテーブルによる集計

ピボットテーブルの活用

ピボットテーブルで集計できる形式でデータを作成したら、いよいよ集計に入ります。

ピボットテーブルは操作方法が独特ですが、慣れれば簡単に大量のデータを集計することができます。多くのBI(Business Intelligence)Webサービスなどよりも簡単で応用が利くはずです。

人に頼まなくてもデータ集計ツールが手足のように使えると仕事が早くなるだけでなく、さまざまな事象の集計、分析が気軽にできるようになり、Excelの使用頻度が増えるでしょう。

日々の生活がデータに基づいたものになり、効率化が進みます。ぜひ使いこなしてみてください。

ピボットテーブルの要点

▣複雑な設定は使わない

財務資料の作成はピボットテーブルと相性がよく、その基本機能だけで十分な内容を完成できます。シンプルに表頭（列）と表側（行）だけのクロス集計を使いこなしましょう。

じつは、データモデル、リレーションシップ、集計フィールドなど高度な機能を使えば、データリストの不完全性をピボットテーブル上で補うこともできます。

たとえば、税抜価格のデータだけあれば、ピボットテーブル上で消費税額を計算して、消費税額という項目をあとから追加できます。

しかし、ピボットテーブルの独特な操作を学ぶコストを考えると、**デー**

6 「Excel データ分析」編

タリスト上で完璧なデータを作成して、ピボットテーブル上はシンプルな集計だけにとどめるのが簡単です。

Excelは、一言でいえば何でもできるツールですが、ピボットテーブルにはできないことも多く、できるのかできないのかを調べるだけでも手間がかかるためです。

▣ データの更新が必要

ピボットテーブルについてはじめに知るべきは、**ピボットテーブルは自動更新ではない**ことです。

データリストを更新したら、[データリボン ＞ すべて更新] を押してピボットテーブルの内容が変わったことを確認してください。

▣ ホワイトリストのフィルター設定を使わない

ピボットテーブルをそのままレポートとして利用したいとき、意図しないレイアウトになって困ってしまうことは多いでしょう。

そのなかでも頻出する問題が「アイテム名＝（空白）」となる表示です。たとえば、[5 借入一覧シート] をピボットテーブルで集計する場合を考えてみましょう。

データが存在する行にもかかわらず金融機関名（アイテム名）が空欄であれば、ピボットテーブルのアイテム欄に（空白）が表示されるのは理解できるはずです。

実際にはそれだけではなく、将来のデータ追加に備えて現在データの入っている範囲よりも大きな集計範囲を指定した場合、ピボットテーブルの仕様で、「(空白)」というアイテムが表示されることが問題です。

借入件数の増加に対応するため [5 借入一覧シート] ではあらかじめ大きな範囲を指定しています。

そのため、ピボットテーブルを作成すると常に（空白）が表示されることになりますが、これでは美しくありません。デザイン上、集計表から（空白）を除外して表示したいことは多いでしょう。

[4 借入集計シート] では、（空白）の表示なく金融機関の一覧が作成されていることを確認してください。この問題は解決されています。

多くの人は、行ラベルのフィルターで、各金融機関名に☑を付け、(空白)のチェックを外して□にすることを想像するはずです。見かけ上は正しい集計表が得られます。

しかし、じつはこの指定は、**Excel内部では（空白）を除外するブラックリスト設定ではなく、いかなる場合でも☑を付けたアイテム（金融機関名）だけしか表示しないホワイトリスト設定**となっています。

したがって、この設定をした場合、データリストに新たな金融機関を追加しても、ピボットテーブルには追加したはずの金融機関が現れません。ホワイトリスト設定の一覧に含まれていないためです。

ピボットテーブルのデータを更新しても意図するアイテムが表示されない場合、この設定を確認してください。

多数のピボットテーブルの継続メンテナンスを考えると、**アイテム名によるフィルター設定は使ってはいけない**ことが分かるでしょう。

「(空白)」だけをブラックリスト設定をするには、ピボットテーブル上で［行ラベル > ラベルフィルター > 指定の値を含まない > (空白)］と設定します。ただし、「(空白）とX銀行を含まない」など複数の指定はできません。

金融機関名を含めてブラックリスト設定をするには、データリスト上に別項目で集計除外フラグを作成して、［ピボットテーブルのフィールド > フィルター］に設定するしかありません。

▣アイテム名による集計

財務資料Excelでは、［settingsシート > 名称マスタ］の各IDからVLOOKUP関数で検索した名称を行アイテム名としてピボットテーブルを作成しています。

それによって、アイテム名の表記の揺らぎにより一部が集計から漏れることを防いでいます。

たとえば、［4 借入集計シート］の各ピボットテーブルでは、表側に［5 借入一覧シート > 4. 金融機関名］が表示されています。

本来は［4. 金融機関名］ではなく［3. 金融機関ID］を集計対象にしたい

のですが、IDは人が見ても分からないので［4. 金融機関名］を集計、表示の対象としています。

一般的なデータ集計においては、アイテム名の同姓同名などを想定するのは当然であり、IDによらない集計は禁忌ですが、財務資料Excelでは、金融機関名や物件名に同名はない前提とすることにより制作工程を簡素化しています。そのため、財務資料Excelでは別IDを付与しても同じ物件名を扱うことはできません。

▣ データのないアイテムの表示

ピボットテーブルをそのまま金融機関などへの納品物として使うのなら、そのレイアウトが変わらないようにする設定が必要です。

ピボットテーブルの［フィールドの設定 > レイアウトと印刷 > データのないアイテムを表示する］がそれに当たります。

たとえば、［D 直近試算表シート］において、当月は［503　その他賃貸収入］が発生していない場合、［データのないアイテムを表示する］をONにしないと、アイテムが消えて［502　賃料・共益費収入］の次が［504　礼金・更新・違約金］になってしまいます。

月により勘定科目が変わるよりも、毎回すべての項目が同じ位置に表示されていたほうが分かりやすいでしょう。

「データのないアイテムの表示」は処理面でも意味があります。**予期せず項目が増えると「ピボットテーブルレポートは、ほかのピボットテーブルレポートと重なり合うことはできません」というエラーで更新が停止してしまいます。**

これを避けるには、データリストの追加変更によりピボットテーブルのレイアウトが変わらないように設定します。

理想的には1シートに1ピボットテーブルのみを配置すれば、ほかのピボットテーブルと重なるエラーを回避できますが、作業効率を考えると［pivotシート］のように1シート内に横に並べてピボットテーブルを配置することが多いでしょう。

その場合、表側アイテムは縦に無制限に増やすことができますが、表頭アイテムは横に広がって隣のピボットテーブルと重ならないように管理する必要があります。

▣ レイアウト設定

ピボットテーブル更新時にレイアウトが変わることを防ぐため、[ピボットテーブルオプション > レイアウトと書式 > 更新時に列幅を自動調整する] もOFFにします。

また、[ピボットテーブルオプション > レイアウトと書式 > 空白セルに表示する値] を活用しましょう。

借入がなくなった金融機関は、借入額の欄に「残債なし」などと表示するようにすれば分かりやすいでしょう。[4 借入集計シート] のピボットテーブルでは、そのように設定しています。

▣ ヒストグラムの作成

[8 賃料集計シート > 7. 賃貸用資産の賃料帯別ヒストグラム] の作成には、Excel上でヒストグラムを作成することが必要です。

ヒストグラムもピボットテーブルで簡単に作ることができます。財務資料Excelのなかで必要となることは多くありませんが、やり方を覚えておくと便利です。

手順は、[ピボットテーブルのフィールド > 行] [ピボットテーブルのフィールド > 値] ともに [9 賃料一覧 > 17. 満室想定税込 (自動)] を入れ、そのあとで [行ラベル > グループ化] を選択してヒストグラムの階級を設定します。

ここで、**グループ化がグレーアウトして選択できないときは、データリストに文字列やエラー値が含まれていないかを確認してください。**対象範囲に数値と空白以外のデータがあると動作しません。また、行ラベルの単一アイテムのみを選択して操作するようにしてください。

6-4 関数によるデータ集計

ピボット関数

ピボットテーブルは便利ですが、レイアウトが決まっているため、自由な色や書式では作れないという制限があります。独自レイアウトの集計表を作成するには関数を使いましょう。

ただし、**複雑な関数を組み合わせて集計するのではなく、GETPIVOTDATA関数により作業用シートに配置したピボットテーブルの値を参照して作成します。**

ここでは、財務資料Excelの［pivotシート］にある、物件別の現況賃料を集計したピボットテーブルを例に説明します。

まずは、空セルに「=」だけを入力して、［pivotシート > 現況賃料（税込・月額）のピボットテーブル > 各物件の総計］が表示されているセルを選択してください。

［=GETPIVOTDATA("合計 / 現況賃料", EB3, "物件名", "コアプラス池袋")］などと自動的に入力されます。

集計表のレイアウトを作り、表側に物件名を並べ、"コアプラス池袋"の部分を消して、物件名のセルを相対参照とすれば、表側に並んだ各物件の現況賃料をピボットテーブルから参照して埋めることができます。

［8 賃料集計シート > 2. 現況賃料表］がそのように作られていることを確認してください。［6 減価償却シート］も同様です。

普段から使い慣れている関数やセルの書式設定で自由にデザインを作成し、必要なデータはピボットテーブルから参照するようにすれば、自由なレイアウトの集計表が簡単に作成できます。

■ **ピボットテーブルの仕様理解**

GETPIVOTDATA関数では、ピボットテーブル上に現在表示されていないデータは参照できない仕様になっています。

そのため、フィルター、折りたたむなどの機能で**集計対象の項目がピボットテーブル上に表示されていない場合、関数から参照してもエラーが出てしまいます。**

今後の更新を考えると、ピボットテーブル上ではフィルターを利用せず［フィルター > (すべて選択)］とすべきことは前述の通りですが、これは関数からの参照を考えても同様です。

集計表のレイアウト設計

関数を組み合わせて自由なレイアウトで数表を作る場合、シンプルで分かりやすい書式にする工夫をしましょう。

たとえば、各データが整然と並んでいるところの間に部門小計を挟むと各行の合計値が全体合計と一致しなくなります。見やすいようで見にくい、検証しにくい数表ができてしまいます。

官公庁が作成する数表でも部門小計を挟み込むことはあり、それ自体は禁忌ではありませんが、見やすく、加工しやすいとはいえません。自由なレイアウトで集計表を作るならば、部門小計は違う列にまとめたいところです。

各データをすべて足し合わせると総計となり、比率であれば各要素の比率を足すと100.0%になるのがきれいです。

このようにシンプルに設計すれば資料の透明性を保てます。少なくとも閲覧者から表の見方が分からないなどの質問は出ないはずです。

関数で集計表を作る

筆者はExcelを使う仕事を長らく続けていますが、どのようなデータ集計分析の仕事でも、流れやポイントはおおよそ同じです。

財務資料作成ならば次のような設計パターンが参考になるでしょう。

- ■名称マスタ、条件設定の一覧を作成する
- ■VLOOKUP 関数によりマスタを検索してユニーク ID から固有名詞を取得する（物件名など）
- ■データリストを作成する際は、できる限り細かく入力項目を分割する
- ■データリストシート、作業用シート、帳票シートを分離する
- ■作業用シートにピボットテーブルを作成する
- ■ピボットテーブルは全項目を表示し、ホワイトリストのフィルター機能は使わない
- ■帳票シートから GETPIVOTDATA 関数によりピボットテーブルを参照して値を取得する
- ■IF 関数など処理関数の計算式内には固有名詞や固有値を入力せず、設定一覧表を参照するように設計する
- ■作業用シート内では 1 つのセルに長い数式を入れず、作業列を作って 1 ステップずつ分離する
- ■SUMIF 関数で計算結果をベリファイする
- ■帳票シートでエラーが出ているセルは IFERROR 関数で見栄えを整える

＊ いずれの関数も Excel 2007 以上ならば利用可能

慣れてくれば、**データリストをきれいに作りさえすれば、ほとんどの金額データ集計はVLOOKUP関数とピボットテーブルだけで終わる**ことが理解できるはずです。

実際、財務資料Excelもそのように作られています。ほかはSUM関数やIF関数など、いくつかの関数をシンプルに使っているだけで、複雑な計算式を組み合わせている箇所はほぼありません。

Excel関数を使いこなす

Excel 2021以上では、FILTER関数、SORTBY関数など、今までVBAでなければできなかった抽出と並べ替え処理が関数だけでできるようになっています。

データリストを集計に適した形式で用意すれば、Excel関数だけで自由自在にデータ加工ができるようになっています。

関数の進化により、VBAが必要なのは帳票印刷など仕上げ処理の繰り返し、ファイルの入出力、外部ソフトとの連携など限られた場面だけとなりました。

今や、**業務ロジックの実装、文字列や数値の処理においてExcel VBAは不要**です。

P.128で紹介したPMレポートを弥生会計形式に変換するExcelシートも、VBAで書いているのはCSVファイルに保存する処理だけです。データ変換処理自体は関数だけで完結しています。

Excelでは、関数と標準機能を組み合わせ、ノンプログラミングで多くの処理ができます。その利点は、多くのものを短期間で制作できることです。

財務資料Excelは複雑ですが、集計項目やデザインなど設計が決まっていれば同様のものを作るには2日あれば十分なくらいです。

6-5 論理的な整合性の確認

ベリファイして確認

ピボットテーブルを作ったら、データリストとピボットテーブルの合計値が一致するかを確認しましょう。

財務資料の作成では、「この範囲を合計したら必ずどの値と一致する」という理論的な整合性を常に意識してください。

▣財務資料Excelの検証ポイント

財務資料Excelを例に、具体的に見ていきましょう。[settingsシート > 整合性ベリファイ] に整合性を検証するためのチェックポイント一覧が出ています。

[整合性ベリファイ] では多くを確認しています。たとえば次のような箇所の整合性です。

- [4 借入集計シート > 金融機関別借入] と [4 借入集計シート > 法人別銀行借入] は一致する
- [8 賃料集計シート > 7. 賃貸用資産の賃料帯別ヒストグラム > 満室想定賃料] と [8 賃料集計シート > 4. 資産クラス別入居率表 > 満室想定月額] は一致する
- [9 賃料一覧シート > 13. 現況賃料税込(自動) > 全物件合計値] と [pivotシート > 現況賃料税込ピボットテーブルの合計値] は一致する

このように、**複数の整合性検証ポイントを設定することによりデータの正確性を担保します。**要点をおさえれば最短のチェック時間でデータの信頼性を担保できます。

▣ ベリファイ値が合わない要因

ベリファイ値が合わないときは原因を探さなければなりません。筆者の運用経験上は次のようなときに不整合が多く発生していました。参考にしてみてください。

- 集計範囲設定の間違い
- 消費税を含むか否か
- 賃貸区画と非賃貸区画の設定が正しくない ➡P.298
- ピボットテーブルのフィルター設定により一部が表示されておらず、総計値が少なく集計されている
- 新規購入した物件が集計範囲から抜けている。売却した物件が含まれている
- 前提条件の違うデータを比較している ➡ 購入前の修繕も含めた修繕総額と購入後の修繕のみの比較など
- 例外ルールによる不整合 ➡ たとえば、自社従業員向けの社宅を非賃貸資産として扱っているのに従業員からの社宅利用料を賃料計上すると、非賃貸資産から賃料収入が発生するため、賃貸用資産の賃料合計 ＝ 総賃料収入にならない
- 二棟一括融資、複数物件を対象とした修繕資金など特殊な融資による不整合

▣ 借入金ベリファイの方法

借入金データの誤入力は許されないため、本来は2人の入力者に同じデータを入力させて完全一致を確認することで正確性を担保したいところですが、人手の事情もあり簡単ではないでしょう。

元金均等、元利均等の特性を利用して、簡易的な誤入力の検出方法を考えてみましょう。たとえば、3カ月ごとに返済明細を作るとするなら、次のような検証をすると明らかな誤入力を検出できます。

- 3カ月前と比べて、おおよそ元金月額 × 3の残債が減っているか
- 当月支払金利 ≒ 当月残債 × ($\frac{金利}{12}$) となっているか

このように、法則性のある項目はベリファイ用途に利用できます。

▣ 経営者による最終確認

財務資料の正確性を担保することは何よりも重要です。

データの間違いを防ぐにはExcel上に論理的なチェックポイントを設定する必要があることは説明してきた通りです。

しかし、それを到達点とせず、そこから先にもうひと手間をかけることをおすすめします。

最後に、計算された値が肌感覚と一致しているかを確認しましょう。システムや計算を盲信せず、人の感性による目視確認で仕上げてください。

金融機関が見るのは財務資料Excelの印刷物だとするなら、全ページを印刷して自らも確認します。データにも印刷物にも間違いがないことを確認してから納品すべきでしょう。

閲覧者に数値の間違いを指摘されていては信頼性を損ないます。

閲覧者の環境に合わせる

自分しか使わないExcelシートであるなら、すべての機能を使いこなして効率化するべきです。

しかし、**金融機関で使用しているPCは旧型が多くExcelのバージョンも古い可能性があるため、万人が開ける工夫が必要**です。

「メールの受信がうまくできるか分からないので印刷して送ってほしい」「データでもらっても印刷して閲覧する」（信金）という担当者も多くいます。

互換性を考えると、XLOOKUP関数、スピル、データモデルなどExcelの新しい機能は使えません。

　また、スライサー、タイムラインなどのインタラクティブ機能は避けましょう。金融機関への提出を考えると、印刷できない資料は使えません。

　Excel 2007で使える機能だけで作ればおおよそ誰でも開くことができます。

あとがき

本書は、前作『Excelでできる 不動産投資「収益計算」のすべて』(2017年) とあわせれば、筆者の10年間を超える運用成果の集大成といえる内容に仕上がったと自負しています。

筆者が今まで培ってきた運用技術の多くを公開しており、さながら老舗料亭のレシピ集のように参考にできると思います。

本書で説明しているような資産管理手法を万人が実践すれば筆者の優位性はなくなり、本業に支障をきたすことを心配したほどです。

さて、前作『収益計算のすべて』の特典である「収益試算Excelシート」は、本書執筆時点で「当行に提出される収益試算書式としてはシェア5割」(東京 地銀担当者) とされており、同業他社も筆者と同じ武器を持つことになりました。

その結果、IRR (内部収益率) やLTV (レバレッジ比率) などの概念も以前より一般的なものとなったように思います。

今回、本書『資産管理のすべて』により、多くの不動産関係者が融資や運用面において本書と同水準の知識を持つことになるでしょう。

現在のところ、本書の深度で金融機関や税について理解している賃貸業者は多くないはずです。

しかし、教科書を学習するだけで利益に貢献するならば、それをいとわないプレイヤーが無数にいるのが不動産業界です。本書の解説すらも、一度公開されればすぐに業界の常識となるはずです。

それにより業界の底上げにつながれば本書の存在意義もあったといえますが、筆者はさらに別の優位性とテーマを探さなくてはなりません。

筆者の次なるテーマは、さらなる規模拡大と企業の社会的な意義を果たすことと決めています。

金融機関が融資するのは利益のためだけではありません。地域のためになる事業活動であるからこそ彼らの支持が得られます。

その支持を得て拡大するには、本書で解説してきたような専門知識、会計の透明性、情報処理の効率化などは当たり前に運用されている必要があるでしょう。

それだけではなく、賃貸業には高齢化対策、環境対策、地域コミュニティ維持など、地域社会の一員としての役割があります。また、事業継続性、内部統制、会計監査など、多くの人の資金を預かる社会の公器としての役割を果たすことが求められているといえます。

筆者は、賃貸業の未来として、そのような道を模索していくつもりです。

また、個人としては、本書の読者サポートも含めて、ITや金融のリテラシを多くの人に普及する活動を続けていきます。

その過程で気づきがあれば、また皆さんと共有したいと思っています。本書に1つでも、皆さんの業務の参考になる点があれば幸いです。

2023年5月　　玉川 陽介

著者紹介

玉川　陽介（たまがわ・ようすけ）

コアプラス・アンド・アーキテクチャーズ株式会社 代表取締役。1978年神奈川県大和市生まれ。学習院大学卒。幼少期にITに慣れ親しんだ経験から、大学在学中に統計データ分析受託の会社を創業。同社を順調に成長させたあと2006年に株式売却。その後は、国内外の株式、債券、不動産など多様な取引をする個人投資家となる。経済誌等への寄稿多数。過去に学習院さくらアカデミー講師（金融リテラシ）ほか金融経済の講演を開催。金融商品分析や不動産投資の著書は累計10万部を超えロングセラーとなる。

著書

『Excelでできる 不動産投資「収益計算」のすべて』（技術評論社）
『不動産投資 1年目の教科書』（東洋経済新報社）
『インカムゲイン投資の教科書』（日本実業出版社）
『勝ち続ける個人投資家のニュースの読み方』（KADOKAWA）

Webサイト
https://ytamagawa.com/

Excel（エクセル）でできる
不動産投資（ふどうさんとうし）「資産管理（しさんかんり）」のすべて

2023年6月27日　初版　第1刷発行

著　者　玉川 陽介（たまがわ ようすけ）
発行者　片岡 巌
発行所　株式会社技術評論社
東京都新宿区市谷左内町21-13
電話　03-3513-6150　販売促進部
03-3513-6166　書籍編集部
印刷／製本　日経印刷株式会社

ISBN978-4-297-13563-8 C3033
Printed in Japan

カバーデザイン
TYPEFACE

本文デザイン+レイアウト
矢野のり子+島津デザイン事務所

お問い合わせについて

本書は情報の提供のみを目的としています。最終的な投資の意思決定は、ご自身の判断でなさるようお願いいたします。本書に記載されているサービスやソフトウェア、また特典としてダウンロードしたExcelシートやツールの実行などによって万一損害等が発生した場合でも、筆者および技術評論社は一切の責任を負いません。

本書の技術的な内容については以下の筆者Webサイト Q＆A掲示板で質問できます。

筆者Webサイト Q&A掲示板
https://ytamagawa.com/qa

また、訂正情報が確認された場合には、https://gihyo.jp/book/2023/978-4-297-13563-8/supportに掲載します。